El éxito de ser tú

Rebeca Cáceres

El éxito de ser tú

AGUILAR

Papel certificado por el Forest Stewardship Council®

MIXTO
Papel | Apoyando la
silvicultura responsable
FSC® C117695

A ti, papá.
Por la libertad de ser...

Índice

Prólogo

Conocí a Rebeca hace ya muchos años, cuando coincidimos en un máster de terapia familiar. Yo impartía un módulo sobre duelo y muerte, y ella era una alumna curiosa, brillante y profundamente humana. Recuerdo su escucha atenta y, a la vez, su actitud irreverente y crítica desde la que formulaba preguntas que abrían la posibilidad de reflexiones valientes. Desde entonces, nuestros caminos se han cruzado en distintos espacios profesionales de la psicología, el tratamiento del trauma y la cultura. Ver hoy su voz convertida en libro, madura, lúcida y comprometida, es una alegría y un reconocimiento merecido a su recorrido humano y clínico.

El éxito de ser tú no es un libro de autoayuda al uso. Es una invitación a detenerse y a mirar la vida desde otro lugar: el de la conciencia y la coherencia. Rebeca redefine el éxito desde una perspectiva que integra la psicología científica con la sabiduría que emerge de la contemplación y el autoconocimiento. En una sociedad que confunde bienestar con productividad y felicidad con rendimiento, este libro nos devuelve el derecho a preguntarnos quiénes somos, qué sentido tiene lo que hacemos y cómo queremos vivir.

La autora nos propone comprender el éxito no como una meta, sino como un proceso de alineación interior: un modo de vivir en coherencia entre lo que pensamos, sentimos y hacemos. Esa coherencia —que ella articula con valentía y rigor— no es un ideal filosófico, sino una necesidad psicológica y biológica. La neurociencia, en la línea de Robert Sapolsky, muestra que el estrés crónico que corroe la salud no surge solo de grandes traumas, sino de la subordinación constante a expectativas externas y del intento permanente de adaptarnos a un modelo de éxito que no nos pertenece. Este libro ofrece, así, una forma de reducir ese desgaste alostático: vivir desde los propios valores, recuperar el control interno y reconciliarnos con el cuerpo y la mente como un solo sistema.

Rebeca traza puentes entre la evidencia científica y la experiencia vital. Nos recuerda que la salud mental no puede reducirse a la ausencia de síntomas, porque tiene que ver con el modo en que habitamos el presente, con nuestra relación con el entorno y con la calidad de nuestra mirada hacia dentro. En este sentido, su propuesta incorpora también algo más profundo: la dimensión espiritual de la psicología, entendida no como dogma, sino como conciencia ampliada, como ese lugar donde el ser humano busca sentido, conexión y trascendencia.

Pocas veces la psicología contemporánea se atreve a hablar de espiritualidad sin miedo a ser malinterpretada. Pero Rebeca lo hace con la serenidad de quien sabe que, sin ese horizonte de sentido, el bienestar queda incompleto. En *El éxito de ser tú*, la espiritualidad no se entiende como algo externo a la psicología, sino como una dimensión íntimamente humana y la capacidad de contemplar la vida con profundidad, de reconocerse como parte de algo más amplio y de encontrar serenidad en la coherencia con una misma.

El libro rescata, así, la importancia de la pausa, del silencio y del espacio interior. Coincide con voces actuales de la filosofía, que reivindican el derecho a parar, a la contemplación como acto de resistencia frente a la tiranía de la productividad. Solo desde esa lentitud consciente —nos recuerda Rebeca— puede emerger el autoconocimiento verdadero. El éxito de ser tú requiere ese tiempo de maduración y silencio en el que lo esencial se revela.

A lo largo de sus páginas, la autora nos acompaña a través de tres dimensiones vitales: *ser, hacer y tener*. Su fórmula —SER × HACER = TENER— no es una ecuación de logro, sino una brújula interna para vivir en coherencia. Nos enseña que el bienestar no proviene de acumular éxitos, sino de actuar en sintonía con lo que somos y con el contexto que habitamos. El éxito deja de ser una cima a la que se asciende para convertirse en un suelo fértil en el que arraigar.

En su escritura hay ciencia y sensibilidad, pensamiento y alma. Rebeca logra algo difícil: sostener el rigor clínico sin perder la poesía de lo humano. *El éxito de ser tú* nos invita a mirarnos con curiosidad en lugar de juicio, a permitirnos sentir, a reconocernos vulnerables y valientes a la vez.

El proceso que nos revela la autora se siente nutrido de su experiencia acompañando a muchas personas en sus caminos de crecimiento, y logra una propuesta honesta, integradora y bien fundamentada. Este libro no enseña a «tener éxito»: enseña algo mucho más esencial. Invita a habitarse, a vivir con presencia, con conciencia y con sentido.

Y quizá ese sea, al final, el verdadero éxito: el descubrimiento constante de una misma, el éxito de ser tú.

MILAGROS MOLERO ZAFRA
Psicóloga especialista en trauma
y desarrollo humano.
Vocal de la Junta Directiva
de la Asociación EMDR España.
Valencia, 2025

Introducción

Poder dedicarme a la psicología es uno de los mayores regalos de mi vida. La psicoterapia es mucho más que una pasión para mí. Ayudar y acompañar a las personas a vivir la vida que desean en coherencia con quiénes son forma parte de mi propósito.

En estos veinte años de mi vida como psicoterapeuta he trabajado en la salud mental de personas muy diferentes, con contextos muy distintos. Personas anónimas y de reconocido éxito. Gracias a este recorrido he tenido la oportunidad de observar de cerca tanto las diferencias como los puntos en común que atraviesan sus vidas. Y por ello, hoy puedo afirmar que éxito no es sinónimo de salud mental. Tampoco antónimo.

La salud mental democratiza y no entiende de fama. Es un derecho fundamental de todos y de todas. Vivir una vida sin sentido nos duele a todos por igual, incluso más cuando te encuentras con la incomprensión de muchos que suponen «lo tienes todo» y te sientes vacía. Estar desconectado de ti pasa factura a tu salud mental tengas éxito o no lo tengas.

De ahí, *el éxito de ser tú* que significa vivir en paz, sentirte bien contigo y tener una vida alineada con tus valores. Una vida de la que te sientes satisfecho más allá de los logros o el reconocimiento social. *El éxito de ser tú* se coloca en las antípodas del concepto de éxito que nos han vendido, que es el del resultado, la fama y la perfección a todos los niveles. En mi opinión, un concepto de éxito poco realista, peligroso, dañino, frustrante y de mentira. En cualquier caso, como he comentado, el concepto que nos han vendido.

Por tanto, este libro es para ti si tienes fama o si no la tienes, si eres reconocido o anónimo. Y lo más importante es que sepas que, sobre todo, este libro es para ti si quieres vivir una vida en coherencia con tus valores. También he de ser honesta y decirte que este no es el libro que te va a cambiar la vida de repente ni en el que encontrarás técnicas milagrosas. No creo en nada de esto.

En este libro voy a escribir una aproximación a todos esos conocimientos que he venido aprendiendo y compartiendo a lo largo de estos veinte años como psicóloga, psicoterapeuta, conferencista, divulgadora y profesora de la Universidad. También te diré que ser psicóloga o escribir un libro no me hacen tener todas las respuestas. Afortunadamente. De hecho, soy más de compartir conocimientos y reflexiones que de imponer consejos absolutos de esos que se suponen valen para todos.

Mi pasión es la terapia, a lo que me dedico y para la que me he formado aún sin parar de hacerlo. Creo firmemente en el poder transformador del proceso terapéutico que se logra a través de las preguntas y reflexiones despertando conciencias, observando cómo las personas llegan a ese clic y obtienen sus propias respuestas para tomar sus decisiones a través del camino abierto por las preguntas. Este es mi modo de trabajar. Siempre teniendo en cuenta a la persona, su historia, su momento vital y su contexto.

Esto es lo que hago en terapia y trataré de trasladarlo a lo largo de estas páginas. Me apoyaré en estudios, en modelos, en autores y en los casos de personas a las que he acompañado. Todo lo demás depende de ti.

Este es el viaje que, si te quedas, empezaremos desde ya. Sin dramas, con responsabilidad, aprendizaje, enorme curiosidad y, por supuesto, conciencia. No hay cambio sin conciencia. Este pretende ser un libro que te ayude a pensar de manera profunda quién eres y cómo puedes vivir de una manera plena y en libertad. Y por supuesto, siéntete libre de explorar tu viaje al *éxito de ser tú*, leyendo los capítulos como quieras.

Si estás preparado, comenzamos. Gracias por confiar en mí. Seas quien seas y tengas la vida que tengas, espero de corazón que el libro te ayude, te acerque a tu yo más auténtico y te inspire para vivir alineado con la vida que quieres.

Bienvenido, bienvenida al *éxito de ser tú.*

Éxito no es sinónimo de salud mental

1

La salud mental en los días de hoy

QUÉ ES LA SALUD MENTAL

Según la Organización Mundial de la Salud (OMS), salud mental es «un estado de bienestar en el cual el individuo es consciente de sus propias capacidades, puede afrontar las tensiones normales de la vida, puede trabajar de forma productiva y fructífera, y es capaz de hacer una contribución a su comunidad». El término describe dos tipos de bienestar: el psicológico (cómo piensa y cómo se siente la persona) y el relacional (cómo se relaciona con los demás, con las situaciones, con lo que le pasa…). Esta definición ya deja claro algo fundamental: la salud mental no es un asunto individual, sino una realidad que se construye en relación con los demás y en el contexto en el que vivimos.

Tener una salud mental equilibrada no significa no sufrir y que todo salga siempre como quieres, sino más bien:

- Ser coherente con lo que sientes, piensas y haces.
- Saber reconocer, expresar y gestionar las emociones, los pensamientos y los comportamientos.
- Saber quién eres y qué necesitas.
- Ser capaz de autorregularte.
- Ser capaz de afrontar los retos de la vida.

- Tener una relación sana en la que haya autoconocimiento, responsabilidad, comprensión y compasión como ingredientes básicos.
- Ser consciente de la importancia del entorno y cómo te afecta.
- Construir y mantener relaciones saludables.
- Tener hábitos saludables.

La salud mental es mucho más que la ausencia de enfermedad. Salud mental es bienestar. Es un derecho fundamental y un modo de vivir. A veces, cuando se habla de salud mental se habla más de trastorno que de salud, y esto confunde. Deberíamos tener más claro qué es, cómo cuidarla y reconocer todo aquello que favorece nuestro bienestar y potenciarlo.

Cuando cuidas tu salud mental, te sientes conectado contigo y con el entorno. Eres consciente tanto de tus fortalezas como de tus vulnerabilidades. En lugar de reaccionar desde el miedo o el impulso, respondes desde la pausa y la reflexión. Eliges y tomas decisiones alineadas con quién eres y con tus valores. Puedes pensar con claridad, aprender, resolver problemas, ser productivo, reflexionar y asimilar nuevas experiencias. También eres capaz de expresar tus emociones, poner límites, pedir disculpas y asumir la responsabilidad de tus actos. Y cuando algo te desborda puedes autorregularte reconectando con tu mente, tus emociones y tu cuerpo para recuperar el equilibrio.

¿CUÁNDO ES MOMENTO DE PEDIR AYUDA?

Sentirse mal y tener días malos es normal. Atravesar momentos difíciles también. La tristeza, la angustia, el nerviosismo, la ansiedad o la pérdida forman parte de la vida. Sin embargo, cuando algo de esto te impide funcionar con normalidad en el día a día, puede ser señal de que tu salud mental necesita atención. Pese a eso, es importante recordar que sentirse así puede ser una reacción natural ante algo que estás viviendo. No todo malestar es un síntoma; a veces, simplemente necesitas tiempo, descanso y comprensión. Nadie tiene que estar bien todo el tiempo. De hecho, muchas veces estar bien pasa por estar mal.

Aun así, cuando ese malestar se prolonga o empieza a interferir en tu vida cotidiana, conviene prestar atención. Hay señales que no deberías pasar por alto. Algunas de ellas son:

- Tener sentimientos de bajo estado de ánimo (sufrimiento, desesperanza, pesimismo, preocupación excesiva, ansiedad, irritabilidad, ira o soledad).
- Dificultades para concentrarte, pensar con claridad, tomar decisiones, recordar cosas.
- Disminución de tu interés por las actividades cotidianas.
- Dificultad para afrontar el estrés y recuperarte después de una situación adversa.
- Dificultad para estar presente y relacionarte con los demás.
- Dormir más o menos de lo normal.
- Disminución de la confianza, la motivación y la productividad.
- Llorar con frecuencia.
- Cambios en los hábitos (dejar de hacer deporte. Comer mucho más o menos de lo habitual).
- Comienzo o aumento de consumo de sustancias legales o ilegales.
- Aislamiento o necesidad constante de estar con los demás.

Ante señales como estas, resultaría útil mantener al menos un primer contacto con un profesional para que valore qué está pasando. Aunque todos podamos pasar por ciertos periodos complicados, conviene dejar claro que no siempre se cumplirán criterios clínicos para diagnosticar un trastorno, lo cual no invalida nuestro malestar.

Es importante también saber que se pueden tener problemas de salud mental y funcionar muy bien en algunos ámbitos de la vida, pero muy mal en otros. Artistas como Bruce Springsteen, Lady Gaga, Robbie Williams o Adele han revelado públicamente cómo en ocasiones han salido a los escenarios a pesar de sus problemas de salud mental. Esto es algo que veo con frecuencia en consulta. Personas que, por ejemplo, rinden de manera óptima en sus trabajos, bajo grandes niveles de estrés, pero al llegar a casa se sienten vacías o abatidas.

Si no se es consciente de estar atravesando un problema de salud mental, se corre el riesgo de seguir como si nada pasara, pero en realidad sí pasa. Sea como sea, conviene que los problemas de salud mental se dejen en manos de profesionales.

LOS PROBLEMAS DE SALUD MENTAL EN CIFRAS

Según datos de la OMS, en 2019 había cerca de 970 millones de personas en el mundo viviendo con algún tipo de trastorno mental. Los más frecuentes son la ansiedad y la depresión. Se estima que 301 millones padecían trastornos de ansiedad —entre ellos, 58 millones de niños y adolescentes— y que 280 millones sufrían depresión, con 23 millones de menores afectados.

Tras la pandemia, las cifras han empeorado. Un informe científico de la OMS concluyó que la prevalencia global de la ansiedad y la depresión aumentó en un 25 %. En lo que se refiere al suicidio, un estudio publicado en *The Lancet Public Health* en 2025 reveló que, solo en 2021, se registraron más de 746.000 muertes por suicidio en todo el mundo. De ellas, 519.000 correspondieron a hombres, y 227.000 a mujeres.

Si hacemos zoom y miramos las cifras de salud mental en nuestro país, el panorama tampoco es alentador. Según el Informe Anual del Sistema Nacional de Salud 2023, el 34 % de la población española presenta algún tipo de problema de salud mental. La cifra se eleva a más del 40 % en personas mayores de 50 años, y supera el 50 % entre los mayores de 85. Entre los diagnósticos más comunes destacan los trastornos de ansiedad, seguidos de los trastornos del sueño y la depresión.

No quiero aburrirte entre un montón de cifras y estadísticas abrumadoras. La salud mental no es un problema de matemáticas, pero sí es cierto que detrás de cada número hay un problema real. La epidemia del siglo XXI se llama salud mental. Ya lo advirtió la OMS en 2001, cuando publicó un informe que señalaba que los problemas de salud mental irían en aumento en el futuro. El futuro ya está aquí, es el presente. Ahora es cosa de todos los que habitamos esta sociedad contribuir, desde donde podamos, a cambiar esta realidad que duele.

VENTAJAS Y LIMITACIONES DE UNA SALUD MENTAL CONVERTIDA EN TENDENCIA

Desde hace unos años, especialmente tras la pandemia por COVID-19, la salud mental parece haberse puesto de moda. Cada vez se habla más de ella en los círculos sociales, en los medios de comunicación, en las redes, en el trabajo, en los colegios, en las familias... Ir al psicólogo ya no es tabú y cada vez más personas se ocupan de su salud mental. Sin duda, todo esto ha hecho que crezca la conciencia social sobre su importancia y ha ayudado a dejar atrás prejuicios del pasado, cuando se consideraba una señal de debilidad o locura.

La divulgación sobre salud mental es necesaria y ha supuesto un gran avance para normalizar, sensibilizar y romper estigmas. Pero igual de importante es comunicar y acercarse a esos contenidos de manera responsable. Hablar sin rigor o sin cuidado puede causar más daño que beneficio.

Muchos psicólogos y psicólogas observamos a diario cómo cada vez más adolescentes llegan a nuestras consultas que se han autodiagnosticado con un Trastorno Límite de la Personalidad (TLP) o con disociación solo por cumplir criterios de la *checklist* de una influencer de TikTok. También vemos a adultos convencidos de que el mejor remedio para el insomnio se llama Lorazepam o parejas abrumadas por creer que están atrapadas en una relación tóxica tras identificarse con contenidos que circulan por las redes sociales. Todo esto habla de una sobreexposición a mensajes simplificados que no solo no resultan de ayuda, sino que confunden.

Existe otro problema, y es que cuando algo se convierte en tendencia, cualquiera se sube al carro. Por eso asistimos cada día a los consejos milagrosos o a métodos revolucionarios inventados por vendedores de *webinars* prometiendo bienestar exprés a golpe de *clic*. Que se hable de salud mental como si se fuera experto sin serlo hace daño.

Finalmente, también conviene recordar que no todo lo que sentimos, vivimos o lo que ocurre en nuestras relaciones tiene que ver con un trauma. Tampoco todo es un problema de salud mental. A veces, las personas son como son y eligen comportarse como lo hacen. Sin más. También hay muchas que eligen no cambiar. No quieren, no les interesa o sienten que están bien así. Y aunque, en ocasiones, cueste aceptarlo, esa decisión de no cambiar también forma parte de la libertad del otro.

Nuestra responsabilidad no es cambiar al otro, salvarle ni entenderlo a toda costa. No necesitamos demostrar todo desde una supuesta perspectiva psicológica para justificar lo que nos duele o para intentar *salvar* a otra persona. La salud mental no puede convertirse en una excusa para justificar lo que nos duele de nosotros mismos y de los demás.

LA VIDA NO SE MEDICA

Parece que, tras haber roto el estigma de hablar de salud mental, hemos creado un nuevo marco limitante en el que el sufrimiento se encierra en una categoría diagnóstica y, con frecuencia, es medicado. Que la terapia farmacológica ha supuesto un enorme avance en el alivio del sufrimiento es innegable. Hay personas que pueden crear, trabajar y, en definitiva, vivir mejor gracias a la medicación. Pero no todo dolor que forma parte de la vida necesita ser medicado.

Hay problemas que, más que ser anestesiados con fármacos, necesitan acompañamiento psicológico para ser escuchados, comprendidos y abordados. Hay veces que, simplemente, necesitamos ser acompañados para encontrar la forma de manejar aquello que, en un momento determinado, nos desborda. Sin embargo, en ocasiones, la medicación es la única respuesta a un problema de salud mental ante las largas listas de espera en atención especializada en la sanidad pública. Así lo confirman los últimos datos del Barómetro Sanitario 2025, que revelan que solo una de cuatro personas consiguió cita con un especialista en salud mental en menos de un mes. Además, el 37,5 % ni siquiera fue atendido por un psicólogo o psiquiatra, sino por su médico de familia. La falta de profesionales de salud mental en la sanidad pública frente a la creciente demanda también pone de manifiesto que nos queda mucho por hacer.

Hemos de tener en cuenta que no todo el mundo dispone de los recursos económicos para poder ir a una psicoterapia privada. Por ello, recurrir a la medicación puede ser para muchas personas la única forma de dar respuesta a sus problemas de salud mental. Ante esta realidad, no son de extrañar titulares como el de «España lidera el ranking mundial en el consumo de benzodiacepinas». En 2023 fuimos el país del mundo en el que más se prescribió este tipo de psicofármaco para tratar el estrés, la ansiedad, el insomnio o para casos leves de trastornos emocionales. Así lo indicaba un informe de la Junta Internacional de Fiscalización de Estupefacientes (JIFE).

Conviene recordar que la OMS recomienda el uso de benzodiacepinas solo por periodos cortos. Sin embargo, muchas personas las consumen durante años, a veces toda la vida, y eso no es inocuo. Cada vez más estudios advierten sobre los riesgos que el uso prolongado de psicofármacos puede tener en la salud a largo plazo.

La salud mental ha de ser contemplada como un derecho fundamental de todos, no como un lujo para quien se lo puede permitir.

CUANDO HABLAR DE SALUD MENTAL NO BASTA

Romper el silencio sobre la salud mental ha marcado un hito. Ahora estamos más dispuestos a expresar lo que nos pasa. Sin duda, esto es un gran avance, pero sigue sin ser suficiente. Aún nos queda mucho camino por recorrer. Una vez revelado el sufrimiento, necesitamos saber interpretarlo y entender qué hacer con él. Con el propio y con el ajeno.

Hasta ahora hemos aprendido que hablar sobre salud mental es normal y que expresar emociones es necesario. Y sí, lo es. Pero no siempre ni de cualquier manera. Tenemos que saber cuándo, cómo, con quién y para qué. Expresar no basta y hablar no alivia si no hay otro que sepa sostener. Tampoco reconocer lo que te pasa si no sabes qué hacer con ello o que es un motivo para pedir ayuda.

Que se hable más de salud mental no garantiza que se entienda ni que se acoja. Ni mucho menos que se acompañe adecuadamente. La mayoría de las personas dan, o se dan, respuestas demasiado limitadas, homogéneas y predecibles. Los mensajes que nos rodean, en casa, en el trabajo, en los medios, con amigos o en las redes, suelen ir de un extremo al otro: o todo se convierte en un trastorno o es tóxico o se anula el sufrimiento como si no existiera. Esto también incluye la forma en que nos tratamos a nosotros mismos. De un extremo a otro. O negar el sufrimiento o patologizarlo. Polarizar desdibuja lo que de verdad nos sucede y puede impedir que encontremos las respuestas adecuadas, con lo que el malestar se prolonga en el tiempo. Hay veces que no solo sufrimos por el problema que no sabemos resolver, sino también por la manera en que lo afrontamos, que puede llegar a intensificar el dolor o complicar aún más lo que nos ocurre. Por ejemplo, alguien que se siente triste puede intentar distraerse llenando su agenda de planes, sin darse cuenta de que lo que necesita no son más actividades, sino planificar una pausa y quedarse consigo mismo para conectarse y escuchar qué necesita.

Así que, ante todo esto, tal vez el siguiente paso no sea hablar más, sino escuchar y escucharnos mejor. No es callar o hablar. Es escuchar sin miedo, acompañar sin juicio, comprender, cuidar y dar sentido. La salud mental no es una tendencia, sino una responsabilidad compartida con nosotros mismos, con los demás y con la vida diaria.

HACIA UNA CULTURA DE SALUD MENTAL

Quizá la clave sobre la salud mental esté más allá de la exclusividad de los diagnósticos que encasillan, los psicofármacos que sedan el dolor del alma o la psicología a base de *tips*.

Necesitamos mapas en los que nos reconozcamos, que den respuesta a nuestras necesidades individuales y relacionales en función de quiénes somos y de los contextos que habitamos. Necesitamos una salud mental real que nos ayude a gestionar las dificultades del día a día, no a encajar en moldes. Una salud mental que no asfixie con clasificaciones de trastornos; que nos ayude a conocernos y reconocernos para identificar lo que nos duele y nos hace bien; que no etiquete como ansiedad o depresión las reacciones naturales de un sistema nervioso que está respondiendo a un entorno abusivo. Porque, en esos casos, la respuesta no es un trastorno, es coherencia. ¿Adaptarnos siempre es lo mejor? ¿O a veces lo más sano es dejar de hacerlo? ¿Seguir en un entorno que daña, como un jefe abusivo o una relación que solo se mantiene por compartir gastos? Una salud mental que ayude a reconectarnos, a poner límites, a considerar el contexto y a valorar cuándo la no adaptación es, en realidad, la mejor forma de cuidar la salud mental. Que nos ayude a relacionarnos y a reparar vínculos. Que nos enseñe a vivir con lo que duele sin tener que anestesiarlo o disociarlo. Que nos permita hacernos cargo de nuestra vida sin culpas ni juicios, a regularnos sin exigir perfección. Una salud mental que cuidemos día a día. Para ello, necesitamos comprender cómo funciona la mente, su conexión con el cuerpo, cómo gestionar el presente y cómo el pasado influye, pero no determina si nos comprometemos a tratarlo.

Una salud mental de verdad que enfoque la mirada en la coherencia interna, los valores, la aceptación, la responsabilidad (no la culpa), la autorregulación, la comprensión o la compasión. Sin juicios. Sin consejos universales. Que tenga en cuenta a cada uno como es. Una salud mental con perspectiva amplia, que trate a la persona teniendo en cuenta su contexto. Que no nos reduzca al síntoma y a la etiqueta. Que tampoco nos victimice.

Una salud mental en la que estemos implicados todos, porque la salud mental es de todos. No es solo un asunto individual ni profesional. También es responsabilidad de quienes educan, dirigen equipos, comunican o acompañan. Y, por supuesto, es tarea de quienes gobiernan garantizar el acceso, la prevención y la atención. Los medios de comunicación y las redes sociales también forman parte de este compromiso colectivo.

Todos somos parte del cuidado de la salud mental, propia y ajena. Todos podemos, y debemos, contribuir desde la forma en que hablamos, nos tratamos, nos comunicamos y nos tenemos en cuenta. Cada palabra, cada gesto, también en redes, puede causar un impacto que no siempre medimos. Necesitamos más conversaciones. Más empatía. Más humanidad. Más conciencia. Más salud mental.

2

El éxito sin salud mental es el mayor de los fracasos

La sociedad en la que vivimos tiene hambre de éxito. Las redes sociales amplifican un éxito que, en muchas ocasiones, es pura purpurina, sin nada real detrás. Sin embargo, a pesar de que muchas veces sea impostado, es evidente que el mundo del éxito se ha democratizado. Esto hace que cada vez sean más las personas de todas las edades que aspiran a él. Y hay otras que, sin buscarlo, se lo encuentran de repente, sin estar preparados para afrontarlo.

Sea como sea, lo cierto es que el concepto de éxito que nos han vendido tiene mucho que ver con el resultado, la fama, el estatus, el dinero y el reconocimiento. Parece que tener éxito es tenerlo todo, que el mundo se rendirá a tus pies y que tendrás pasaporte garantizado a la felicidad. Sin embargo, la realidad no puede ser más cruel, ya que desmiente esta falsa y absurda creencia sobre lo que es el éxito.

Sabemos de muchas personas a las que les encaja a la perfección el traje de ese supuesto éxito y que, sin embargo, son profundamente infelices. De hecho, muchas de ellas lidian con problemas de salud mental. Al mismo tiempo, de otras podríamos decir que, sin grandes pretensiones vitales o monetarias, tienen una vida de éxito. Son felices. Pero no simplifiquemos: ni vivir en ese supuesto éxito ni tampoco vivir de un modo más discreto nos protege de tener dificultades psicológicas.

Quizá tener una vida de éxito no sea lo mismo para todos. Para muchos tal vez no sean la fama ni el aplauso ni la gloria. O sí, pero no exclusivamente. Lo que está claro es que no es sinónimo de salud mental. Y es que quizá el éxito no sea tener, sino ser entre tanto ruido. Quizá el éxito resulte ser un asunto personal y quizá algo universal sea que el éxito es estar en paz.

¿QUÉ ES EL ÉXITO?

> El éxito llegó a ser el signo de la gracia divina; el fracaso, el de la condenación.
>
> ERICH FROMM

Comencemos por el principio. La palabra éxito proviene del latín *exïtus*, que significa «salida». Curiosamente, este término latino es el que se sigue utilizando hoy en contextos clínicos para referirse al fallecimiento de alguien. *Exïtus*, una palabra precisa que marca la muerte. Y es que, al fin y al cabo, morir es salir. Salir del cuerpo, salir del tiempo, salir de la vida.

Sin embargo, paradójicamente, el término *exïtus* ha evolucionado hasta éxito y ha cambiado su significado, porque cuando hablamos de él ya no pensamos en salir, sino más bien en llegar. En conquistar. La palabra ha dado un giro importante, no solo a nivel lingüístico, sino también simbólico. Y para verlo basta con observar lo que dicen las tres acepciones del Diccionario de la de la Real Academia Española (DRAE).

1. Resultado feliz de un negocio, actuación, etc.
   Sinónimos: triunfo, victoria, consecución.
   Antónimo: fracaso.
2. Buena aceptación que tiene alguien o algo.

Sinónimos: fortuna, fama, gloria, celebridad, renombre, notoriedad.

Antónimo: fracaso.

3. Fin o terminación de un negocio o asunto.

Queda claro, por tanto, que el éxito es lo conseguido, lo conquistado, el resultado final. Es sinónimo de triunfo, fama, victoria y fortuna. Después de esta definición, ¿quién podría resistirse al deseo de un éxito que sabe a gloria? ¿Quién se atrevería, entonces, a contemplar el fracaso como parte del éxito si los consideran antónimos? ¿Quién podría pensar en el éxito como proceso y no como resultado?

A pesar de lo recogido por la RAE en esta definición, sabemos que en la vida real el éxito no siempre es resultado feliz ni sinónimo de triunfo, fama, gloria y fortuna. La vida, a veces, es diferente a los conceptos sostenidos por las teorías o los diccionarios. Y es que la vida es otra cosa.

ÉXITO Y SALUD MENTAL

> Creo que todo el mundo debería hacerse rico y famoso y cumplir todos sus sueños para que puedan ver que esa no es la respuesta.
>
> Jim Carrey

Muchos de los que ya tenemos una edad nos acordamos dónde estábamos aquella fatídica tarde calurosa del 23 de julio de 2011 cuando saltó a los medios la noticia de la muerte de Amy Winehouse. Yo, en concreto, estaba en la bonita ciudad de Cascais (Portugal). También recuerdo aquellas tensas horas del 25 de junio de 2009 en las que Michael Jackson se hallaba entre la vida y la muerte hasta que la balanza se decantó fatídicamente. Y si miro aún más atrás, parece que todavía estuviera viendo a mis amigos del cole llorar la repentina muerte de Kurt Cobain.

La investigación sobre la salud mental en artistas es relativamente reciente. Un estudio publicado en 2022, que evaluaba la salud mental entre los profesionales de giras internacionales, reveló que, de los 508 participantes, entre artistas y personal técnico, el 39,4 % mostraron tendencias suicidas significativas. En lo que respecta a la tasa de mortalidad, varios estudios indican que es mayor en músicos famosos que en la población general, debido a un exceso de muertes relacionadas con una salud mental quebrada.

Sin embargo, las muertes en extrañas circunstancias y los suicidios no son patrimonio exclusivo del mundo de la música. Diego Armando Maradona, Robin Williams, Kate Spade, V. G. Siddhartha, Alexander McQueen o Anthony Bourdain también firmaron trágicos finales.

Poco a poco, los datos nos van dibujando el mapa de una realidad que evidencia que éxito y salud mental no son precisamente sinónimos. Parece que el modo de tratar la salud mental está dando un giro en el mundo del éxito. Mientras que en el pasado muchas de estas personas (cantantes, empresarios, deportistas, actores…) ocultaban sus luchas internas tras una aparente fachada de felicidad, ahora son cada vez más quienes se atreven a contar abiertamente cómo se sienten, fruto también del momento cultural que vivimos.

Si bien es cierto que queda mucho por hacer y por avanzar en este sentido, no es menos cierto que esta conversación también permite romper con estigmas del pasado. Cantantes como Karol G, Chris Martin, Alejandro Sanz, Billie Eilish o Camilo no han dudado en hablar públicamente sobre su salud mental. Otros como Ariana Grande, Shawn Mendes, Selena Gómez, Robbie Williams, Miley Cyrus, Justin Bieber, Lady Gaga o la mismísima Adele han llegado incluso a parar conciertos, giras o a poner en pausa sus carreras. En el deporte también hay ejemplos, como Simone Biles,

Ricky Rubio, Naomi Osaka o Michael Phelps, que han priorizado su salud mental por encima de sus logros. Y también han impulsado la conversación en torno a la cuestión figuras como Angelina Jolie, Ryan Reynolds, Emma Stone, Jim Carrey, Dakota Johnson, Elizabeth Gilbert o Brad Pitt. Todos ellos nombres muy conocidos, provenientes de diferentes contextos, para los que la salud mental es una prioridad que no solo no esconden, sino que la ponen de manifiesto.

Ya no podemos seguir viviendo de espaldas a una realidad que se impone: el éxito no da la felicidad, o, al menos, no siempre. También quiero dejar claro que tener éxito tampoco es sinónimo de malestar. No todas las personas que brillan en sus carreras tienen problemas de salud mental ni son infelices, obviamente.

Lo que sí me parece importante es dejar de idealizar el éxito y empezar a comprenderlo. El éxito es un contexto determinado que, como todos, tiene sus particularidades, en este caso: presión, renuncias, exigencia... A pesar de los avances, muchas personas siguen manteniendo una imagen de perfección constante. Como si no pasara nada: parecen serenas, fuertes, altamente productivas y siempre felices. Esto también es una exigencia social propia del éxito en los términos que está planteado. Pareciera que si tienes éxito y fama, la obligación es ser y estar perfecto.

Detrás de esa aparente perfección y bienestar pueden esconderse emociones que, a menudo, se silencian. A esto se le conoce como el fenómeno de *Penn face*. Este término fue acuñado en la Universidad de Pensilvania para describir la tendencia de los estudiantes a actuar como si sus vidas fueran perfectas. En otras palabras, parecía que tenían notas brillantes, gozaban de amistades increíbles y su salud mental lucía excelente. Sin embargo, detrás de una aparente fachada de felicidad y confianza, se ocultaba el estrés y la tristeza.

Es hora de romper con los falsos mitos. Pocas creencias resultan tan dañinas como pensar que quien «lo tiene todo» no puede estar mal. Pareciera que el todo de muchos, fuera el todo de todos. No es así. Que alguien tenga éxito no significa que tenga que estar siempre bien. Tampoco la fama debería convertirse en una obligación de felicidad permanente. Sentirse mal no es un privilegio ni una debilidad: es parte de ser humano. Ni más ni menos. La salud mental es democrática, y poner sobre los hombros de quienes triunfan la exigencia irrealista de estar siempre bien solo añade más presión.

Tampoco podemos seguir asumiendo que conocemos como de toda la vida a los personajes famosos porque se cuelan en nuestras vidas a través de sus historias, de sus canciones, de sus intervenciones públicas o de sus películas. La realidad es que no tenemos ni idea de quiénes son esas personas. Desconocemos por completo su mundo interior e ignoramos los fantasmas con los que puedan estar lidiando o no.

Éxito y salud mental no son sinónimos. Tampoco antónimos.

Del éxito al éxito de ser tú

3
Ya es hora de reconquistar el éxito

EL ÉXITO COMO ASPIRACIÓN VITAL

Conviene entender de dónde venimos y dónde estamos para saber adónde vamos. Por eso te planteo una pregunta: ¿desde cuándo el éxito se ha convertido en una aspiración vital? No hace tanto que lo contemplamos como meta, incluso algunos como propósito de vida.

Hasta hace no mucho tiempo, el éxito era más bien una excepción. Un territorio de exclusividad reservado para unos pocos: cantantes, actores, deportistas de élite o grandes empresarios. El acceso a este particular mundo estaba garantizado a quienes pertenecían a ciertas clases sociales por herencia o apellido. Si el éxito es llegar, al éxito llegaban solo unos pocos. Era impensable el éxito como aspiración colectiva, como un terreno para las mayorías. El éxito quedaba reservado para las élites que lo habitaban. Al resto del pueblo solo le quedaba admirarlo de lejos.

De hecho, en sociedades no tan lejanas, la mayoría de la gente vive todavía con otras prioridades que impone la misma vida. De ahí la importancia de tener en cuenta el contexto sociocultural que habitamos. Sin ir más lejos, incluso nuestros abuelos y abuelas son ejemplo de ello: no vivían con la mirada puesta en «llegar lejos», sino en ser personas honradas y trabajadoras para tener una vida digna. Que no se nos olvide que venimos de esos abuelos y de esos padres que trabajaron en la cultura del esfuerzo, dispuestos a sacrificarse para poder garantizar un futuro mejor a sus hijos.

Y es ahí, en el progreso de las sociedades y de la cultura, donde comienza a haber un cambio de mentalidad. El éxito comienza a presentarse como un deseo legítimo, incluso para quienes crecieron sin ni siquiera imaginar de qué iba eso.

A esos padres que se forjaron en la cultura del esfuerzo ya no les bastaba con que sus hijos se esforzaran, tenían que sacar buenas notas, ir a extraescolares, practicar algún deporte, portarse bien... Y sacar más + (Destaca) que P.A. (Progresa Adecuadamente). Y, por supuesto, si tenías lo que por aquel entonces era que «podías más», sacar buenas notas ya no era suficiente; había que ser el mejor de clase. Y si se te daba bien el deporte, no valía con jugar para divertirse y participar, tenías que ganar. De ahí venimos. Así crecimos. Para nuestros padres eso era garantía de un buen futuro para sus hijos: que tuviéramos estudios, que nos sacáramos una oposición que nos diera seguridad de por vida. Ellos nos enseñaron que la vida era dura. Que para conseguir las cosas había que luchar, sacrificarse y hacer mucho esfuerzo y sacrificio. Que «nadie te regala nada» y «todo no se puede».

En resumen, para nuestros abuelos el éxito se trataba de vivir dignamente, ser buena persona y vivir en paz, ellos que crecieron en un mundo de guerras, hambre y supervivencia. Para sus hijos, nuestros padres, el éxito tenía más que ver con el esfuerzo y el sacrificio: garantizar el futuro de los suyos y reivindicar derechos. Ellos que vivieron un momento social crucial por la lucha de la igualdad de oportunidades en todas las clases sociales. Un cambio radical.

Resulta curioso cómo cada generación va traspasando sus anhelos a la siguiente, aunque a veces esos deseos choquen con las ideas y los desafíos del tiempo presente que toca vivir.

¿Qué hemos heredado de las generaciones anteriores de su manera de entender el éxito?

¿Qué nos toca reinventar ahora?

¿Qué queremos transmitir a las generaciones que están por venir?

Quizá el mejor legado no sea cumplir los sueños de otros, sino atrevernos a construir los nuestros con conciencia y honestidad.

DESPERTAR DEL SUEÑO AMERICANO

> Yo tuve el sueño americano hecho realidad. Conseguí el gran trabajo, era bueno en él. Compré una casa con piscina. Tenía el sueño americano y realmente me gustaba. Lo amé durante unos seis meses. Luego un día entré en mi casa y pensé: «Esto no está arreglando el problema que tengo ¿Cómo es posible?». Yo pensé que eso lo arreglaría todo y no lo hizo.
>
> MATTHEW PERRY

No es de extrañar que, en el contexto sociocultural del que venimos, el sueño americano calara hondo. Entendiendo como sueño americano la creencia de que cualquier persona, con independencia de su posición social o económica, puede alcanzar el éxito, la prosperidad y la felicidad si se esfuerza lo suficiente. Una idea que despertó ilusión, funcionando como un poderoso motor de esperanza para millones de personas que veían en ella la posibilidad real de transformar su vida.

Sin embargo, a pesar de que el sueño americano es inspirador y altamente motivador, también se relaciona con la individualidad y la meritocracia. Da a entender que el éxito depende exclusivamente de la inteligencia, la disciplina y el esfuerzo. En definitiva, que todo recae sobre la persona, sin importar el contexto ni las circunstancias sociales. Si bien rompe con las limitaciones de los entornos más desfavorecidos y se convierte en motor para quienes quieren superarse, crecer o innovar para tener una vida mejor, también deja una pregunta encima de la mesa: si todo depende del esfuerzo y de la actitud, entonces ¿cualquiera puede conseguir cualquier cosa que se propone a base de esfuerzo?

En mi opinión, pocas cosas nos han hecho tanto daño como llevar al extremo la frase de «si quieres, puedes». A lo largo de mis veinte años como psicoterapeuta he visto a demasiadas personas sufrir por querer algo que intentan una y otra vez sin lograrlo. En lo personal y en lo profesional. Frustración, tristeza, soledad, rupturas.

Claro que la motivación es importante, pero solo cuando nace del cuidado y no de la exigencia de lograr algo a cualquier precio, incluso a costa de la salud mental. Cuando estos mensajes se sacan del contexto motivacional y se absolutizan, dejan de impulsar y empiezan a hacer daño. Un discurso que promete que todo depende de la fuerza de voluntad y que, si no puedes, es porque no lo has intentado lo suficiente es dañino. La realidad es que no. Siempre que quieres, no puedes.

Querer y poder son cosas distintas, y entre ambas hay un montón de factores que influyen y que hemos de tener en cuenta, como veremos a lo largo del libro. La actitud y el esfuerzo no son suficientes. Y por supuesto, querer y poder no es una cuestión meramente individual. Este tipo de mensajes olvidan que lo individual está profundamente ligado a nuestro contexto sociocultural, económico, familiar y emocional. Resulta paradójico que, en el momento en el que más hablamos de salud mental, siga calando un discurso tan individualista y desconectado de la realidad.

El éxito no siempre está en conseguir lo que quieres, sino en comprender qué quieres de verdad y qué necesitas. En saber cómo. Y gran parte de ese *cómo* no tiene que ver tanto con hacer, sino con entender quién eres y qué está realmente alineado con tu propósito. Se trata de reconocer los contextos que te favorecen y aquellos que te limitan, y descubrir qué papel desempeñas tú dentro de todo eso. También de aceptar que, por mucho que quieras, hay veces que no puedes. Parar a tiempo, dejar ir o cambiar de dirección no solo no es que no sea un fracaso, sino que hay veces que es el mayor de los éxitos.

El #SiQuieresPuedes triunfalista convertido en hashtag ha calado tan hondo que, sin darnos cuenta, se ha convertido para muchos en una filosofía de vida. Ya no se trata solo de triunfar en lo profesional, en lo social o en lo económico. Las exigencias se han multiplicado. Hoy el éxito se mide también en las redes, en lo emocional, en lo intelectual, en lo espiritual y en lo estético. No solo tienes que ser el mejor en el ámbito profesional. Eso por sí solo ya no basta. Esto no es nada si no tienes una vocación inquebrantable, si no acumulas unos cuantos miles de followers en tus redes, si no mantienes un cuerpo y una mente equilibrados, si tus hábitos no son saludables, si no lees lo suficiente o ves la película de moda, si no gestionas perfectamente tus emociones y si no eres una figura con visibilidad.

Hay personas que conquistan sus sueños, y puede que las vistas desde la cima no sean exactamente lo que esperaban. Puede ser que una cosa sean los sueños y otra la realidad. Puede ser que todo lo que se mueve alrededor del sueño convertido en realidad no las haga demasiado felices. Más bien lo contrario. Me he sentado muchas veces frente a frente con el vacío que muchas personas experimentan cuando se supone que lo tienen todo. Les falta sentido. Alcanzaron la meta, sí, y, ¿ahora qué? Esto es lo que yo llamo el «vacío del éxito».

Entonces ¿no será el momento de despertar del sueño americano antes de que se convierta en una pesadilla? ¿No deberíamos empezar a preguntarnos qué es realmente el éxito?

Cada vez son más las personas que alzan la voz para cuestionar el modelo de éxito dominante. Debemos deconstruirlo y volver a construirlo. No podemos seguir sosteniendo una idea de éxito que pertenece a generaciones pasadas o a personas que no somos nosotros. No podemos seguir teniendo una meta que no encaja con nuestra realidad ni con nuestra forma de entender la vida.

Es necesario construir el éxito de un modo más realista y saludable, que no nos rompa ni deje cadáveres por el camino. No puede seguir siendo un molde universal. Necesitamos poder habitar una nueva realidad de éxito social e individual. El éxito debe estar hecho a la medida de cada uno.

Y para ti ¿qué es el éxito?

4

El éxito de ser tú

Después de este breve recorrido por el significado del éxito y la salud mental, se plantea una pregunta que ya no podemos seguir evitando: ¿de qué sirve llegar tan lejos si no sabemos estar bien con nosotros mismos?

El éxito sigue sonando a resultados, a metas, a logros, a tenerlo todo. Pero ese modelo ya caducó. De nada vale conquistar el mundo si por dentro te sientes vacío.

Es momento de romper con el éxito heredado del sueño americano y con los mensajes simplistas de la salud mental: «si quieres, puedes», «tú puedes con todo» o «sé fuerte siempre». No, no se trata de eso, sino de aprender a estar contigo. Poder con todo a veces también significa descansar de todo. Y no. No siempre tienes que poder con todo. Tampoco se trata de ser fuerte, como si nada pasara. Ser fuerte es otra cosa. Y, por mucho que nos cuenten, ser productivo no es vivir en automático, como si también la vida se pudiera reproducir a doble velocidad. La pausa y la conexión son partes esenciales del verdadero plan de ser productivo.

Así que quizá el éxito no se trate de llegar a la cima. Quizá no se trate de ser esto ni aquello. Quizá simplemente se trate de ser tú y ser coherente con quién eres para vivir con paz y en libertad. Y eso, para mí, es el éxito de ser tú.

POR QUÉ EL ÉXITO DE SER TÚ

Vivimos demasiado rápido, llenos de obligaciones a las que hay que responder (hipoteca, trabajo, círculos sociales...), cumpliendo con todo el mundo (incluidos la pareja, la familia, el jefe, los hijos y los amigos), y no queda tiempo para el verbo *ser*. Hemos cambiado el *ser* por el *hacer*, hemos olvidado quiénes somos y, en consecuencia, qué queremos y qué necesitamos.

Nos hemos creído el «así es la vida», nos hemos adaptado y nos hemos anulado el derecho a elegir. Por todo esto ocurre con frecuencia que sentimos que algo no encaja o que somos nosotros los que no encajamos. Esto de una forma u otra pasa factura, y muchas veces el precio de esa factura se llama salud mental, porque hemos dejado de encontrar sentido a nuestros días y a nuestra vida. Ello se traduce en lo que tantas veces veo en terapia: malestar, apatía, tristeza, vacío, dificultades en las relaciones, ansiedad o esa sensación de estar viviendo la vida de otros.

Entre los miles de historias que he escuchado a lo largo de estos veinte años en terapia, he observado que las personas suelen sufrir por tres grandes motivos. Hay personas que no se sienten bien con quiénes son, otras sobreviven a lo que hacen y otras no son felices con lo que tienen.

Más allá de cada uno y de sus circunstancias, el problema suele girar alrededor de tres verbos: *ser*, *hacer* y *tener*. Quién eres, qué haces y qué tienes van a marcar la relación contigo, con los demás y con la vida.

Hay personas que suelen tener más dificultad en una de estas áreas, mientras que en otras varía según el momento que estén viviendo.

Cuando hay dificultad en ser, hacer o tener suele vivirse así:

1. **SER**
    Hay personas que no se sienten bien con quiénes son.
    No se aceptan. Se critican sin descanso. A veces ni siquie-

ra saben qué necesitan o qué desean. Viven con la sensación constante de no ser suficientes. Se exigen demasiado, se comparan con todos y siempre salen perdiendo. Han aprendido a mirar su diferencia como un defecto. Intentan encajar en moldes que les aprietan. Y en ese esfuerzo por agradar, se alejan cada vez más de sí mismas. Viven divididas entre lo que el mundo espera de ellas y lo que en realidad son.

2. **HACER**

   Hay personas que no se sienten bien con lo que hacen.
   Viven en piloto automático. Se levantan, cumplen, y todo es una carrera. Aun así, sienten que no llegan. Están apagadas. Desbordadas. Estresadas. Con la sensación constante de estar sosteniendo más de lo que pueden y les corresponde. Incluso el ocio se ha convertido en una obligación más: todo está medido, programado, lleno de «tengo que».

   No sienten que elijan su vida, más bien que es la vida la que decide por ellas. Suelen presentar problemas con los límites, y eso les trae problemas en las relaciones (pareja, hijos, familia, jefe…). Huyen de su rutina lanzándose de cabeza al fin de semana o a unas vacaciones, no para descansar o disfrutar, sino con el objetivo de no pensar, olvidarse de todo y desconectar… Desconectar para volver de nuevo a una vida (trabajo, ciudad, relación) que las desconecta de sí mismas.

3. **TENER**

   Hay personas que se sienten profundamente insatisfechas con la vida que tienen.
   Nada está mal, pero nada se siente bien. La casa, la pareja, el trabajo, la rutina… Todo encaja por fuera, pero por dentro hay un vacío que lo llena todo.

La vida no ilusiona, no emociona, no conecta. Y eso se transforma en tristeza, desmotivación e incluso depresión. Es la paradoja de sentirse infeliz en una vida que parece perfecta.

Si bien el mapa no es el territorio, este mapa es el que me ayuda a orientarme por el terreno de los problemas. Y como donde está el problema también está la solución, a lo largo de los años he ido construyendo el éxito de ser tú.

Así nació el éxito de ser tú, una forma de vivir en coherencia entre lo que pensamos, sentimos y hacemos. Una forma de vivir alineados con quienes somos. Porque ¿qué es el bienestar si no eso?

QUÉ ES EL ÉXITO DE SER TÚ

Vivimos rodeados de mensajes que nos dicen lo que *tenemos* que hacer para tener éxito o sentirnos mejor: «Cree en ti», «sal de tu zona de confort», «hazlo con miedo», «si quieres triunfar, levántate a las cinco de la mañana», «visualiza tu mejor versión». Los vemos en libros, reels y pódcast que prometen fórmulas mágicas para vivir mejor, encontrar la pareja perfecta o ser más próspero. Y aunque suenan bien y pueden ayudar, lo cierto es que nadie logra transformar su vida a base de frases bonitas ni motivadoras.

El problema es que todo no sirve para todos. He visto cientos de veces, a lo largo de mi carrera, que cuando estas ideas no funcionan, no solo no ayudan, sino que terminan generando más frustración. Y es que nadie te explica cómo hacerlo desde ti, desde tu propia historia, desde quién eres tú y solo tú. Vivir la vida a base de consejos, de guías y métodos revolucionarios, en mi opinión, te pierde más que te ayuda a encontrarte. Porque tú eres tú. Tú no eres todo el mundo.

El éxito de ser tú es un modelo de bienestar consciente que tiene en cuenta el ser, el hacer y el tener de cada uno. Con su historia, su contexto, su conciencia. Combina la teoría basada en la ciencia con la práctica para que el bienestar deje de ser algo que lees y se convierta en algo que vives. El éxito de ser tú es práctica, conciencia y transformación. Una brújula con la que moverse por la vida desde la coherencia.

Está construido sobre tres pilares fundamentales:

1. Identidad (Ser): valores, apego, creencias...
2. Acción (Hacer): elecciones, decisiones, hábitos...
3. Propósito (Tener): relaciones, trabajo, bienestar...

Estos son los tres pilares maestros de la arquitectura de la vida de una persona. Si alguno se tambalea, puede repercutir en la salud mental.

El éxito de ser tú no tiene la fórmula mágica, pero sí cuenta con una fórmula simple, que se adapta a ti teniendo en cuenta tu contexto.

$$\boxed{\text{SER} \times \text{HACER} = \text{TENER}}$$

Esta fórmula parte de una idea muy simple: la vida que tienes es el resultado de quién eres y qué haces teniendo en cuenta el entorno en el que vives. Dicho de un modo más cuantitativo, de cuánto te atreves a ser y a hacer.

Esta fórmula es multiplicativa porque ser y hacer se potencian entre sí. Un elemento amplifica al otro. Los dos son necesarios para disfrutar de una vida que se sienta satisfactoria. Puedes conocerte mucho, pero si no haces nada con ello, nada cambia. Te estancarás. Puedes hacer sin parar, pero si no sabes quién eres, esas acciones pierden dirección. Y puedes tener el mejor contexto, pero si no estás en coherencia contigo, nada te bastará para sentirte bien.

El bienestar no se trata de tener por tener, sino de estar alineado. Y cuando lo estás, el resultado se vuelve exponencial, porque cuando estás bien y todo tiene sentido, el crecimiento tiende al infinito.

CÓMO LLEVAR EL ÉXITO DE SER TÚ A TU DÍA A DÍA

Vivir alineados con quienes somos no es un ideal abstracto, sino que se refleja, sobre todo, en las pequeñas decisiones del día a día. Significa sentirte en paz contigo y con la vida que vives. Cuando eliges actuar desde tus valores, dejas de vivir para complacer, te importa menos el qué dirán y te enfocas en lo que —para ti, no para otros— es verdaderamente importante.

Así que *El éxito de ser tú* en la vida diaria te va a ayudar a:

- Tomar decisiones alineadas contigo.
- Poner límites desde la calma, no desde la explosión.
- Comprender tu malestar sin juzgarlo.
- Sostener el éxito sin perderte a ti en el proceso.

No se trata solo de sentirse mejor, sino de vivir mejor, con claridad, dirección y sentido. No es teoría. Es conciencia y autoconocimiento para la transformación en la vida diaria. Es el mapa práctico que llevo aplicando día tras día en terapia durante veinte años para ayudar a vivir con bienestar. Integrar el éxito de ser tú en la vida de las personas a las que acompaño, ya sea en terapia o en mis formaciones, les permite comprender lo que les ocurre, recuperar el rumbo, elegir, tomar decisiones coherentes con sus valores y, en definitiva, vivir en coherencia desde la autenticidad.

Pero ¿cómo lo aplicamos a la vida diaria? Imagina que estás en el trabajo, es octubre y todo el mundo comienza a apuntarse a la cena de Navidad y al amigo invisible. A ti no te gustan esos eventos sociales. De hecho, cada vez que vas, lo pasas mal. Entonces lo coherente sería no apuntarte, que es lo que en realidad está alineado contigo. Tendrás que asumir, claro, que te va a dar miedo o que no te va a gustar lo que los demás puedan pensar de ti. Pero es que por evitar eso has ido tantos años, a pesar de pasarlo mal. Tú eliges: o hacer lo que has hecho todos los años por el qué dirán, o el éxito de ser tú, que implica elegirte a ti. Te digo desde ya que el éxito de ser tú no siempre es cómodo, pero siempre es coherente.

Ahora imagina que tu pareja hace un comentario que, por lo que sea, te afecta. En lugar de tragar saliva y hacer como que no pasa nada, se lo expresas. No necesitas arruinarte el día, ni entrar en *overthinking* pensando que no te lo mereces. Se lo dices, y punto. Estos son los famosos *límites* que parecen tan difíciles de poner, pero que realmente son más fáciles de lo que pensamos. Y esto es el éxito de ser tú: coherencia. Si algo no te hace sentir bien, exprésalo con conciencia, asertividad y responsabilidad emocional. ¡Sin sincericidios, por favor!

¿Y por qué funciona el éxito de ser tú? Porque, cuando te eliges en el sentido más amplio de la palabra, dejas de desperdiciar tiempo y energía para empezar a caminar con paso firme por tu vida. Tu propia vida. Eso contribuye a tu paz mental y, por supuesto, a la construcción de relaciones sanas.

Todo esto parece sencillo, y lo es. Pero tampoco te voy a mentir y te voy a decir que todo es superfácil. Sería caer en el positivismo tóxico en el que no creo. Lo que quiero decir es que no somos conscientes de que gran parte de nuestro día a día está construido por nosotros mismos. Por tanto, si consideramos que es un problema, podemos ser los arquitectos de la solución. A veces, los gestos que tienes que hacer son más pequeños de lo que piensas. Eso sí, hay ciertas cosas que debes tener claras y en las que vamos a profundizar.

Lo fundamental es que el éxito de ser tú va de ti, de la energía que pones en tu día a día y de tu sentido de la vida. Para mí, estos son los factores más importantes sobre los que intervengo cuando trabajo en terapia. Por eso quiero compartir contigo los conocimientos que más me han servido a lo largo de este tiempo y las claves más importantes, por si a ti también te resultaran útiles, bien sea para algo que quieras cambiar o mejorar.

La idea de ser tú, en esencia, es que cuanto más fiel eres a ti, mejor te sientes y mejor te relacionas con los demás y con el mundo. Cuanto más en contacto estás contigo, más pones tu energía en lo que de verdad es importante para ti, y así construyes una vida con sentido de la que te sientes satisfecha. Por tanto, el éxito de ser tú es una manera de estar bien con nosotros mismos y con los demás.

Por ello, aclaro desde ya que cuando hablo de ser tú no tiene nada que ver con ser egoísta ni narcisista. No se trata de ponerte por encima de los demás ni actuar de manera desconectada, sino de conectarte contigo y ponerte en tu lugar con empatía, asertividad y claridad. De vivir en coherencia, sin impostar, sin fingir, sin perderte.

EL ÉXITO DE SER TÚ PARA TI

El éxito de ser tú no es para todos. Es para ti. No está construido de fórmulas milagrosas ni hecho a base de frases prefabricadas. Se sostiene en teorías sólidas y en investigaciones de referencia en el campo de la psicología, la psicoterapia y la neurociencia. Además se ha tejido a base de risas, de llantos, de problemas, de soluciones, de miradas cómplices, de triunfos, de derrotas. Un modelo hecho con historias reales y procesos de transformación de personas como tú.

En ningún caso *El éxito de ser tú* viene a exigirte más. No necesitas retos de 21 días ni consejos universales. Ni siquiera tienes que estar aquí si no te apetece, si no te interesa, si no es el momento. Si te quedas, solo decirte que aquí puedes ir encontrándote y reencontrándote a tu ritmo, desde tu historia, desde tu forma de ser, desde tu verdad.

Este libro no pretende decirte quién deberías ser, sino acompañarte cuando te pierdas, cuando sientas que lo tienes todo, pero no te tienes a ti, o cuando quieras crecer, fluir o simplemente volver a ti. Para cuando quieras tú. Para lo que quieras tú.

El éxito de ser tú es el fruto de una vida dedicada a la psicología y a la psicoterapia. Y por ello no quiero dejar de dar las gracias a mis principales maestros, todas esas personas a las que he tenido el honor de acompañar a lo largo de estos años en terapia. Ellos que me han dado la oportunidad de aprender a través de sus silencios, sus miradas, sus heridas, sus risas y sus llantos. Quienes más me han enseñado sobre confianza porque muchos confiaron en mí a pesar de no confiar en ellos. A quienes me enseñaron de qué va la fuerza cuando las fuerzas te fallan. *El éxito de ser tú* está hecho de personas de verdad y de vidas reales. Porque es ahí, en el día a día, donde somos y aprendemos a ser cada día. Por eso, y por tanto, agradecida siempre a mi mejor maestra: la vida.

Espero, de corazón, que, de una u otra manera, *El éxito de ser tú* pueda ayudarte a ti.

De la supervivencia a la presencia

5

Estrés vs. regulación

Seas quien seas, trabajes en lo que trabajes y estés donde estés, hay algo que necesitas entender: cómo funcionas internamente y qué cosas, personas, lugares o situaciones te descolocan o te mantienen en conexión contigo. Como ya hemos visto, cuando hablamos de salud mental es clave tener en cuenta tanto lo personal como lo relacional.

Conocer cómo trabaja el cerebro puede ayudarte a comprender cómo actúas. A veces se dispara, reacciona sin avisar y te hace actuar de formas que no entiendes. O caes una y otra vez en lo mismo, y luego te arrepientes.

Por eso, conocerte es el punto de partida. Saber cómo eres, cómo reacciona tu cuerpo, qué te calma y qué te dispara, sin duda, te da poder. Te da opciones para manejarte y poder elegir qué hacer. Es una herramienta poderosa para vivir en armonía y establecer relaciones saludables desde un lugar más consciente.

Y lo primero que tienes que saber es que la mente y el cuerpo no son dos cosas separadas. Lo que piensas y lo que sientes no va por caminos distintos: lo que piensas afecta a lo que sientes y lo que sientes cambia la forma en que piensas.

Antes de intentar cambiar nada, necesitas mirar qué pasa dentro de ti. Por eso observarte es el primer paso para una práctica diaria. Observar qué piensas, qué sientes, cómo reacciona tu cuerpo cuando algo te supera, te emociona o te calma. Solo cuando te observas puedes empezar a entenderte.

Te propongo algunas preguntas por si te resultaran útiles para observarte: ¿Eres sensible? ¿Te mueves por impulsos? ¿Te cuesta confiar? ¿Le das demasiadas vueltas a las cosas? ¿Eres perfeccionista? ¿Te exiges más de la cuenta? Y cuando estás bajo presión, ¿qué pasa? ¿Te enfadas con facilidad? ¿Te entristeces? ¿Tu cuerpo también lo nota? ¿Se te cierra el estómago? ¿Se te tensa la espalda? ¿Te cuesta digerir los cambios?

Nada de esto ocurre porque sí. Todo tiene una razón, que casi siempre tiene que ver con cómo tu sistema nervioso interpreta lo que pasa a tu alrededor. Conocerte y entender el contexto en el que te mueves, son la base de todo: te ayudan a regularte cuando llega el estrés, a poner límites sin culpa, a relacionarte sin perderte y a tomar decisiones que estén realmente alineadas con quién eres.

Saber qué te dispara y qué te calma lo cambia todo. Porque cuando entiendes eso, dejas de reaccionar y empiezas a responder, dejas de ir en automático para comenzar a elegir. No es teoría. Es práctica diaria. Y empieza con un primer paso: observarte.

EL GPS DE TU EQUILIBRIO INTERNO

El GPS interno se compone de tres coordenadas: estrés, seguridad y regulación. Tres palabras que van a tener un papel protagonista a lo largo del libro. Si las tienes presentes en tu día a día, pueden ayudarte a reconocer lo que sientes en el cuerpo cuando algo te descoloca y a encontrar la dirección exacta hacia la que encaminarte para volver a tu equilibrio. Son una brújula emocional para orientarte dentro y fuera de ti.

1. **Estrés**
   El estrés es mucho más que una tensión física molesta. Es la respuesta natural del cuerpo ante aquello que percibe

como una amenaza para su estabilidad. Dicho de otro modo, el estrés es una señal. Una forma que tiene tu cuerpo de decirte que algo necesita ser atendido. Existen dos formas de estrés:

- Eustrés (el estrés positivo). El que nos activa, motiva y nos prepara para responder a los retos. Nos ayuda a mejorar el rendimiento.

- Distrés (el estrés negativo). Cuando hay algo que nos sobrepasa y nos sentimos abrumados, desbordados, sin recursos para afrontarlo. Si este tipo de estrés es sostenido en el tiempo va a impactar negativamente en la salud física y mental.

Es importante tener esto en cuenta porque el estrés crónico afecta directamente al funcionamiento del cerebro. Además, convivir con estrés también afecta al cuerpo. Esto puede llegar a tener consecuencias devastadoras.

La investigación en medicina y neurociencias demuestra que el estrés sostenido puede dar forma, poco a poco, a enfermedades que se gestan en silencio, a nivel subclínico. Esto significa que pueden ser asintomáticas durante meses e incluso años. A veces ni siquiera las pruebas de prevención logran detectar la enfermedad. Sin embargo, cuando aparecen los primeros síntomas puede que ya sea difícil hacer algo. Por eso, prevenir, reconocer y tener en cuenta las señales de estrés es un asunto vital.

2. Regulación

Hay momentos en los que el cuerpo reacciona antes que la mente. Algo te altera, te duele o te sobrepasa, y sin darte cuenta ya estás acelerada, a la defensiva o con ganas de salir corriendo. Es tu sistema nervioso intentando protegerte.

La regulación es la capacidad del sistema nervioso para moverse entre los diferentes estados de calma y alerta y regresar espontáneamente a un estado de seguridad. Dicho de otra manera, regularte significa recordarle al cuerpo que si no estás en un contexto amenazante, estás a salvo, que no necesitas pelear ni escapar. Recordarle que todo está bien y que puede volver a la calma. Esa capacidad de oscilar, de adaptarte y volver a tu centro es lo que mantiene tu equilibrio emocional.

La regulación no consiste en intentar pensar distinto ni repetirte afirmaciones positivas cuando todo dentro de ti está en alarma. La regulación se cultiva desde el cuerpo, cuando dejas de luchar contra tus emociones y te permites observar lo que sientes en el cuerpo. Implica transitar por emociones y sensaciones intensas sin perderte en ellas. Para ello es fundamental aprender a aceptarlas sin juzgarlas, observarlas desde la curiosidad y no desde el miedo.

La regulación es volver a ti, una y otra vez, con amabilidad. Cuando eso se convierte en una práctica habitual aparece la seguridad interna. Sin un sistema regulado, no hay salud mental posible.

3. **Seguridad**

Estar en contextos seguros y relacionarnos desde la seguridad emocional es clave para la salud mental. Dice Deb Dana que «el sistema nervioso busca seguridad más que felicidad». Seguros son esos lugares —y esas personas— donde podemos ser auténticos, donde se permite el pensamiento crítico, la creatividad, la búsqueda de soluciones, el acceso a los recuerdos y la construcción de vínculos sanos.

El psiquiatra Donald Winnicott se refiere a la seguridad como «ese lugar silencioso, casi sagrado, cuya salvaguarda es esencial para que podamos mantener la sensación de existir». La seguridad es eso: un refugio íntimo donde uno puede sentirse en paz y a salvo, con la certeza de que está bien ser tal como es. Es ese rincón donde uno puede bajar la guardia, respirar sin miedo y sentir que, pase lo que pase fuera, adentro todo está en calma. Si no nos sentimos seguros en los rincones de nuestro propio cuerpo, en las relaciones o en los lugares que habitamos a diario, será muy difícil vivir una vida en paz. Será complicado habitarnos y habitar una vida con salud mental. Un lugar o una relación segura favorecen:

· La certeza de que tú y tus necesidades son importantes.
· Una mayor capacidad de autorregulación ante situaciones de estrés.
· Una gestión más equilibrada de las emociones.
· Una sensación corporal interna de calma y estabilidad.
· El reconocimiento, respeto y comprensión de quién eres, incluso en lo que te diferencia de los demás.
· La confianza para pedir ayuda a quienes percibes como sostén.
· El desarrollo de relaciones y habilidades comunicativas más sanas.

EL CEREBRO TRIUNO PARA ENTENDERNOS

Aunque el modelo del cerebro triuno propuesto por Paul MacLean (1990) está hoy superado desde el punto de vista neurocientífico, sigue siendo una herramienta muy útil para comprender de forma visual y sencilla cómo funciona el cerebro.

El cerebro no está dividido en tres partes independientes, pero sí sabemos que se desarrolla de abajo hacia arriba. El cerebro reptiliano encargado de mantenernos con vida es el más primitivo; después aparecería el cerebro límbico encargado de las emociones fundamentalmente; y la parte más reciente y evolucionada sería el neocórtex o corteza prefrontal, que nos permite pensar, crear y decidir con conciencia.

Aunque cada parte tiene una función diferente, lo cierto es que el cerebro funciona de manera integrada. Cuando vivimos estrés o amenaza, las áreas inferiores (el reptiliano y el límbico) pueden tomar el mando y desconectar la corteza prefrontal, lo que afecta a nuestra capacidad de razonar, decidir y mantener la calma.

Comprender el cerebro triuno ayuda a visualizar cómo el cuerpo, la emoción y la razón están interconectados y por qué el bienestar depende de que estos tres niveles trabajen en equipo.

Neocórtex o Cerebro racional

- Empatía
- Percepción
- Flexibilidad de respuesta
- Regulación de las emociones
- Moral
- Comunicación sintonizada
- Atención
- Juicio
- Planificación
- Decisiones
- Consecuencias
- Comportamiento social
- Mentalización (pensar sobre el pensamiento)
- Razonamiento superior
- Control de la impulsividad
- Concienciación

Sistema límbico o Cerebro emocional

- Relevancia emocional
- Procesamiento de emociones, recuerdos y vínculos afectivos
- Memoria
- Mapa de la relación entre la persona y su contexto
- Percepción
- Categorización

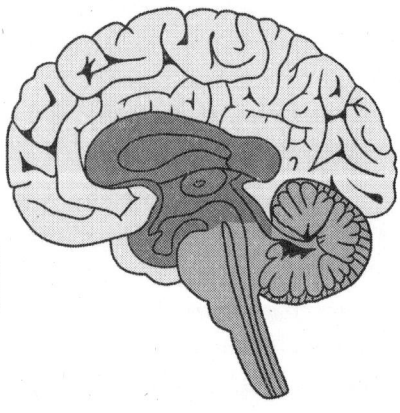

Cerebro reptiliano. Cerebro instintivo o de supervivencia

- Se activa cuando sentimos peligro activando respuestas automáticas (lucha, huida o congelación)
- Funciones básicas que garantizan la supervivencia: respirar, dormir, comer y reaccionar ante las amenazas
- Equilibrio químico

LA CORTEZA PREFRONTAL (CPF)

La corteza prefrontal, situada en la parte frontal de nuestro cerebro, es la CEO, es decir, la corteza prefrontal manda. Tiene un papel protagonista en las funciones ejecutivas, como planificación, toma de decisiones, resolución de problemas, regulación de emociones y comportamiento social. Se encarga de poner lógica en nuestra vida y promover la adaptación a los cambios. La CPF tiene un papel fundamental sobre la calidad de vida y el bienestar emocional, en definitiva, sobre la salud mental.

Cuando la CPF funciona en alto rendimiento...

Quien se encarga de la coherencia entre lo que piensas, sientes y haces es la CPF. Es la parte del cerebro que nos permite tomar decisiones alineadas con nosotros y con nuestros valores, y proyectarnos hacia nuestras metas a largo plazo con constancia. Por ejemplo, si queremos escribir un libro, nos mantiene en el proceso sin distraernos. También desempeña un papel fundamental en la atención y en la concentración: nos permite enfocarnos en una tarea evitando distracciones.

La CPF es el centro neurálgico de la fuerza de voluntad, la que no deja guiarnos por impulsos. Si queremos dejar de comer ultraprocesados es la que se mantiene imbatible ante las excusas y no nos deja caer en la tentación cuando pasamos por la columna de bollos del súper.

La CPF nos ayuda a afrontar situaciones complejas de manera eficaz, es una pieza clave de la resiliencia. También tiene el poder de la innovación, lo que hace que sea capaz de crear ideas abstractas e imaginar posibilidades que aún no han sucedido. Gracias a ella encontramos soluciones creativas ante los diferentes problemas de la vida.

En lo que se refiere a lo emocional, es la que te ayuda a manejar los impulsos con razonamiento lógico. Ante una situación estresante, es la que te ayudará en la regulación emocional evitando que tengas reacciones emocionales abruptas. En definitiva, hará que te distancies de las emociones para poder responder de manera más equilibrada y adaptativa.

También es la encargada de construir relaciones sanas y nos permite comprender la perspectiva de los demás y responder de manera empática.

Cuando la CPF no está en plena forma...

Sin embargo, cuando la CEO de nuestro cerebro no está en plena forma, es fácil que ocurra todo lo contrario. Entonces seremos impulsivos en la toma de decisiones, nos dejaremos llevar por las emociones y no seremos tan efectivos a la hora de resolver problemas.

Algunos de los factores que anulan o debilitan la CPF son los siguientes:

1. Miedo. Cuando tu cerebro percibe un peligro real o imaginario, como encontrarte de frente a tu ex en uno de los pasillos más estrechos del supermercado, la CPF queda anulada y es la amígdala la que toma el control.
2. Hiperestimulación. Las notificaciones frecuentes de WhatsApp y otros estímulos constantes reducen la capacidad de concentración, y hace que tengamos un comportamiento más reactivo. Por eso, la responsabilidad con el uso de las pantallas es fundamental. Hay que tener esto en cuenta especialmente con nuestros niños y adolescentes. Es una cuestión de salud mental.
3. Estrés constante. Vivir en un entorno donde el estrés nunca desaparece (una relación de pareja en la que constantemente te amenazan con irse, romper) afecta al funcionamiento de tu corteza prefrontal. En una situación como esta en la que te sientes en peligro porque se ve amenazada tu estabilidad, es más difícil que puedas pensar con claridad, tomar decisiones alineadas y regularte emocionalmente.

Es importante tener en cuenta que en el rendimiento de la CPF pueden influir factores individuales y ambientales. Comprender esto desde una perspectiva amplia nos hará ir más allá del síntoma.

EL SISTEMA NERVIOSO AUTÓNOMO (SNA)

El sistema nervioso autónomo es uno de los grandes protagonistas de tu bienestar diario. Regula funciones automáticas como respirar, mantener el ritmo cardiaco o hacer la digestión. Se encarga asimismo de tu regulación emocional, tu respuesta al estrés y de cómo te relacionas con los demás. El SNA se compone del Sistema Nervioso Simpático y Sistema Nervioso Parasimpático.

Gracias a la Teoría Polivagal del neurocientífico Stephen W. Porges, hoy sabemos que el nervio vago, una de las principales vías del SNA, desempeña un papel esencial en todo esto. Podría decirse que el SNA funciona como un radar que está siempre encendido, escaneando constantemente si estamos a salvo o si algo (situaciones, contextos, personas) nos pone en riesgo.

Si alguna vez te has preguntado por qué a veces te desregulas sin una razón aparente, o cómo podrías sentirte más en equilibrio en tu día a día, el primer paso es entender cómo funciona tu SNA. Conocer sus tres principales formas de respuesta te ayudará a identificar qué te puede estar pasando a ti o a otros. Eso te dará más opciones para actuar desde la conciencia. Y, a veces, una de esas opciones es pedir ayuda.

Es importante tener en cuenta que, si hay trauma, se necesita un trabajo psicoterapéutico que permita comprender, regular, procesar e integrar. De esto hablaremos con más detalle en el capítulo dedicado al trauma.

1. **Sistema nervioso simpático. Percibe amenaza**

    Imagina que estás exponiendo un tema importante en una reunión y la de siempre cuestiona una vez más tu trabajo delante de todo el equipo, incluida la jefa. Y no es lo que dice..., es cómo lo dice: su tono, su mirada, esa sensación de superioridad con la que habla... Y tú, automáticamente, sientes cómo tu corazón comienza a latir más rápido, aprietas la mandíbula, tus manos comienzan a sudar y te dan ganas de... Eso. Te dan ganas de luchar. Como mínimo de alzar la voz y ponerle los límites bien puestos a la que ya te tiene cansada.

    El sistema nervioso simpático se activa cuando percibimos una amenaza, real o imaginaria. Su función es protegernos, y lo hace preparando el cuerpo y la mente. Su respuesta automática es la de lucha o huida.

¿Qué situaciones podrían contribuir a encender tu sistema de respuesta lucha/huida?	Señales
Amenazas físicas reales o percibidas: un ruido fuerte e inesperado o un frenazo brusco en el coche **Tensión emocional:** una discusión, sentirte bajo presión en el trabajo **Estrés prolongado:** convivir con situaciones difíciles de forma continua, como una enfermedad o problemas financieros persistentes **Ambientes hiperestimulantes:** espacios muy concurridos, luces intensas o entornos desorganizados pueden sobrecargar tus sentidos	• Aumento de la frecuencia cardiaca • Respiración acelerada • Tensión muscular • Dilatación de las pupilas • Sudoración • Pérdida de apetito • Molestias gastrointestinales • Ansiedad, irritabilidad, enfado

2. Sistema nervioso parasimpático: nervio vago dorsal. Percibe amenaza vital

Sonia está un día cualquiera en Sevilla, la ciudad en la que estudia. Recibe un wasap de Antonio, su novio desde hace dos años, que vive en Cádiz. Le dice: «Lo siento. No estoy preparado. Me he dado cuenta de que necesito tiempo. Eres una mujer increíble, pero ahora mismo no puedo seguir. Espero que entiendas que es mejor que estemos separados. No me escribas ni me llames, por favor, que estoy mal y prefiero no hablar. Espero que todo te vaya bien».

En ese momento, Sonia, rota de dolor, no puede reaccionar. Se tumba en la cama, mira a la nada. Está inmóvil. No puede pensar. No puede sentir. Está tan abrumada por la situación, que su cerebro se ha desconectado.

El sistema vagal dorsal es la parte más implicada en la sobrecarga emocional. Este sistema se activará cuando se perciba que hay una situación de peligro tan grande que no se puede hacer nada. Entonces nuestro cuerpo se va a paralizar activando una respuesta de congelación o disociación.

En un nivel extremo de percepción de peligro, este sistema se encargará de colapsar todo el cuerpo con el fin de salvarnos. Es lo que se conoce como respuesta del cervatillo. Esto sucede en situaciones de peligro extremo, como en casos de violencia y agresiones sexuales.

¿Qué situaciones podrían contribuir a que tu cuerpo sufra un *apagón?*	Señales
• Situaciones o noticias repentinas de fuerte impacto emocional • Trauma • Angustia emocional • Exposición continuada a entornos estresantes • Cambios vitales abrumadores	• Sensación de entumecimiento en algunas partes del cuerpo • Sensación de fatiga o aletargamiento • Desconexión • Dificultad para mantenerse presente • Sensación de desesperanza • Necesidad de rescate • Sumisión • Ritmo cardiaco enlentecido • Baja presión arterial

3. **Sistema nervioso parasimpático: nervio vago ventral. Percibe seguridad**

Si alguna vez has estado con alguien que te transmite paz, con quien has sentido que podías bajar la guardia y ser tú, respirar mejor, pensar con claridad y hablar desde un lugar tranquilo, probablemente estabas en un estado de activación vagal ventral.

La activación del nervio vago ventral es clave para que puedas aprender, conectar con los demás y crear vínculos sanos. Cuando esta parte está activa, se enciende también la sensación de calma, pertenencia y conexión. Eso, a su vez, reduce el estrés, la ansiedad y la tendencia a reaccionar a la defensiva. Acceder a este estado es fundamental para el bienestar emocional y la salud mental. Solo cuando tu cuerpo se siente a salvo, puedes estar presente y conectar con otros de verdad.

Señales	¿Qué actividades favorecen estar en un estado vagal ventral?
• Te sientes presente y en paz • Puedes conectar con los demás desde la confianza • Tu cuerpo se siente tranquilo, sin molestias ni bloqueos • Las conversaciones fluyen y te sientes en un ambiente de seguridad	• Bailar, caminar, hacer yoga, entrenar • Comer de manera saludable • Tener un sueño reparador • Rodearse de personas con las que se pueda ser en esencia • Reírse, jugar, fluir...

APRENDE A REGULAR LA MENTE Y EL CUERPO

Para prevenir la desregulación emocional, lo primero es observar con honestidad en qué situaciones, en qué momentos, dónde y con quiénes te sueles sentir seguro. ¿Con quién puedes bajar la guardia? ¿Dónde te sientes a salvo?

También es fundamental reconocer qué personas o contextos activan en ti una sensación de amenaza: te bloqueas, te tensas o sientes que te pones a la defensiva. Saber esto te permite protegerte y tomar decisiones más claras, poner límites sanos o alejarte de lo que no te hace bien.

Pero en la vida no siempre se puede evitar lo que nos altera o prever lo que nos puede desregular. Hay situaciones que llegan sin avisar. Y da igual dónde estés o con quién: si tu sistema se activa, puedes sentirte completamente desregulada en cuestión de segundos. Por eso es tan importante saber detectar qué te está pasando cuanto antes. Porque cuando te das cuenta de lo que te pasa, también puedes hacer algo al respecto. Estar en tu centro es bienestar.

A continuación te comparto algunas prácticas para volver a ti cuando sientas que te estás desregulando por si te resultaran útiles. No solo te ayudarán a calmarte, sino que también aumentarán tu conciencia, fortalecerán tu resiliencia y te permitirán seguir alineada con quién eres. Pero esto no es magia, hay que ponerlo en práctica.

1. Para

Cuando sientas que ardes por dentro, ya sabes que es tu sistema de lucha/huida reaccionando ante algo que siente como amenazante. Vivimos en un mundo en que vamos en automático, todo es rápido y nos cuesta parar. Si no paramos, vamos reaccionando todo el tiempo. Por eso es importante que tomes tiempo para volver a ti. Para ello, puede ayudarte hacer una respiración consciente. La respiración es fundamental para la regulación del sistema nervioso porque ayuda a sintonizar las sensaciones corporales. Esto evitará que tomes decisiones por impulsos o que tengas reacciones emocionales desmesuradas de las que después podrías llegar a arrepentirte.

Acabo de ver en terapia a una mujer que es ganadera. La semana pasada, me cuenta, tuvo una mala semana. Fue una semana muy estresante por varios motivos. Pero lo peor, para ella, es el manejo que hizo de la situación en su trabajo uno de los días. Se le habían muerto cuatro terneros y había vacas que estaban agresivas. Le hacía mucha ilusión llevar a sus sobrinos de unos veinte años a pasar el día con ella. Pero nada salió como esperaba. El tractor no le arrancaba por más que lo intentaba, las vacas estaban nerviosas, y mientras hacía lo posible por mantener a sus sobrinos a salvo, pinchaba a las vacas que estaban enfermas. Trataba de controlarlo todo. Además empezó a llover y el trabajo era más difícil. Ella seguía y seguía realizando las innumerables tareas. Todo a la vez. Ese día acabó agotada, frustrada y con la sensación de haber fallado.

Hoy, cuando ve la situación en perspectiva, cree que no fue el contexto más ideal para que la acompañaran sus sobrinos. Podemos no predecir una situación que se convierte en estresante.

Pero en lugar de seguir como pollo sin cabeza empeñados en que todo nos salga bien, podemos parar a tiempo. Y sí, siempre parece que parar es imposible por mil motivos, mil excusas, mil «justo ahora no puedo». Pero recuerda que no somos máquinas. Y, por mucho que nos empeñemos, las cosas no siempre salen como nos gustaría.

Nos pasa a todos. Cuando algo se complica, seguimos. Queremos arreglarlo, demostrar que podemos, que controlamos. Pero esa insistencia de seguir sin pensar es la señal más clara de que ya nos hemos ido, aunque sigamos allí. Parar no significa no ser capaz ni rendirse. A veces basta con parar un momento. Cuando paras a tiempo y observas, puedes volver a ti y coger de nuevo las riendas de la situación decidiendo qué opción escoger en ese momento.

Teresa no necesitaba encargarse de todo ni sostener el día bucólico imaginado en su cabeza. Necesitaba parar y pensar. Cuando llegó a casa, llamó a Javier, otro ganadero con quien suele colaborar, y quedaron para organizar el trabajo juntos al día siguiente. El tractor arrancó, las vacas estuvieron más tranquilas y todo fluyó como cualquier otro día.

Recuerda el caso de Teresa. A veces solo hace falta parar. Otras, pedir ayuda. Y en ocasiones, parar y pedir ayuda.

2. Observa tus sensaciones

Pon el foco en las partes del cuerpo que tienes activadas o dormidas. Siente el peso, el calor, el contacto. Cuando observas tus sensaciones con curiosidad, en lugar de dejarte arrastrar por ellas, vas perdiendo el miedo y eso hace que la amígdala vaya dejando paso de nuevo a tu corteza prefrontal.

> ### Ejercicio de escaneo corporal (*Body Scan*)
>
> Siéntate en un lugar tranquilo. Relaja el cuerpo, deja que los brazos y las piernas descansen sin tensión. Respira hondo unas cuantas veces, dejando que el aire entre y salga con naturalidad. Puedes cerrar los ojos o dejar la mirada suave, sin enfocarte en nada.
>
> Con calma, comienza a llevar tu atención por el cuerpo, desde la cabeza hasta los pies. Pon atención a las sensaciones físicas de cada zona: ¿alguna zona pesada, tensa, caliente, dormida, con calambre?
>
> A medida que desciendes, inspira. Si encuentras una zona del cuerpo tensa, procura liberar esa tensión. Pon tu atención ahí y coloca, por ejemplo, una mano encima de la zona. Observa si al hacerlo cambia algo: ¿se alivia, se mantiene igual, se intensifica?
>
> No tienes que cambiar nada. Solo observar. Sentir. Estar.

Observar nuestras sensaciones y en qué parte del cuerpo las sentimos es un ejercicio de conexión con nosotros mismos. Resulta muy útil practicar esto día a día, incorporarlo a nuestros hábitos, aunque no haya una situación que nos desregule. Es un ejercicio que te devuelve al presente y a ti.

3. *Grounding* (toma de tierra)

Cuando la mente se acelera o el cuerpo se desconecta, una de las formas más eficaces de regularnos es anclarnos en el aquí y ahora a través de ejercicios de *grounding*. Consiste en usar los sentidos, el movimiento o la respiración para recordarle al sistema nervioso que estás a salvo, que estás aquí, en el presente, y que todo está bien.

> ### Ejercicio de *grounding* con los cinco sentidos
>
> Observa a tu alrededor y nombra:
>
> - 5 objetos o personas que ves
> - 4 cosas que puedes tocar
> - 3 sonidos que escuchas
> - 2 olores que percibes
> - 1 cosa que puedas saborear o imaginar que saboreas

4. Nombra lo que te pasa

Ponerle nombre a lo que sientes te ayuda a entender qué te está pasando de verdad. Si es algo relacionado con lo que estás viviendo en el momento actual (por ejemplo, una contestación que no te gustó, una mirada que sentiste como desprecio...) o un disparador (o sea, una situación del presente que toca una herida del pasado sin procesar). Cuanta más claridad tienes en nombrar lo que te ocurre, menos poder tiene sobre ti. Más capacidad tienes tú para regularte.

5. Acepta el momento

Aceptar no es resignarse. Es dejar de luchar. Es entregarse al momento presente. Como dice Steven Hayes, creador de la Terapia de Aceptación y Compromiso (ACT): «La aceptación no es resignación, es simplemente el acto de permitir que las cosas sean como son en este momento, sin luchar contra ellas».

Recuerda que las emociones no son malas ni buenas. Eso es un juicio. Las emociones son señales valiosas de lo que estás sintiendo, y eso no se puede negar ni disfrazar. Tampoco se puede huir de ello ni hacer como si no pasara nada. Acepta lo que te pasa desde la realidad. Solo desde la realidad se puede construir. Solo desde la realidad se puede vivir con salud mental. Si te cuesta aceptar, puedes pedir ayuda.

6. Identifica tu patrón de impulsos

Cuando una emoción te desborda, puede aparecer un impulso: gritar, escapar, escribir a alguien, cerrarte, culparte. Ese impulso puede ser más o menos intenso, más o menos frecuente. La forma en la que sueles reaccionar cuando te desbordas depende de tus herramientas, de tus recursos de apoyo... Lo más importante es reconocer tu tendencia cuando algo te desborda para decidir si quieres seguir así o cambiar. Es conveniente revisar si esos actos están en coherencia con tus valores y con quién eres.

7. Pasa a la acción

Lo importante no es lo que nos pasa, sino lo que hacemos con lo que nos pasa. Por eso tu respuesta ante cualquier situación es lo más importante. Ten en cuenta el impacto que tu comportamiento tendrá sobre ti y sobre los demás. Actúa con responsabilidad.

8. Regulación interactiva

La regulación interactiva es una forma de volver al equilibrio a través del vínculo con otra persona. Consiste en buscar conscientemente a alguien que pueda ayudarte a regularte: alguien que te mire, te escuche, te sostenga emocionalmente y sea capaz de leer tus señales no verbales (tu tono, tu respiración, tu mirada, tu cuerpo). A veces, para que eso sea posible, hay que pedir ayuda de forma clara y directa: «¿Puedes quedarte conmigo un momento, por favor?», «Solo necesito que me escuches sin decir nada», «No sé qué me pasa, pero no quiero estar sola».

No se trata de depender constantemente de los demás, sino de reconocer que, a veces, la calma llega a través de la conexión con el otro. Este tipo de regulación es especialmente útil cuando te cuesta volver a ti por tu cuenta, cuando tu sistema está demasiado activado o desconectado, y necesitas la presencia de otro para habitarte en seguridad.

6

Tu ventana de tolerancia

¿Recuerdas algún momento en el que te hayas sentido tan enfadado que cuando piensas en ello te cuesta reconocerte en ese estado o ni siquiera puedes recordarlo? ¿Alguna vez te has sentido tan abrumado que querías desconectar de todo y de todos y estar solo tumbado en tu sofá? ¿Has llegado a sentirte tan ausente, en alguna ocasión, que ni siquiera sabías muy bien dónde estabas? Si has vivido algo así, lo más probable es que estuvieras fuera de tu ventana de tolerancia.

¿Recuerdas cuando hablábamos de observar qué te calma y qué te activa? Verás que la ventana de tolerancia es el complemento perfecto de todo lo visto anteriormente. Una herramienta sencilla y muy útil para aprender a regular nuestros pensamientos, emociones y sensaciones en la vida cotidiana. Siempre trabajo en terapia teniendo en cuenta la ventana de tolerancia de la persona a la que acompaño. Es una herramienta que siempre comparto con quienes trabajo, para que también aprendan a reconocerla y aplicarla en su día a día. No podía dejar de incluirla en estas páginas.

QUÉ ES LA VENTANA DE TOLERANCIA

La ventana de tolerancia es un término desarrollado por el psiquiatra Daniel J. Siegel, profesor de la Facultad de Medicina de la Universidad de California (UCLA). Describe el rango óptimo de activación del sistema nervioso en el que podemos funcionar regulados. Dicho de otro modo, ese estado interno en el que te sientes en equilibrio: puedes pensar con claridad, sentir sin desbordarte y adaptarte con flexibilidad a lo que ocurre tanto dentro de ti como en tu entorno. Más adelante, la psicóloga Pat Ogden, pionera en el trabajo con el cuerpo en psicoterapia, amplió este concepto. Su aportación fue clave: nos ayudó a comprender que no solo importa lo que pensamos o sentimos, sino también cómo lo vivimos en el cuerpo. Si estás dentro de tu ventana, el cuerpo suele sentirse relajado, estable, en calma.

En definitiva, puede decirse que estar dentro de la ventana de tolerancia nos permite funcionar de forma eficaz en la vida y mantener relaciones sanas con los demás. Cuando estamos dentro de nuestra ventana, tenemos acceso a nuestro córtex prefrontal y a las habilidades de funcionamiento ejecutivo (organizar, planificar y resolver problemas; iniciar proyectos y mantenernos centrados en ellos hasta terminarlos; regular las emociones y practicar el autocontrol; practicar una buena gestión del tiempo).

QUÉ PASA SI TE SALES DE TU VENTANA DE TOLERANCIA

Cuando las demandas internas (pensamientos, emociones intensas) o externas (situaciones estresantes) superan nuestra capacidad de autorregulación, el sistema nervioso reacciona. Nos desbordamos. Y ahí es cuando salimos de esa ventana óptima, entrando en uno de estos dos estados: hiperactivación o hipoactivación.

HIPERACTIVACIÓN

- Sensación de ansiedad extrema con posibles ataques de pánico.
- Sensación de urgencia y falta de control.
- Querer luchar o huir.

DESREGULACIÓN

- Aumentan los sentimientos de frustración y agitación.
- La incomodidad empieza a aumentar, pero aún se mantiene el control.

VENTANA DE TOLERANCIA

Estrés
Disparadores
del trauma
Ansiedad
Rechazo
Abandono

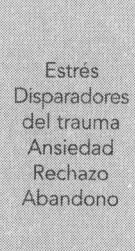

COSAS QUE ENCOGEN TU VENTANA

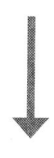

- Sentirse presente, tranquilo y seguro
- En control total

COSAS QUE PUEDEN EXPANDIR TU VENTANA

Mindfulness
Ejercicios de *grounding*
Gratitud
Diálogo interno positivo
Respiración profunda

DESREGULACIÓN

- Acercamiento a la etapa de cierre.
- La incomodidad empieza a aumentar, pero aún se mantiene el control.

HIPOACTIVACIÓN

- Sentirse físicamente entumecido.
- Sentirse desconectado y ausente.
- Letárgico y sin energía.

- Hiperactivación: cuando todo se enciende al extremo. La hiperactivación aparece cuando percibimos (consciente o inconscientemente) que algo es una amenaza. A veces es algo externo, como una mirada que interpretamos como juicio. Otras veces, un pensamiento interno, como «y si tengo una enfermedad grave…». En ese momento, tu sistema nervioso se pone en modo supervivencia. Se activa la respuesta de lucha o huida. El cuerpo se acelera: el corazón late más rápido, la respiración se agita, los pensamientos van a mil. Aparecen la ansiedad, la tensión muscular, el insomnio, el miedo. Todo parece urgente, difícil de controlar.
- Hipoactivación: cuando todo se apaga. La hipoactivación es la otra cara de la moneda. En lugar de activarte, te desconectas. Es un mecanismo de protección: tu cuerpo se apaga para no sentir más. Aparecen la apatía, el letargo, el entumecimiento, el bloqueo emocional. A veces sientes que no puedes más, que necesitas que alguien te rescate, que no tienes fuerzas para hacer nada. En este estado, la persona puede parecer sumisa, callada, ausente. No hay energía ni dirección. Solo desconexión.

Estar dentro de tu ventana de tolerancia es mucho más que estar tranquilo. Es sentir que tus emociones, tus pensamientos y tus sensaciones están regulados. Es poder escucharte, reflexionar, decidir, actuar desde tu centro. Ahí ocurre lo verdaderamente importante: la calma, el crecimiento, la conexión contigo y con los demás.

ENTRENA TU ZONA ÓPTIMA

Como dice la artista Vanesa Martín en una de sus canciones, el arte es como el amor: cada uno entiende el suyo. Lo mismo pasa con la ventana de tolerancia. Cada uno tiene la suya y, sí, lo deseable sería entenderla. Conocerla es el primer paso para vivir en equilibrio, regularte y crecer. La ventana de tolerancia no es igual para todos. Algunas personas tienen una ventana amplia, otras más estrecha. No hay dos iguales. Y eso depende de muchos factores: tu historia personal, tu estilo de apego, la forma en que fuiste criado, tus experiencias traumáticas, tu entorno actual, tu conciencia, tu red de apoyo o si has hecho o no un trabajo terapéutico.

La ventana de tolerancia no es estática. Puede ensancharse o estrecharse. Hay factores que contribuyen a que la ventana se estreche, como el estrés, la ansiedad, el rechazo, el abandono, momentos vitales estresantes, disparadores del trauma, situaciones de estrés crónico, fatiga física o emocional, falta de sueño, conflictos interpersonales, contextos de inseguridad, juicio interno constante, abuso de pantallas, estar expuesto de manera constante a ambientes de sobreestimulación, mala alimentación, no tener momentos de descanso, adicciones o la relación con personas que drenan la energía. Es importante tener esto presente para prevenir, en la medida de lo posible, que nuestro sistema se sitúe en estados de hiperactivación o hipoactivación. Aun así, hay momentos y circunstancias que nos sobrepasan, y la desregulación ocurre. Cuando eso sucede, es fundamental poner en marcha prácticas, hábitos y recursos, internos y externos, que nos ayuden a calmarnos, regularnos y volver a nuestra ventana de tolerancia. Algunos de esos ejercicios son los mencionados en el capítulo anterior.

Entrenar es la clave de la regulación. Igual que entrenas tu cuerpo en el gimnasio, la mente también se entrena. Cada día. Y como en todo entrenamiento la clave es la constancia. No esperes magia ni resultados inmediatos. Tu salud mental y bienestar solo puede mejorar desde la perseverancia. Desde el compromiso de cuidar tu sistema nervioso.

Un cerebro que funciona de forma óptima es aquel que puede regularse ante la adversidad, que procesa la información de manera eficaz, y que, gracias a su plasticidad, aprende de la experiencia, se reorganiza y encuentra nuevas maneras de responder.

7

Vivir despiertos

Nos adentramos en uno de los capítulos más fascinantes de la vida. La conciencia es la base de nuestras decisiones, de cómo amamos, de cómo nos tratamos y nos relacionamos. Son las gafas con las que vivimos la vida. A más dioptrías, más vivimos desde lo que aprendimos sin revisar, desde la reacción, desde el ruido de fuera. Y así, sin darnos cuenta, puede que aumentemos la miopía del alejarnos de nosotros mismos.

La conciencia es el ave nodriza del cambio. Cuando hablamos de conciencia en psicología, nos referimos al grado de conocimiento que tiene una persona sobre sí misma y su contexto.

La conciencia es una. Solo una. Es infinita, no tiene forma material, por tanto, no tiene límites. Como el cielo. Solo hay un cielo: infinito, indivisible. Podríamos decir que la conciencia es un campo de información infinito.

Si seguimos con la analogía del cielo, dependiendo de si estoy en Zamora o en Bormujos del Condado, veré un cielo u otro. Nublado o soleado. Gris o azul. Lo mismo si estoy en Madrid o en Miami. Día o noche. Luz u oscuridad. Sin embargo, el cielo no cambia. Lo que cambia es mi posición en el mapa. Por ende, mi perspectiva, mi punto de vista. El cielo sigue siendo el mismo: uno, infinito, indivisible. El cielo no entiende de fronteras. La conciencia tampoco. Y así como al hablar de Madrid o de Miami, en realidad no estamos hablando del cielo sino de la tierra, bajaremos también a tierra esto de la conciencia.

Vivimos en una sociedad que nos empuja a mirar hacia fuera, a conocerlo todo, pero pocas veces nos invita a conocernos a nosotros mismos, a esos que queremos conocerlo todo. Seguir estando hacia fuera solo mantiene pulsado el ritmo del automático. Ser consciente es dejar de vivir en automático para empezar a elegir la manera de ser y estar en el mundo cada día.

LA CONCIENCIA SIN COMPLICACIONES

> La vida te decepciona para que dejes de vivir con ilusiones y veas la realidad.
>
> BERT HELLINGER

Siempre me ha parecido que eso de la conciencia se ha vuelto, por momentos, demasiado complicado. Hay quienes hablan de ella como si fuera algo con tal grado de abstracción que su conocimiento parece reservado solo para unos pocos.

Sin embargo, no es así. Me parece mucho más fácil practicar la conciencia en la vida diaria que perderse entre conceptos teóricos. En realidad, trabajar en la conciencia es lo que llevo haciendo en terapia, día tras día, veinte años de mi vida. ¿Qué es la terapia sino un despertar de conciencia? ¿Qué es un despertar de conciencia si no ese viaje de autodescubrimiento? ¿Qué es un viaje de autodescubrimiento si no aumentar la comprensión de uno mismo y de los demás? ¿Para qué este viaje si no para cambiar patrones que ya no tienen sentido en tu vida? ¿Para qué la terapia si no para la transformación? ¿Cómo la transformación sin conciencia? La terapia en realidad es un viaje hacia la transformación desde la conciencia. No hay transformación sin conciencia.

Dicho esto, te pongo algunos ejemplos prácticos de la vida diaria que seguro que te suenan. Piensa en esas veces en las que tu madre te ha dicho: «Ten cuidado con...», y tú, claro, ni caso. Te suena, ¿verdad? ¿Qué quería tu madre? Que abrieras los ojos. Cuántas veces no nos habrán dicho esto. Los habremos abierto o nos los habrá abierto la vida. Pues eso es la conciencia: abrir los ojos. Despertar. Sin más.

Y seguro que tú también has tenido a esa amiga que tiene la típica pareja que, todos desde fuera, vemos algo que ella no ve. Esa clásica *Amiga mía, princesa de un cuento infinito* a la que Alejandro Sanz le cantaba allá por el año 1997. O esa otra «amiga mía» a la que Karol G le canta en su *Tropicoqueta*. Sea como sea, al final lo que ellos nos cuentan es que alguien no ve que no la ven. Al final, de lo que estamos hablando es de alguien que aún no ha despertado. Lo que sí sabemos es que es ella quien tiene que verlo. Y cuando despierte, ahí estaremos nosotros, apoyándola. A poder ser sin «te lo dije», por favor.

¿Te has fijado en que hablo de ver, de abrir los ojos, de despertar, de darse cuenta? Pues si tuviéramos que decir qué es la conciencia aplicada a la vida diaria, diríamos que es simplemente eso: ver. Cómo te ves a ti misma y a los demás. Dicho de otro modo, es la base de datos interna desde la que interpretas lo que te pasa, construyes tus relaciones y tomas decisiones.

Utilizas tu conciencia en el día a día cuando eliges ponerte un abrigo cuando tienes frío, cuando tomas la decisión de parar porque estás agotada o cuando decides quedarte en ese trabajo. En definitiva, la conciencia es el filtro a través del cual vives tu vida. Cuanto más consciente seas de quién eres y qué necesitas, más alineado estarás con lo que haces y más satisfecha te sentirás con tu vida.

EL MAPA DE TU CONCIENCIA

> Cuanto mayor es la duda, mayor es el despertar;
> cuanto menor es la duda, menor es el despertar.
> Sin duda, no hay despertar.
>
> C. C. CHANG

La conciencia es un continuo que se expresa en distintos niveles. Parece obvio decirlo, pero quizá merezca la pena recordar que el nivel más bajo de conciencia es la inconsciencia. Toda luz proyecta su sombra.

Por tanto, estamos hablando de la conciencia como un continuo con dos extremos: nivel alto y bajo. Estos niveles no son sinónimos de bueno y malo, respectivamente. Eso son juicios. Conciencia es luz. Inconsciencia es sombra. Conciencia es intención. Inconciencia es automático. Conciencia es estar despierto. Inconsciencia es estar dormido. Conciencia e inconciencia no son dos opuestos morales, sino dos estados del ser que coexisten y se alternan a lo largo de nuestra existencia. De hecho, es posible que una misma persona, incluido tú mismo, pase de un estado de conciencia muy elevado a otro muy muy bajo. ¿Te acuerdas cuando hablábamos de la corteza prefrontal, la amígdala y el sistema nervioso autónomo? Pues esa es la explicación de que podamos pasar de un estado a otro en cuestión de segundos. Eso es lo que nos hace ser humanos con conciencia.

Percibimos la realidad de manera consciente, pero gran parte de la actividad cerebral continua es inconsciente. Dicho de otro modo, gran parte de nuestros pensamientos, emociones, sensaciones y acciones del día a día ocurren de manera automática o inconsciente. Por eso no sorprende que, ante una situación de peligro, como cuando un coche se te cruza en pleno atasco en la Gran Vía, tu SNA reaccione antes que tú: sientes miedo, se acelera tu corazón y frenas sin pensar (sensación–emoción–ac-ción). Es automático.

Pero también funcionas así en momentos mucho más coti-dianos. Por ejemplo, cuando te preparas tu café por la mañana en tu taza (y no en otra), cuando pones sin pensarlo tu lista de reproducción favorita... Ahí tu mente va en automático porque asocia de manera inconsciente el café o esa música con lo que ne-cesitas en ese momento (placer, alegría, rutina...). Eso viene de una asociación aprendida que, sin darte cuenta, repites una y otra vez formando parte ya de un patrón de comportamiento habitual. Y es que en la mente inconsciente se almacenan millones de asociaciones positivas y negativas que son las que crean hábitos, conductas, creencias y percepciones.

Este tipo de respuestas automáticas no son un problema en sí, de hecho nos permiten simplificar la vida, generar una sensa-ción de estabilidad y nos dan seguridad. El funcionamiento en automático forma parte del diseño natural del cerebro. El proble-ma aparece cuando ese modo automático no se queda en lo cotidiano, sino que empieza a influir en decisiones importantes: en relaciones que sostienes por inercia o en hábitos que, lejos de ayudarte, te hacen sentir cada vez peor. Dicho de otro modo, cuando comienzas a vivir en piloto automático y dando tumbos por la vida sin entender del todo qué te pasa ni por qué. Todos atravesamos etapas, momentos puntuales (exceso de trabajo) o periodos vitales críticos (enfermedad, duelo, nacimiento de los hijos...) en los que el piloto automático funciona como una estra-tegia de supervivencia, pero no podemos convertirlo en una for-ma de vida. Sostenido en el tiempo puede resultar pernicioso para la salud.

Vivir en automático es moverte por la vida mecanizada, sin habitarte, respondiendo por inercia más que por conciencia. Pue-de ser que muchas veces signifique vivir atrapada en una versión caducada de una misma. Es actuar desde el pasado, desde pro-gramaciones que ya no encajan con quién eres hoy. Y cuando la inconsciencia toma el control y nos desconecta del bienestar, nos da señales: conflictos que se repiten, insatisfacción con ese trabajo que ya no te llena, la necesidad de salir y beber para no sentir.

El primer paso para cambiar es darte cuenta. No ocurre de golpe. Es algo que se entrena cada día. Consiste en observar lo que piensas, lo que sientes y lo que pasa en tu cuerpo. Mirar con honestidad: reconocer lo que ya no encaja, lo que ya no vibra contigo o lo que, simplemente, ya no quieres en tu vida. No tienes que hacer nada. De primeras, solo tienes que observar y sentir. También observar y sentir lo que te gusta, lo que te emociona, lo que te llena de energía y te hace sentir viva.

Este es el mapa de la conciencia que te sitúa dónde estás para poder enfocarte hacia dónde quieres ir en coherencia con una versión actualizada de ti.

Solo así se puede crear una nueva realidad personal. Como hemos visto, es la conciencia la que funciona utilizando funciones ejecutivas superiores, como la lógica, que son las que dan lugar al pensamiento creativo, la fuerza de voluntad, la fe o la intención.

En definitiva, que o despertamos a la conciencia o la inconsciencia seguirá intentando despertarnos a base de sufrimiento.

Te sugiero hacer este pequeño ejercicio:

SAL DEL PILOTO AUTOMÁTICO
(PAUSA. RESPIRA. OBSERVA. TOMA PERSPECTIVA. ACTÚA DESDE TU SABIDURÍA PON EN MARCHA LO QUE FUNCIONA)

Observa el pensamiento, la imagen, el recuerdo o el desencadenante que te causa malestar.	Escribe tu reacción y una respuesta alternativa, más saludable, en esta columna.
PAUSA	
RESPIRA	
OBSERVA Describe las sensaciones, pensamientos, imágenes y desencadenantes.	
PONLO EN PERSPECTIVA ¿Puedes observar la situación desde arriba, como si tuvieras visión de helicóptero? ¿Cuál es la imagen completa? ¿Es un hecho o una opinión? ¿Habría otro modo de mirar esto?	
PRACTICA LO QUE FUNCIONA ¿Qué es lo mejor que puedo hacer ahora? Para mí, para los demás y para la situación.	

LOS CINCO SISTEMAS QUE EXPANDEN O LIMITAN NUESTRA CONCIENCIA

Desde el momento en que nacemos, entramos en un entramado de sistemas que empiezan a moldearnos. Sistemas que pueden acercarnos o alejarnos de quienes realmente somos. Nuestro entorno puede convertirse en un puente que nos acerca a nuestra esencia o en una barrera que nos aleja de ella.

Estos sistemas determinan, muchas veces sin que lo notemos, hasta dónde podemos ver, qué creemos posible, qué vemos imposible y cómo nos relacionamos con nosotros mismos y con los demás. En muchas ocasiones internalizamos patrones aprendidos del exterior que adoptamos como formas de vida que, curiosamente, poco tienen que ver con nosotros mismos. De ahí, muchas veces el sufrimiento.

Los cinco sistemas que expanden o limitan nuestra conciencia son:

1. **La familia**
    Nuestro primer entorno emocional y social. Nuestra primera experiencia de aprendizaje del amor, del cuidado, de la pertenencia. Allí aprendemos si las emociones se expresan o se callan, cómo se expresan, cómo se obtiene el reconocimiento y qué hay que hacer para sentirse querido.

    Si crecimos en entornos familiares seguros en los que se nos miró desde la aceptación y se nos incentivó a ser quienes éramos, aprendimos que ser nosotros mismos era lo mejor que podríamos seguir siendo a lo largo de la vida. Comprendimos que ser no era un riesgo, sino un lugar seguro al que volver. Sin narcisismo. No se trata de creerse el centro, sino de haber sido sostenido y reconocido lo suficiente como para no necesitar serlo.

    Si, por el contrario, crecimos creyendo que para pertenecer había que esconder lo que éramos, aprendimos a sobrevivir. No a ser. Y en ese intento de encajar y de ser amados, fuimos perdiendo la conexión con nuestra esencia más genuina. Y si esto ocurrió, puede ser que ser nos cueste, entonces, un triunfo. También conviene recordar qué partes de nosotros fueron más reforzadas. Tal vez el humor, la amabilidad o el estar siempre disponibles. Y puede que hoy esos mismos recursos, que un día nos ayudaron a sentirnos aceptados, sean los que sigamos utilizando para agradar o mantener el equilibrio con los demás, aunque a veces eso suponga alejarnos de lo que realmente necesitamos o queremos.

2. La educación

La educación puede ser uno de los sistemas más poderosos para expandir o limitar la conciencia. Quizá muchos de nosotros hayamos tenido una experiencia maravillosa en nuestros colegios. La mía así fue en el colegio Santo Ángel de Badajoz.

Pero más allá de las experiencias personales que cada uno de nosotros haya tenido, el sistema educativo, tal y como está diseñado hoy en día, tiende a moldearnos para encajar. Favorece la obediencia sobre la curiosidad, la repetición sobre la creatividad, el cumplimiento sobre la reflexión. Nos enseña a hacer para tener, pero casi nunca a ser.

Se evalúa lo bien hecho, pero rara vez se reconoce lo auténtico. Cuando alguien piensa distinto o es diferente a lo que marca la norma, a veces se le castiga o se le señala. La diferencia en muchas ocasiones se engloba en un TDAH o «dificultad de adaptación», y ya. A veces estas clasificaciones ayudan, ponen nombre y dan un marco para la comprensión de lo que sucede, pero otras se convierten en un sello que, en lugar de abrir posibilidades, acaban limitando a la persona. Después de estos diagnósticos, con frecuencia llegan instrucciones para las familias o para el propio niño o adolescente: qué hacer, cómo comportarse, qué cambiar. Pero no siempre vienen acompañadas de escucha, de curiosidad o de un interés por entender quién es esa persona y qué necesita, y promover y fomentar una educación adaptada a cómo aprende o qué potencial encierra su diferencia. Eso depende más de la mirada, la implicación y la sensibilidad del colegio, el docente o de la orientadora que de la promoción del sistema educativo.

Un sistema que, en lugar de ayudarnos a conectar con la voz interior, nos invita a repetir lo establecido, forma ciudadanos funcionales, pero no seres conscientes. Pasamos de niños a adultos aprendiendo que para tener hay que hacer, no ser. Hacer una carrera o tener una profesión que nos garantice una buena vida el día de mañana. Hacer, hacer, hacer... Y mientras, seguimos sin ser. Un sistema que premia el «hacer hoy» para «tener el día de mañana» suele olvidar ser. Olvidar que es desde el ser desde donde el hacer cobra sentido, y que el tener no es más que la consecuencia natural de ambos.

3. La religión

La religión, como sistema, puede ser también un camino que expanda o limite la conciencia. Puede servir como puente hacia lo trascendental: un espacio donde encontrar sentido, compasión, comunidad y esperanza. Donde la fe se vive como vínculo, no como norma. Donde el amor, y no el miedo, es guía. Pero cuando la religión se convierte en una estructura rígida, deja de acompañar para empezar a controlar. Cuando las creencias sustituyen a la experiencia, y la culpa a la conciencia, se apaga lo esencial: la conexión con lo sagrado, entendido no como algo externo, sino como algo que también habita dentro. Muchos crecimos aprendiendo más sobre lo que «no debía hacerse» que sobre lo que podíamos sentir, explorar o preguntarnos. Y así, la espiritualidad se confunde con obediencia, y la fe con sumisión.

Un sistema que impone verdades sin espacio para la duda o la reflexión no forma seres conscientes, sino fieles obedientes. Y la fe, cuando se vive desde el miedo, pierde su poder transformador. La religión, si se basa en el control, corta el vuelo de la conciencia. Sin embargo, cuando se vive desde la libertad interior, se convierte en un lenguaje profundo del alma.

4. **La política**

Vivimos en un mundo en el que la política a veces se concibe más bien como un espectáculo. El show nos mantiene distraídos y profundamente polarizados. Puede ser peligroso, si sentimos que hablar, opinar o pensar libremente acerca de cualquier aspecto cotidiano de la vida puede tener un significado de pertenencia a un bando o al otro, porque puede coartarnos. También, al contrario, corremos el peligro de identificarnos demasiado con una ideología y dejar de pararnos a sopesar y formar nuestras propias ideas, más allá de lo que el partido o la ideología más afín a nosotros consideren al respecto. No podemos confundir identidad con ideología.

La política, no el show, sirve para construir lo común, cuidar lo colectivo y promover el bienestar de todos, por lo que tiene el poder de influir en nuestras condiciones de vida, y con ello, en el nivel de conciencia desde el que habitamos nuestra propia existencia.

5. **La economía**

Tal como está diseñada, es un sistema que nos sitúa en modo supervivencia. Produce ansiedad, escasez y comparación constante. No decidimos sobre los mercados, pero dependemos de ellos.

En teoría debería garantizar las condiciones necesarias para una vida digna, pero la realidad muestra una brecha cada vez más profunda entre lo que crece en los indicadores y lo que decrece en las personas. Los datos no mienten. La Organización para la Cooperación y el Desarrollo Económico (OCDE) afirmaba a comienzos de 2025 que España era la economía avanzada que más crecería a lo largo del año 2025. Sin embargo, a punto de terminar el año, nos encontramos con una información tan demoledora como dolorosa. El IX Informe FOESSA, elaborado por la fundación vinculada a Cáritas, presentado el día 5 de noviembre de 2025, afirma que la exclusión social severa afecta ya a 4,3 millones de personas en España, de las cuales un tercio son menores de edad. Las dos causas principales son la precariedad laboral y el coste de la vivienda.

El informe señala que 11,5 millones de personas viven en situación de precariedad laboral. Por otro lado, la vivienda se ha convertido en uno de los mayores factores de vulnerabilidad. El 45 % de las personas que viven de alquiler están en riesgo de pobreza y exclusión social, la cifra más alta de toda la Unión Europea. Mientras la clase media se reduce y la desigualdad aumenta, España se sitúa entre los países europeos con las tasas más altas de desigualdad.

Cuando las condiciones económicas nos empujan a sobrevivir, la conciencia no puede expandirse. No hay espacio para pensar, solo para resistir. Para sobrevivir. Y así, la economía deja de ser un medio para sostener la vida y se convierte en un fin que asfixia.

Todo lo que hemos visto nos recuerda que el contexto importa. Es difícil que la conciencia florezca en espacios que asfixian. Y, sin embargo, no es imposible. A pesar de todo, no podemos llegar a creernos lo que nos quieren hacer creer. Incluso en los escenarios más duros, hay quienes logran reinventarse. Quienes encuentran en la fe, el propósito o el amor la fuerza para salir de ahí creando sentido. Porque, como escribió Ana María Matute: «El mundo hay que fabricárselo uno mismo, hay que crear peldaños que te suban, que te saquen del pozo. Hay que inventar la vida porque acaba siendo verdad». Quizá inventarse la vida, y vivirla acorde a lo inventado, sea uno de los mayores actos de conciencia.

LA CONCIENCIA DUELE. LA INCONSCIENCIA MATA

> Despertar no es cambiar quién eres,
> sino soltar todo lo que no eres.
>
> DEEPAK CHOPRA

Y aquí aparece una pregunta esencial: ¿estás viviendo desde la conciencia o desde la inconsciencia?

Cuando vives desde la conciencia, entiendes que, aunque no todo dependa de ti, siempre hay algo que puedes hacer con lo que tienes. Algo parecido a lo que nos decía Ana María Matute. Y ese «algo», por pequeño que sea, marca la diferencia. Desde ese lugar, asumes que eres el actor principal de tu vida y no tienes un papel pasivo. Esto te permite observar con honestidad, mirar tu realidad de frente y tomar decisiones realistas.

Cuando, por el contrario, vives desde la inconsciencia, todo te pasa a ti, pero nada pasa por ti. Te desconectas de lo que sientes, repites lo aprendido sin cuestionarlo y funcionas en automático, con el convencimiento de que no tienes otra opción. Desde ahí es fácil caer en la queja constante, en la sensación de que la vida te pasa por encima sin posibilidad de elegir. Te comparas, te frustras, te culpas a ti y a todo lo que te rodea. Al mismo tiempo, te quitas la responsabilidad y, sobre todo, el poder de cambiar para estar mejor.

Pero no nos engañemos. Vivir con conciencia tiene un precio. Empiezas a notar que ya no encajas donde antes sí, que lo que antes tolerabas ahora te duele, que lo que antes justificabas ahora ya no puedes sostenerlo. Comienzas a poner límites, a decir que no, a reconocer lo que te pesa y lo que ya no vibra contigo. A veces te sientes triste, perdida o cansada. Y otras, la conciencia te pone frente a decisiones que duelen: dejar una pareja, un trabajo, un lugar o, incluso, una versión de ti en la que ya no te sientes. Pero no hay marcha atrás. Una vez despiertas, no puedes volver a dormirte. Vivir con conciencia es avanzar hacia ti, aunque duela. Es caminar sabiendo que cada paso implica renunciar a algo que ya no eres, que ya no es. Es un proceso que va al ritmo de cada uno.

Vivir sin conciencia, en cambio, mata lentamente. La inconsciencia no siempre se muestra como caos. A veces se disfraza de calma, de rutina, de «todo está bien». Mata la alegría, la curiosidad, el deseo, las ganas, el aprendizaje, la ilusión. Te apaga. Es funcionar en automático, repetir lo aprendido sin cuestionarlo y desconectarte de lo que sientes. Es sostener relaciones por miedo a la soledad, callar para no incomodar, aplazar sueños porque «aún no es el momento». Es cumplir con todo y con todos, menos contigo. Desde ese lugar, la vida se convierte en una sucesión de días iguales, en la sensación de haber quedado atrapado en algo que no eliges. Y cuando el dolor se hace insoportable, pueden llegar los excesos, permitir más de la cuenta, sostener relaciones sin sentido, perderte en adicciones, en la comida, en compulsiones o en el *scroll*. Todo son intentos de alivio. En realidad, todas formas de adormecer el vacío, pero nunca de llenarlo. Porque lo que duele no es solo lo que falta, sino lo que dejamos de ser por el camino. Vivir desde la conciencia duele porque despierta.

Vivir sin conciencia mata porque adormece.

Y entre esos dos caminos se juega, a menudo, la partida de la vida.

VIVIR CON CONCIENCIA

La conciencia es un proceso continuo a lo largo de la vida. No termina nunca. No se trata de alcanzar la perfección ni de llegar a un estado de iluminación. La conciencia va, simplemente, de caminar por la vida con los ojos un poco más abiertos. De darte cuenta. De conectar. De mirar más allá. De estar despiertos.

La conciencia no es una idea, es una experiencia. Una forma de estar en el mundo. El conocimiento de uno mismo y del mundo.

Adquirimos conciencia cuando lo que sentimos se alinea con lo que pensamos. Y eso puede hacerse de infinitas formas a lo largo de la vida. Por ejemplo, cuando viajamos y nos abrimos a otras formas de vivir; cuando probamos algo nuevo y algo dentro de nosotros se activa; cuando vemos de cerca los mundos de otras personas que antes nos eran ajenos; cuando leemos un libro que nos sacude; cuando vamos a terapia y algo empieza a encajar; cuando alguien nos dice lo mismo mil veces, y un día, de pronto, hacemos clic. Cuando vemos… y sentimos. Ahí es.

A veces sucede despacio, casi sin darte cuenta, paso a paso. Otras llega de golpe, una de esas experiencias que lo cambian todo y te obligan a ver con nuevos ojos.

A medida que vivimos, vamos despojándonos de nosotros mismos: una creencia, un patrón antiguo, una versión anterior. A medida que vivimos, también morimos. Eso también es conciencia: saber que somos y dejamos de ser los mismos. Vida y muerte. Todo el tiempo. Todo al mismo tiempo.

Y a medida que vamos muriendo, vamos renaciendo. Vemos lo que antes no veíamos, comprendemos lo que antes no entendíamos, nos reconocemos en otros lugares. No es que lo de ahora esté bien y lo de ayer mal. En ningún caso. Eso es un juicio. Es que ayer éramos los de ayer y hoy los de hoy. Evolución natural. Como el crecimiento o el paso del tiempo a nivel físico.

La mente busca certezas, finales, transformaciones visibles. Pero en realidad todo es más fluido. La conciencia es más silenciosa: se manifiesta en gestos mínimos, en intuiciones, en decisiones que ya no tomas desde el miedo. Piensa en tu yo de 2021. ¿Cuánto queda de él hoy, en 2026? ¿Cuántos cambios? ¿Cuántas muertes de ti contigo? Crecer implica dejar atrás. A veces, para vivir lo nuevo, hay que soltar a quien sostenía lo viejo. También implica saber qué quieres cuidar, qué quieres seguir conservando. La transformación supone una metamorfosis. Morir para vivir. ¿Recuerdas que la palabra éxito viene del latín *exïtus*, que significa salida?, ¿que en contextos clínicos *exïtus* es sinónimo de muerte?, ¿que en el momento actual éxito es llegar? Pues eso. Salir de uno mismo, morir para llegar. Para llegar a ti. Una vida saliendo de ti y llegando a ti. Una vida de éxito. El éxito de ser tú.

Identidad: ser o no ser

8

La libertad de ser

¿QUIÉN ERES?

> La forma en que nos presentamos al mundo es una elección pequeña pero significativa que todos podemos hacer para recordarnos nuestro poder en un mundo ansioso por despojarnos de él.
>
> MICHELLE OBAMA

¿Quién eres? Tómate un momento... ¿Quién eres? No te aceleres. No es una pregunta para responder rápido. Tómate unos minutos. Bueno, quizá tengas prisa. Tómate unos segundos. Respira. Y vuelve a leerlo:

¿Quién eres?

Esta es una de mis preguntas favoritas. La hago en formaciones, en sesiones y en charlas. Y no es casualidad. Esta pregunta aparentemente sencilla parece no serlo tanto. Porque ¿sabes lo que suele pasar cuando la formulo? Silencio. Miradas confusas. Sonrisas incómodas. Algunas personas se ríen, otras se encogen de hombros, y muchas... simplemente dicen: «no sé», «una persona normal», «soy madre», «soy estudiante», «me gusta ayudar a la gente». No sé si tú tienes claro quién eres, no es tan fácil responder a esta pregunta. El otro día se lo preguntaron a Chris Martin en un pódcast y respondió: «¿Quieres que te diga la verdad? No tengo ni idea». Y es que saber quiénes somos no es tan fácil porque es un aprendizaje que no termina nunca. Dura toda la vida. Y también te diré que este proceso de irte descubriendo, conociendo y reconociendo es de lo más bonito y transformador que te puede pasar a lo largo de la vida.

En ese quién eres, la mayoría de las personas suelen identificarse con los roles (pareja, padre, hija, amiga) que habitan en sus vidas o con lo que hacen en el día a día (trabajar, cuidar, estudiar). Y esto no es de extrañar. Hemos aprendido a identificarnos con los roles, las tareas, las etiquetas y los títulos obtenidos en las diferentes áreas de nuestra vida…

De pequeños nos enseñaron a presentarnos así. Pareciera que la identidad se construye a partir de lo que mostramos hacia fuera, pero no es así. Quien eres, quien de verdad eres tú, es otra cosa. Ser está por encima de todo eso con lo que te identificas, incluidas tus características físicas (rubio) o personales (inteligente, trabajador). Eres más que lo que haces, lo que piensas, lo que logras o un listado de características. Eso forma parte de ti, sí, pero no te define. Ser es otra cosa.

Ser tiene que ver con reconocerte, con recordar quién eres más allá de lo que haces o de los papeles que ocupas. Es estar conectado a ti, en contacto con lo que sientes, con lo que necesitas, con lo que te importa de verdad. Es habitarte al completo. Con conciencia. Con tus luces y tus sombras.

Cuando empiezas a vivir desde ahí, desde lo que eres, la vida se siente en orden. Por dentro y también por fuera. Ahí comienza la autenticidad, que no es otra cosa que una práctica silenciosa de honestidad contigo misma. Esa práctica muchas veces se siente incómoda, pero también se sabe que es justo ahí, en esa incomodidad, donde se crece y se aprende.

LA IDENTIDAD

La autenticidad es la práctica diaria de librarnos
de lo que creemos que deberíamos ser y abrazar
en cambio lo que realmente somos.

Brené Brown

Empecemos por el principio. Antes de analizar la identidad desde un enfoque psicológico, veamos qué dice la RAE sobre esta palabra:

identidad. F. **1.** Cualidad de idéntico. ‖ **2.** Conjunto de rasgos propios de un individuo o de una colectividad que los caracterizan frente a los demás. ‖ **3.** Consciencia que una persona tiene de ser ella misma y distinta a las demás. ‖ **4.** Hecho de ser alguien o algo el mismo que se supone o se busca. *Ocultaba su identidad.* ‖ **5.** *Mat.* Igualdad algebraica que se verifica siempre, cualquiera que sea el valor de sus variables.

Esta definición es útil, pero se queda corta, ya que deja fuera muchas capas invisibles que son fundamentales: la predisposición genética, el temperamento, la memoria, la historia de vida, el aprendizaje, la cultura, el contexto, los vínculos, la mentalidad…

La identidad no es un concepto fijo ni una etiqueta que te acompaña toda la vida. Es un proceso en constante movimiento. Se construye entre lo que has vivido, lo que sientes, lo que eliges y lo que decides soltar. Entre tu historia y tu presente. Entre lo que los demás ven de ti y lo que solo tú sabes que eres.

Estudios en psicología afirman que la identidad tiene un papel fundamental sobre el bienestar. Y cuidado con lo que te cuentas porque influye en cómo te sientes. Frases como «no soy suficiente para nadie», «tengo mala suerte en el amor», «no sé poner límites» o «soy la oveja negra de la familia» tienen más importancia de lo que parece. Las historias que nos contamos acerca de nosotros mismos o de lo que vivimos construyen nuestra identidad narrativa. Este es un concepto acuñado por el psicólogo Dan McAdams de la Universidad de Northwestern. Por tanto, lo que nos contamos acerca de nosotros mismos también construye nuestra identidad. La forma en que narramos la historia de nuestra vida no borra lo que pasó, pero sí puede ayudarnos a sanar viejas heridas, reconciliarnos y comprendernos mejor. De hecho, la investigación ha demostrado que la manera en que cada persona organiza y da sentido a su historia de vida está estrechamente relacionada con su bienestar e incluso permite predecirlo.

SEIS ASPECTOS FUNDAMENTALES PARA COMPRENDER LA IDENTIDAD

> La única persona en la que estás destinada a convertirte es en la persona que decides ser.
>
> RALPH WALDO EMERSON

1. **La identidad se construye**

   La identidad es una narrativa en construcción a lo largo de la vida. No es una forma de ser desde que naces hasta que mueres. Solemos tener una idea muy rígida de quiénes son los otros y quiénes somos nosotros mismos. Sin embargo, hemos de saber que las personas estamos en constante cambio, en constante movimiento. Vivimos una transformación constante.

   La identidad es la historia que te cuentas sobre quién eres a partir de tus vivencias (pasado), lo que experimentas ahora (presente) y tus proyecciones sobre quién eliges ser (futuro). Se escribe a lo largo de la vida y puede reescribirse en determinadas situaciones, crisis o en esos momentos que marcan la diferencia porque eliges desde tu verdad. La identidad es como un software: necesita actualizarse.

2. **La identidad se entreteje entre lo de dentro y lo de fuera**
Se teje entre lo interno y lo externo. Tus pensamientos, emociones, valores, recuerdos y deseos interactúan con la cultura, el contexto, las relaciones y los discursos que te rodean. Tu identidad no solo nace de dentro, también se moldea en tu relación con el contexto.

3. **La identidad da sentido y coherencia a tu vida**
Cumple dos funciones esenciales: sentido y coherencia. Te ayuda a entender por qué eres como eres y a mantener una unidad interna, incluso en medio de contradicciones o crisis. La identidad es la base de tu propósito, incluso cuando la vida se tambalea.

4. **La autenticidad es la expresión de la identidad en libertad**
Cuando dejas de intentar encajar, te quitas el hábito de quién crees ser y entonces te permites ser quien realmente eres, ahí comienza la autenticidad, la coherencia entre tu forma de ser y tu forma de estar en el mundo. Ahí comienza la práctica de ser tú mismo con honestidad.

5. **No basta saber quién eres, necesitas habitarte**
Ese universo hecho de pequeñas cosas (pensamientos, emociones, heridas, deseos) que eres tú mismo necesita ser aceptado en tu totalidad. No vale elegir aceptar unas partes y otras no, aunque sea de manera inconsciente.
Necesitas aceptación y responsabilidad para que puedas cambiar aquellas partes de ti que no te gustan o que no te son del todo cómodas. Sin negarlas y sin negarte.

Habitarte por completo desde la realidad de quién eres es el punto de partida para vivir con sentido. Es el kilómetro 0 para vincularte desde tu centro contigo, con los demás y con el mundo. Saberte y aceptarte es básico en el bienestar.

6. **La identidad no necesita medicación, necesita conexión**
Hay momentos en los que la medicación es necesaria. Ayuda a estabilizar, a poder pensar, a tomar decisiones. Pero ningún fármaco hace por ti el trabajo de conocerte. Ninguna medicación te ayudará a ser quien eres.

Lo que muchos llaman trastorno, a veces es solo una identidad no comprendida. A diario veo a personas medicadas simplemente por ser diferentes, por su sensibilidad extraordinaria o por su forma de ver el mundo que choca con lo que se considera normal. Pasa mucho con artistas, personas creativas o con quienes tienen altas capacidades...

La diferencia no tiene por qué ser un trastorno. Puede ser una manera singular de ser que necesita ser vista, comprendida y aceptada para ser vivida. La identidad no necesita medicación, necesita conexión.

ISABEL: NO SABER QUIÉN ES LE ESTÁ COSTANDO LA VIDA

Hay vidas que se tambalean por no conocerse, por no saberse, no manejarse y no aceptarse. Esto puede ocasionar problemas de salud mental.

Te voy a contar el caso de Isabel, que explica muy bien qué pasa cuando alguien no se conoce.

Isabel llegó a consulta porque una familiar suya —también psicóloga— me dijo que estaba preocupada por ella. Me habló de una mujer maravillosa: siempre dispuesta, tranquila, amable, la típica persona en la que todo el mundo confía. Pero cuando Isabel entró por la puerta, no podía ni hablar. Solo lloraba. Entre sollozos me dijo algo que he escuchado demasiadas veces: «No sé qué me pasa. Tengo una vida buena, una familia, un trabajo estable..., pero no soy feliz. De hecho, muchas veces pienso que no quiero seguir viviendo».

A ojos de cualquiera a su alrededor, todo estaba bien: alcaldesa, casada, dos hijos. Por dentro se caía a pedazos.

Isabel no sabía quién era. Había pasado toda la vida siendo lo que los demás necesitaban que fuera. Buena hija. Buena esposa. Buena madre. Buena profesional. Pero en ese esfuerzo por hacerlo todo bien, se olvidó de sí misma. Se olvidó de ser. Se sentía «tonta» porque actuaba pensando en lo que los demás esperaban de ella. No sabía poner límites. No sabía decir no. Y cuando lo intentaba, se sentía culpable. Iba a la peña con sus amigos, aunque no le interesaran las conversaciones. Aguantaba comentarios de su madre que le hacían daño porque no sabía cómo pararlos. Además, ella era quien cuidaba de sus padres. No compartía el cuidado con sus hermanos.

Isabel tenía una vida incoherente con quién era. Lo que pensaba, lo que sentía y lo que hacía no iban en la misma dirección. Esa incoherencia le estaba costando la salud mental. Además, Isabel se hablaba mal a sí misma. Se insultaba. Se comparaba sin piedad. Quería ser como «todo el mundo». Ese era su mayor deseo: encajar. Tener los mismos gustos, pensar igual, disfrutar de lo mismo... Pero uno no puede ser lo que no es.

Isabel no conocía sus heridas ni hasta dónde le habían afectado. Tampoco conocía su sensibilidad ni sus capacidades ni la profundidad con la que percibía el mundo. No sabía que aquello que sintió años atrás no era flojera (como le decían), sino depresión. No sabía cómo cuidarse, cómo calmarse, cómo sostenerse.

El trabajo en terapia fue intenso. Poco a poco Isabel fue descubriendo quién era, comprendiendo su historia y aprendiendo a estar bien consigo misma. Mientras se veía, se regulaba, se acompañaba y se aceptaba. Hoy Isabel ya no busca parecerse a nadie. Se acepta, se comprende y vive en coherencia con quien es.

Cuando no sabes quién eres, todo es un sinsentido. Cuando lo sabes, todo comienza a cobrar sentido.

9

De hacer por hacer a la revolución de ser

HACER PARA TENER. UNA FÓRMULA CON SENTIDO AYER

¿Te acuerdas de aquella pregunta que nos hacían de niños?: «¿Y tú qué quieres ser de mayor?». El mensaje implícito con el que crecimos es que había que hacer para tener (una casa, una carrera, un trabajo, una familia...).

Mi abuela siempre me decía: «Estudia una carrera para que seas alguien en la vida». Como si ser dependiera de tener. Y, como todo tiene sentido en su contexto, siempre entendí que ella, como tantos otros padres y abuelos, estaba hablando en el lenguaje del amor. Para esa generación, estudiar era un privilegio que abría las puertas a una vida mejor. Una vida mejor era tener un trabajo fijo, de esos de para toda la vida, y la seguridad de un sueldo a fin de mes que garantizara la tranquilidad de saber que a los tuyos no les faltaría nada.

La ecuación era bien simple:

$$\text{SER} = \text{HACER} + \text{TENER}$$

Esa fórmula se convirtió en el motor de las generaciones pasadas: «Si te esfuerzas, tendrás un buen trabajo», «si te esfuerzas, te valorarán más». Venían de la guerra, del hambre, del exilio, del

trauma colectivo, y como ya hemos dicho, todo adquiere sentido
según el contexto que toque vivir, así que en esas circunstancias
concretas, hacer para tener tenía todo el sentido. Hacer para tener
techo. Hacer para tener pan. Hacer para tener respeto y que eso te
posicionara. No un posicionamiento de esos de marca personal,
ni de followers ni de estatus. No. Mucho más sencillo. Complejo,
a la vez. Posicionarse entonces era la honra. El respeto no se im-
ponía, se ganaba. La palabra no se quebraba y un trato era mucho
más que un contrato. Ser una buena persona y ser una persona
honrada eran valores fundamentales. Saludar al vecino, ayudar
sin trueque. Una sociedad que transcurría entre los tramos de
la supervivencia y la seguridad de la pirámide de Maslow. Eso sí,
una sociedad arraigada a profundos valores que formaban parte
de su identidad.

Pirámide de Maslow

Autorrealización:
moralidad,
creatividad,
espontaneidad, falta
de prejuicios, aceptación,
resolución de problemas.

Reconocimiento: autorreconocimiento,
confianza, respeto, éxito.

Afiliación: amistad, afecto, intimidad sexual.

Seguridad: empleo, recursos, casa, salud, familia.

Necesidades fisiológicas: respiración, alimentación, descanso, equilibrio.

Nuestros abuelos cruzaron el charco o se fueron a Alemania sin saber el idioma, pero con las ganas de sacar adelante a su familia, o se quedaron en España trabajando a destajo para que a los suyos no les faltara nada. Nuestras abuelas, pilares indiscutibles de las familias. Amor y cuidado eternos. Ellas eran, y siguen siendo, hogar y de quienes aprendimos la rebeldía de tener que ser mujer a contracorriente: estudiar, trabajar, sacarse el carnet..., todo era un logro. Esa sociedad con la mirada puesta en el trabajo para garantizar el bienestar de sus generaciones futuras. Quienes soñaban y trabajaban, sin descanso, para que sus hijos y nietas viviéramos mejor. Con más oportunidades, más libertad... Lo soñaron. Lo trabajaron. Y lo consiguieron. Ahora tenemos una vida mejor. Más oportunidades. Más libertad. Más esperanza de vida. Ese es el legado que nos dejaron y que hoy nos toca continuar. Pero cuando ya no hay que sobrevivir, empieza el verdadero reto, que es el de aprender a vivir. El viaje ya no es hacer para tener. Ese viaje lo hicieron ellos.

Gracias a su legado, nuestro reto es otro: ser. Ahí empieza todo. Un viaje que consiste en desaprender y volver a aprender. Desaprender a sobrevivir. Aprender a vivir. Desaprender el hacer y el tener sin sentido. Aprender a ser. Ser. No mañana. Hoy. Vivir siendo.

HACER POR HACER. HOY, UNA FÓRMULA SIN SENTIDO

> El tiempo es la cosa más valiosa que una persona puede gastar.
>
> Teofrasto

¿Y ahora qué? Ahora, hacer. Seguir haciendo. Vivimos aún en un modelo de producción basado en tiempos de la Revolución Industrial. En aquel tiempo se favorecía el trabajo repetitivo, lineal, de horarios fijos y basado en la obediencia. Pero… ¿y si ese modelo ya no nos sirve?, ¿y si se ha quedado anticuado?, ¿y si esa mentalidad está detrás de muchos problemas de salud mental en los días de hoy?

El mundo ya no es el mismo. Las condiciones que le daban sentido a esa fórmula han cambiado. El cambio es estructural. Ahora, gran parte de la población ya no trabaja la tierra ni en fábricas. Trabaja frente a pantallas, vive en ciudades, y se mueve en entornos donde el trabajo ya no es solo físico. También es mental, emocional y relacional.

Hacer por hacer nos empuja hoy a funcionar de manera mecánica, a producir sin preguntarnos para qué, a agotarnos persiguiendo cosas que no nos llenan. Y eso tiene un precio: vivir en piloto automático, estrés, ansiedad, vacío, depresión, adicciones, *burnout*, desconexión. Por eso, insistir en replicar una fórmula que funcionó en el pasado, pero que no funciona en tiempo presente, es seguir insistiendo en el malestar.

Y es que no puede ser que cada día que nos despertemos, lo hagamos con la sensación de que por vivir se paga un peaje. Vivir no puede costarte la vida. El estrés no puede ser el precio de vivir. La salud mental, tampoco. Y eso está ocurriendo.

No puede ser que el día de mañana mires para atrás y te des cuenta de que has gastado el tíquet de tu vida en sobrevivir más que en vivir. Tampoco puede ser que haya que esperar sesenta y siete años para ser libre. Libres somos. Pero nos hemos adaptado a una espiral de vida que confunde vivir con sobrevivir. Esto está ocasionando mucho sufrimiento.

Cuando trabajaba en el Centro de Referencia de Alzheimer del IMSERSO, pude ser testigo de una realidad que me marcó para siempre. Vi a muchas personas llorar en terapia. Habían esperado a la jubilación para, por fin, poder *vivir bien*. Pero cuando ese momento llegó, su pareja enfermó. Los viajes, los planes, los sueños… se rompieron de golpe. Muchas me decían entre lágrimas:

«Nos pasamos la vida trabajando, ahorrando, sacrificándonos..., y ahora que por fin podíamos vivir, nos toca esto».

Muchas personas rotas por la vida de la espera, por la felicidad aplazada. ¿Y sabes qué es lo peor? Que por si fuese poco, su miedo no era a morir, ni cuidar ni sufrir. Lo que les machacaba era la culpa por no haber sabido vivir.

Cuando vives esto de cerca, no vuelves a ser la misma. Reflexionas. La realidad te atraviesa. Te despierta. Te das cuenta de que la unidad de medida de la vida es el tiempo y que el tiempo no espera a nadie. Cambia tu manera de ver la vida y entiendes que la vida no espera a que estés listo para vivirla. La vida va sucediendo y se va viviendo. También pude ver de cerca que cuando uno tiene salud, tiene muchas preocupaciones, pero cuando la pierde, entonces ya solo tiene un problema.

Ver de cerca realidades tan duras te cambia. Te sacude. Te remueve. Te espabila. Tenemos que soltar la queja, dejar de enredarnos en el victimismo y liberarnos de una vez de las cadenas que nos atan al sufrimiento. Y aunque, sí, es una realidad que hay que pasar por el aro que nos dicta la sociedad, esa no puede ser la excusa para seguir dormidos.

Tenemos que despertar. Otra realidad es posible, pero necesitamos concienciarnos de ello. Levantar la cabeza del suelo y mirar más alto. Mirarnos. Conectarnos con lo que somos. Dejar de hacer por hacer. Puede ser que el cambio se sienta inseguro en tu mente porque nunca ha estado allí antes. Eso es lo normal, pero recuerda que crecer significa enseñarle a tu cerebro que lo desconocido también puede ser un lugar seguro. Ese es el cambio de ruta que supone atreverse a ser.

Hemos de atrevernos. Atrevernos a vivir despiertos. Atrevernos a vivir de verdad. Como diría la escritora y activista Hellen Keller: «La vida, o es una aventura, o no es nada».

LOS TRES MITOS DE LA PRODUCTIVIDAD

> Para crear algo excepcional, nuestra mentalidad
> debe estar incansablemente enfocada en el mí-
> nimo detalle.
>
> Giorgio Armani

Hemos dado la vuelta al antiguo modelo del hacer y lo hemos rebautizado con un nombre más moderno que está de actualidad: productividad. Vivimos en una sociedad que exalta el hacer y premia la velocidad. Todo el mundo hace muchas cosas y va a mil.

Parece que quien tiene la agenda de su vida más llena (trabaja, es pareja, madre, lleva a las niñas al cole, viaja, da conferencias, escribe, tiene mil planes) es alguien de éxito. Estar muy ocupado se ha convertido en una forma de reconocimiento y validación. Propia y ajena. Hoy ser productivo es una nueva forma de sentirse valioso, aunque el cansancio te delate y las ojeras hablen por ti.

Hemos exportado el concepto de productividad a todos los rincones de la vida. Ya no solo hacemos mucho en el trabajo. Ahora vivimos haciendo. Hacer mil cosas a la vez, tener la agenda llena, metas, proyectos... Hasta el ocio se ha convertido en una *checklist* de hacer... Hacer mil planes... Todo se mide, se programa, se optimiza. Y si paras, parece que te estás quedando atrás porque ser productivo es hacer y hacer.

Este es un concepto de la productividad que nos hace especialmente dependientes, esclavos, y que nos resta la libertad de ser auténticos. Hemos confundido estar ocupados con ser productivos. Muchas personas viven perdidas en el bucle del hacer por hacer, sin una dirección clara en sus vidas. La productividad se ha convertido en el nuevo disfraz del estrés. Y debajo del disfraz hay agotamiento. La productividad no puede ser a base de seguir a pesar de nosotros mismos, de nuestro cansancio y de nuestra propia salud mental.

Sin embargo, hay creencias que sostienen esa forma de vivir. Ideas que hemos normalizado para sobrevivir en un entorno que premia el rendimiento y castiga la pausa.

Tres grandes mitos sostienen esta idea de productividad. Tres creencias tan arraigadas que, sin darnos cuenta, están erosionando nuestra salud mental y alejándonos de lo esencial.

1. **Multitarea o *multitasking***

   Es la capacidad de dividir la atención en varios focos para atender a varias cosas a la vez. Es una habilidad natural, fruto de la flexibilidad de nuestra mente.

   En una sociedad que vive rodeada de estímulos, parece una ventaja poder hacerlo todo al mismo tiempo: trabajar, responder mensajes, escuchar un pódcast, revisar redes, pensar en la lista de la compra. Sin embargo, nada más lejos de la realidad. Cada vez que cambiamos de tarea, nuestro cerebro paga un precio: más tiempo para completarla, más errores y menor precisión.

   Quienes viven haciendo muchas cosas a la vez y se sienten orgullosos de ello en realidad no están rindiendo más, solo se están agotando antes.

   Los estudios confirman que la multitarea sin límites se asocia a mayores niveles de estrés, más distracción, fatiga mental y menor rendimiento cognitivo. Incluso puede afectar a largo plazo a funciones tan importantes como la planificación, la memoria de trabajo o el control de impulsos.

   Más allá de los datos, hay otra realidad: nadie puede entregarse de verdad a lo importante si vive con la atención dividida en mil partes. Como dijo el fotógrafo Steve Uzzel: «La multitarea no es más que la oportunidad de fastidiar más de una cosa a la vez».

Vivimos en la era de TikTok, las canciones rápidas, el *scroll* infinito y la dopamina inmediata. Todo parece diseñado para hacernos creer que lo ideal es hacerlo todo rápido y a la vez. Pero no es cierto. En realidad, no estamos siendo más productivos. Nos estamos volviendo más dispersos, y eso ya es un problema con el que muchas personas conviven a diario: dificultades para concentrarse, falta de atención, fatiga mental y una sensación constante de no llegar a nada.

Y, por supuesto, en el mundo del arte (la escritura, la música, la pintura...) la multitarea y la velocidad son dos grandes enemigos del proceso creativo. Crear necesita presencia, pausa, conexión y silencio, que no son compatibles con hacer mil cosas a la vez.

2. **Vida en equilibrio**

Se suele pensar que vivir en equilibrio significa tenerlo todo bajo control: trabajo, pareja, familia, amigos, cuerpo, descanso, comida... Si tu vida está en equilibrio, se asume que todo se sentirá bien. Sin embargo, no hay bienestar que soporte un control absoluto. Eso no es equilibrio, sino perfeccionismo enmascarado.

Este falso mito está destrozando a mucha gente. Esa necesidad de querer controlarlo todo nos está haciendo sufrir mucho. Intentar llegar a todo y hacerlo a la perfección causa agotamiento, frustración y culpabilidad por no llegar. Y el problema no es llegar o no llegar. El problema es que las expectativas son irrealistas. Nadie puede con todo. Superman y Superwoman son ciencia ficción. Y perseguir el equilibrio perfecto solo provoca desequilibrio.

La vida no es una tabla de Excel donde cada área tiene su casilla perfecta. Su fórmula. La vida es dinámica. Fluida. Caótica. Hay días en que te salen bien las cosas, y otros en que no.

El equilibrio no está en el control, sino en la conexión con tus necesidades y valores. En elegir con conciencia, y no desde la exigencia. En soltar la perfección... y lanzarse a la vida. Vivir.

3. **Fuerza de voluntad**

Nadie puede sostener una vida a base de fuerza de voluntad. La fuerza de voluntad es limitada. Se agota. Es un recurso mental y emocional que, como cualquier otro, necesita descanso y sentido. Bien dirigida es uno de los recursos más potentes que podamos tener. Pero cuando vivimos en un estado de exigencia constante, la fuerza de voluntad no nos impulsa, nos quema.

La motivación no nace del esfuerzo constante, sino del sentido. Cuando haces algo alineado con quién eres, no necesitas tanta fuerza, sino compromiso. La fuerza de voluntad no es el motor: es el combustible. Si no sabes hacia dónde vas, por mucho que avances, acabarás perdida.

LA TRAMPA DE VIVIR EN LIBERTAD

Tienes que ir más rápido que el sistema.

VIVIENNE WESTWOOD

Si fuéramos conscientes de lo que implica la trampa de la libertad, entonces quizá podríamos vivir en libertad. Vivimos en una sociedad que nos empuja a desconectarnos de nosotros mismos. Nos sentimos libres, pero estamos anestesiados y cada día más cansados, más estresados, más vacíos. ¿Eso es libertad?

Paradójicamente, una sociedad que presume de ser más libre nunca ha estado tan llena de ciudadanos cada vez más prisioneros. Hemos caído en la trampa de que libertad es conectarse desde cualquier parte, viajar, trabajar desde casa, tener flexibilidad... Pero ¿de qué sirve poder conectarte desde cualquier parte si estás totalmente desconectado de ti?

Hemos cedido al trueque de la independencia por el agotamiento. El bienestar viene a cambio, muchas veces, de alguna que otra píldora para la ansiedad. Y la mejor versión que hemos comprado de nosotros mismos ha sido la última y más actualizada que incluye rendimiento con productividad. ¿Libertad? ¿Libertad es tener un día libre y usarlo para hacer las gestiones que no puedes hacer porque vives atrapado en horarios? ¿Libertad es tener dinero para ir al psicólogo por el malestar que produce vivir en la supuesta sociedad del bienestar?

La libertad es como el amor. No duele.

Otra trampa mortal ha sido comprar la mentira de que la libertad es no depender. ¿No depender? Nunca antes hemos sido más dependientes: del dinero, del estatus, de la imagen, del parecer, de la productividad, de los likes (reales o virtuales), del qué dirán...

Estamos cansados de fingir felicidad porque hasta eso se ha convertido en una presión social. Comer bien, ir al psicólogo, hacer deporte... Claro, hábitos saludables, pero dentro de una vida tan desgastante que muchas veces se siente como una presión más.

Estamos agotados de fingir poder con todo. Y con todo me refiero a todo: trabajo, pareja, familia, hijos, amigos, ocio... Y lo peor es que, cuanto más podemos, más satisfechos nos sentimos por ser más productivos. Porque esa es la vida y hay que poder. Si no, ¿qué otra cosa queda? Pues eso, otra más.

Mientras sigamos dormidos seguiremos orgullosos cada 10 de octubre de celebrar el día mundial de la salud mental. Orgullosos de pasar del tabú de la salud mental del pasado a la visibilidad de la importancia de la salud mental en nuestros días. Bueno, quizá ese sea todo el avance que hayamos podido lograr.

Sinceramente, confío y deseo que no. Que esto no sea todo porque nos queda mucho. Mucho. Mucho, mucho por avanzar, por despertar, por reaccionar, por ser, por vivir en libertad... Mucho. Mucho, mucho.

Se necesita abordar una conversación real sobre la salud mental, que es más social que individual. Si no se aborda desde lo social, desde los desafíos que plantea la sociedad actual, entonces la salud mental, tristemente, será cuestión de clases, y no solo de la clase económica que se pueda permitir pagar la psicoterapia, que eso ya es asumir la primera de las atrocidades inasumibles, sino una sociedad de clases de despiertos y dormidos. Los más anestesiados no dejarán de dar vueltas a la rueda del sistema mientras los más despiertos girarán en torno a la rueda de la vida.

Si no abordamos la salud mental de nuestra sociedad, entonces seguiremos siendo coleccionistas de frases inspiradoras y seguiremos viviendo en la trampa de la libertad, que a muchos les está costando la salud mental.

LA REVOLUCIÓN PASA POR SER

> No puedes comprar la revolución.
> No puedes forzar la revolución.
> Solo puedes ser la revolución.
> Está en tu espíritu, o no existe.
>
> ÚRSULA K. LE GUIN

Ni hacer ni tener. *Spoiler*: se trata de ser. Así de simple y a la vez complejo. Si no hemos venido a ser, ¿a qué hemos venido?, ¿a confirmar lo que nos enseñaron en Ciencias Naturales de 3.º de EGB, que los seres vivos nacen, crecen, se reproducen y mueren? ¿Hemos venido solo a pagar facturas, soñar con hipotecas, salir corriendo de alquileres..., o a saltar de alegría por ese ascenso conseguido a base de trankimazin? ¿O a ser felices cuando nos escapamos unos días a la playa? ¿A qué hemos venido? ¿A hacer *scroll* asomándonos a la vida de otros a través de una pantalla mientras la nuestra se pasa? ¿A qué has venido tú?

Los valores se han transformado. Las aspiraciones se han diversificado y los avances sociales han permitido que cada vez menos personas se sientan obligadas a seguir un único camino. Ya no hay un solo guion posible, ni un modelo de vida que sirva para todos. Las decisiones vitales se han vuelto más personales, más variadas, más conscientes. Y aunque esa libertad es un logro, también nos enfrenta a tener que definir nuestro propio sentido, sin instrucciones. Y ese es muchas veces el reto.

La seguridad laboral obviamente sigue siendo esencial, si bien cada vez más personas priorizan la libertad. La seguridad es la base sobre la que construir todo lo demás. Y, como ya anticipaba Maslow, cuando las necesidades básicas están cubiertas, surge una nueva: la autorrealización. Es ahí donde entran en juego el propósito, la autenticidad y el deseo de construir una vida coherente con quienes somos. Hay muchas personas en este momento que quieren vivir una vida con sentido en la que se vean, en la que se miren y se reflejen.

Igual que te conté que muchas personas están agotadas por vivir en piloto automático, también te puedo decir que cada vez veo a más personas despiertas, conectadas con ellas mismas. Que se niegan al hacer por hacer.

Y esto, sin duda, es una buena noticia porque implica un avance. Crece el número de personas que se atreven a ser, mostrarse como son, vivir desde su verdad. Y eso se nota en todo. Ya no se trata de mantener amistades por compromiso, sino de estar en relaciones donde uno puede ser y crecer.

Más personas eligen vivir sus relaciones de pareja de manera consciente. No las idealizan, pero tampoco se resignan. Se atreven a señalar lo que no funciona y a trabajar en ello con honestidad y compromiso. Pero también que son capaces de romper con la inercia de la costumbre, a pesar del amor, si el vínculo se convierte en fuente de sufrimiento continuado. Saben que el amor no duele, no asfixia, no ahoga, no aprieta, no limita, no agota. El amor expande. Saben que no se puede estar donde no se es. Y en el terreno profesional, cada vez más gente, consciente de su talento, decide salirse del molde estando más comprometida con ella misma que dejándose la piel en el proyecto de otro. No se trata de irse o quedarse, de estar o no estar. Se trata de ser. De que lo que elijas fuera esté en sintonía con quien eres. Es una cuestión de coherencia.

Vivir así no se consigue solo soñando o escribiendo frases bonitas en un cuaderno. Tampoco basta con desearlo. Exige introspección, conciencia, coherencia, compromiso y acción. Hacer, sí, pero con propósito. Hacer con sentido. Ser y hacer. En ese orden.

EL PRÓXIMO ENTRENADOR DEL REAL MADRID

Ahora quiero presentarte a una persona con la que trabajo en terapia. Él es la prueba de que ser no es una idea bonita, sino una práctica diaria. Sin duda, él se habita en su totalidad.

Te presento al próximo entrenador de fútbol del Real Madrid. Categoría masculina de Primera División. Pongamos que se llama Mario. Curiosamente, el Real Madrid ni sabe quién es. Sus directivos aún no lo tienen en el radar. Pero no pasa nada.

Él tiene claro que va a ser entrenador del Real Madrid. Yo, también. Y si tú lo conocieras, no te quedaría la menor duda.

Hace unos minutos le escribí para pedirle permiso para contarte esto. Le envié una parte de lo que estás leyendo. Su respuesta fue sencilla, pero lo dice todo:

Pelos de punta leyéndote
Rebeca
                    12:55

Y no porque me sorprenda
sino porque lo veas igual que
yo 📖
                    12:55

Adelante, por supuesto!!
                    12:55

Mario es carismático, sensible, observador. Tiene las cosas claras. Sabe lo que quiere y lo que no. Desde niño vive y respira fútbol. Ha jugado en varios equipos y hoy en día sigue jugando con sus amigos cada semana. Visualiza y piensa en alineaciones.

Profesionalmente Mario no tiene nada que ver con el fútbol. Trabajaba en la empresa familiar de transportes. Durante años lo dio todo allí, hasta que empezaron a mezclarse los temas de familia con los del negocio. Entonces algo dentro de él se movió. Lo que antes le unía empezó a pesar. Lo que antes era ilusión se volvió carga. Y un día, después de un proceso llevado con calma, decidió irse.

No fue una decisión impulsiva ni una huida. Fue una elección consciente. Claro que dolió. Pero no se quedó atrapado en la herida. Aceptó hasta que llegó la paz.

Mario supo sostenerse internamente. Supo regular lo que sentía y comunicar lo que pensaba sin estallar, sin atacar, sin cerrar puertas. Dijo lo que necesitaba decir y eligió marcharse, sabiendo que era el momento. Las heridas no le frenaron. Ni tampoco se paralizó dándole vueltas a lo que podría haber sido, pero no fue. No se quedó enganchado en el «no me lo merezco». Él siguió adelante.

Año 2020, plena pandemia. El mundo se había parado, pero la mente de Mario no. Él, que siempre ha sido un tipo inquieto, se puso a inventar. A dibujar. A crear. Y creó una empresa. No tenía formación en negocios ni un plan estratégico, su inspiración vino de dentro, de la conexión de los recuerdos con su abuela, una de las personas más importantes de su vida. De ahí nació una idea sencilla pero con alma. Algo que nadie había hecho antes, pensó Mario, y que conectaba con la esencia de lo cotidiano, de lo auténtico.

Entre sus bocetos y aquellas enseñanzas, empezó a dar forma a lo que hoy se ha convertido en uno de los negocios de nuestro país más conocidos. Pero todo empezó con un primer paso. Él y sus amigos, que se convirtieron en sus socios, hicieron posible una empresa que hoy está en plena expansión. Su producto ha conquistado a mucha gente, dentro y fuera de España. Pero esto no es lo más importante para Mario.

Él sigue cultivando su propósito, que es el sueño que le hace vibrar cada día desde niño. Hoy, ese niño sigue despierto, formándose para alcanzar lo que quiere mientras sigue liderando su empresa con la ilusión intacta. Porque Mario, sin dudarlo, será el próximo entrenador del Real Madrid.

¿Te suena exagerado? ¿Irreal? Puede ser. O puede que no. En realidad, da igual cómo nos suene a ti o a mí. Porque son sus sueños. No los tuyos. No los míos. Estar alineado no es hacer lo que otros creen posible. Es escuchar lo que es tuyo y tener el coraje de seguirlo, aunque nadie más lo entienda. Aunque nadie más lo vea. Cuando dejas de mirar alrededor y empiezas a mirar dentro, ya no necesitas aprobación. Solo dirección.

10

Apegarse con seguridad para vivir en libertad

¿Y dónde empieza todo? Exacto: en el principio. Donde comienzan todas las cosas. El mapa del mundo de un adulto comienza a trazarse en la infancia. Ahí es donde aprendemos a relacionarnos con nosotros mismos y con los demás. Y ese mapa de las relaciones que va dibujando el niño va a depender de cómo le cuidan sus cuidadores. No es lo mismo crecer en un hogar en el que te miran, te reconocen y te celebran que hacerlo sintiéndote un estorbo, creyendo que molestas o que los adultos y sus problemas son siempre más importantes que tú.

El apego es el punto de partida de lo que para ti es el amor. Amarte, amar y dejarte amar. Quizá te suenen frases como estas: «Siempre me pasa lo mismo», «es que no aprendo», «otra vez atraigo a alguien que me hace daño». Esto no es casualidad. Es tu patrón de apego en acción. Haciendo más de lo mismo. Más bien, siendo más de lo mismo. Repitiendo viejas rutas conocidas, volviendo a las mismas maneras de sentirse de siempre.

Si siempre te pasa lo mismo en las relaciones, el problema no es la suerte, sino un patrón que repites sin darte cuenta. Si creciste pensando que amar es aguantar y entregarse hasta vaciarse, o que el amor duele, entonces terminarás eligiendo vínculos que confirman esas creencias.

La buena noticia es que, aunque no eliges el inicio de esta

trayectoria que depende de cómo te cuidaron, tampoco tienes que quedarte atrapada en ese viejo patrón como si fuera una condena de por vida. Cambiar no se trata de esperar a alguien distinto, sino de aprender a ser alguien distinto en tus relaciones. Tú puedes aprender a cambiar la forma en la que te relacionas contigo y con los demás, y restaurar el patrón de relación con el que creciste.

LA IMPORTANCIA DE LOS VÍNCULOS EN LA FELICIDAD

> Nunca tuve la seguridad en una familia. Nunca sentí esa coherencia. Nunca tuve todas esas cosas que te hacen entender cómo funciona el mundo.
>
> JUSTIN BIEBER

En redes sociales y en las conversaciones cotidianas se ha puesto de moda hablar del apego como si fuera dependencia: «estás muy apegado», «tienes que desapegarte», «el problema es que te apegas demasiado». Se usa como sinónimo de aferrarse a alguien, como si apegarse fuera una atadura de la que hay que soltarse.

En psicología, cuando hablamos de apego nos referimos a vínculo. Y ese vínculo comienza en la relación que establecen los niños con sus cuidadores principales. Si no nos cuidaran, moriríamos.

Ser cuidados y ser amados es lo que nos permite vivir y desarrollarnos. Las relaciones son el mayor predictor de la felicidad a lo largo de la vida. No es la fama, no es el dinero, no es el éxito externo. Son los vínculos de seguridad, de apoyo y de amor los que sostienen nuestro bienestar. Los estudios así lo demuestran. Lo que más influye en la salud y en la felicidad no son los logros ni la fama, sino la calidad de las relaciones cercanas.

Por tanto, la cuestión no puede ser desapegarte o no, ni tampoco cómo hacerlo. El apego es vínculo. No es posible el desapego porque lo que somos se teje siempre en relación con otros. La cuestión es: ¿cómo aprendiste a apegarte? ¿Te vinculas desde el miedo o desde la seguridad? ¿Cuál es tu estilo de apego? No se trata de soltar por soltar ni de negar la necesidad de los vínculos. Consiste en aprender a vivir las relaciones de manera sana. De eso van a depender en gran medida nuestra paz interior y nuestra salud mental.

EL APEGO COMO BASE DE SEGURIDAD

> La conexión padres-hijos es la intervención más potente en salud mental que se conoce.
>
> BESSEL VAN DER KOLK

¿Recuerdas cuando hablábamos de los pilares del equilibrio interno? Pues bien, es en el apego donde empieza todo.

En cómo nos cuidaron es donde aprendimos a sentirnos seguros en el mundo o a vivir con miedo. Es en las relaciones entre los niños y sus cuidadores donde se aprende el amor a uno mismo y a los demás. Este mapa del amor se va entretejiendo en las actividades cotidianas: en cómo se le da de comer a un niño, cuáles son las conversaciones en la mesa, qué pasa a la salida del cole, cómo se abordan los temas conflictivos o cómo se juega con él.

También nuestra capacidad de autorregulación nace ahí. En función de cómo fue la interacción con nuestros cuidadores, así aprendimos a autorregularnos. No es lo mismo un niño que, cuando llora, recibe consuelo, que otro al que se le riñe por llorar. No es lo mismo un niño al que se le atiende y se le sostiene, que otro al que se le ignora. Mientras uno aprende que sus emociones tienen un lugar y que él mismo importa, el otro se acostumbra a la indiferencia o a vivir en alerta constante. Mientras uno va incorporando poco a poco la capacidad de calmarse por dentro, el otro aprende a sobrevivir desconectándose de lo que siente o llamando la atención con reacciones exageradas para ser visto.

¿De qué depende esta diferencia? De la sintonía y del reflejo que los cuidadores tienen con el niño. Cuando las figuras de apego perciben lo que siente y responden a ello, están en sintonía. El cuidador transmite al niño que no está solo, que le acompaña y que está disponible para atender sus necesidades. En otras palabras, le dice: «Te veo, te siento, te reconozco». Pero cuando el cuidador no se sintoniza con el niño, el mensaje implícito es igual de potente, aunque devastador: «No te veo, no importas, no eres digno de amor».

Se ha demostrado que desde los primeros vínculos madre-hijo existe una sincronización de los ritmos cardiacos y los estados fisiológicos que no solo facilita la autorregulación en la infancia, sino que además predice la capacidad de autorregularse en la vida adulta. Estudios en neurociencia también han demostrado que la regulación compartida a nivel cardiaco, hormonal y cerebral constituye la base biológica del apego y de la resiliencia.

Otro aspecto fundamental es ayudar al niño a reflejar sus emociones, incluso cuando todavía no tiene palabras para expresarlas. Al poner nombre a lo que le pasa y validarlo («estás triste», «te dio miedo», «te dio mucha alegría»), se le devuelve un mapa de su mundo interno. Así va aprendiendo a reconocer lo que siente, a entender sus diferencias, a valorar sus fortalezas y, poco a poco, a expresar los distintos aspectos de su identidad.

PROTECCIÓN VS. SOBREPROTECCIÓN

Es fundamental diferenciar lo que significa crecer en un entorno seguro de lo que supone que te sobreprotejan. Son dos cosas que no tienen nada que ver. Mientras que la seguridad fortalece, la sobreprotección debilita. Un niño sobreprotegido crece con desconfianza en sí mismo, dependiente de sus padres y sin recursos propios para afrontar la vida.'

Un niño necesita ser cuidado y protegido en sus primeros años, pero esa protección debe ir siempre acompañada de un espacio para la autonomía. El apoyo incondicional de unos padres no es resolver todo a sus hijos, sino brindarles un entorno que les exponga a experiencias con las que puedan frustrarse, equivocarse y descubrir que son capaces de superarlo: el deporte, el arte, la escuela… Y si no lo supera, ahí estarán sus padres para apoyarlos a seguir creciendo. En definitiva, el niño aprende a ser quien es con sus recursos y vulnerabilidades. Esto ayuda a forjar la identidad para que sean adultos más seguros con capacidad de manejar mejor su vida.

Sin embargo, la sobreprotección es una burbuja que aísla de la realidad al impedir que los niños adquieran confianza en sí mismos y aprendan de los desafíos que inevitablemente les plantea la vida. Sobreproteger es la base para construir adultos frágiles y dependientes. *Niños grandes* que, pese a su edad, tienen grandes dificultades para ser los adultos que son.

Es curioso cómo hay padres que se quejan de que sus hijos no son autónomos, pero no se dan cuenta de que son ellos mismos quienes muchas veces lo dificultan. Un par de ejemplos son los de Antonio y Sofía.

Antonio, tiene veintidós años y está de Erasmus en París. Se ha enamorado de la ciudad y quiere quedarse más tiempo del que dura su beca. Sus padres le han propuesto que busque un trabajo para poder mantenerse. Pero Antonio siempre responde que no lo agobien, que no tiene tiempo y que ya ha echado muchos currículums y no lo llaman. La realidad es que sus clases en París se reducen a dos horas a la semana y echa dos currículums por semana. Aun así, se ha quedado un mes más y ha sido su familia la que no solo ha pagado la residencia, sino que además ha gestionado el trámite de la ampliación, desde Pontevedra, porque Antonio dice que está muy estresado y que no tiene tiempo ni energía para hacerlo. Por cierto, ahora está pensando en pedir una beca para Japón.

Sofía tiene veintitrés años. Lleva viviendo cinco años en el mismo piso compartido en Madrid con compañeras. Ahora han discutido entre ellas. Están dos por un lado y tres por otro. Tienen que encontrar una solución para ver quién continúa alquilando el piso en el que todas se quieren quedar. Quienes andan hablando entre ellos son los padres hasta que han decidido contárselo a la casera y que sea ella quien resuelva con quién se queda. La casera lo ha tenido claro y no se ha posicionado en un asunto que nada tiene que ver con ella. Ha decidido no renovarle el contrato a ninguna de ellas. Conflicto resuelto.

LA TEORÍA DEL APEGO DE BOWLBY

La teoría del apego fue formulada por el psiquiatra John Bowlby que explica cómo se forma y se desarrolla el vínculo que une a un niño con sus cuidadores y cómo ese vínculo influye en su manera de sentirse seguro, protegido y de relacionarse con el mundo. Bowlby centró su atención en cómo los cuidadores responden a las necesidades del niño, y argumentó que de esas experiencias nace el mapa interno con el que cada persona construye su visión del mundo, de sí misma y de los demás.

A ese mapa lo llamó Modelos Operativos Internos (MOI): representaciones mentales que el niño elabora sobre sí mismo, los otros y el mundo. Estas representaciones influirán a lo largo de la vida en la forma en la que las personas se relacionan con los demás y construyen sus relaciones íntimas. Según algunos autores, son esos esquemas internos los que guían cómo pensamos, sentimos y actuamos en las relaciones. También determinan si, ante el estrés o la dificultad, buscamos apoyo o no.

Estos mapas suelen ser estables en el tiempo, pero no son una sentencia de por vida. Nuevas experiencias, relaciones o terapia pueden ayudarte a redibujar ese mapa.

Estos modelos actúan como una guía interna: nos ayudan a percibir a los demás, interpretar sus acciones, predecir hechos futuros y hacer planes. Dicho de otro modo, son como las gafas con las que interpretas el mundo. Las gafas de tu realidad: tu manera de verte, de relacionarte con los demás y de estar en el mundo.

Para Bowlby, los modelos representacionales más importantes son dos:

- **Modelo de sí** (mapa interno que el niño se construye sobre sí mismo).
- **Modelo de otros** (representación que el niño se construye del mundo y de los demás).

Ambos surgen de la relación con el cuidador y de cómo este responde a sus necesidades. De ahí nacen las expectativas sobre la disponibilidad de los demás y la percepción de uno mismo, lo que sienta las bases del autoconcepto. En función de estas primeras experiencias, se desarrollan los patrones que hoy conocemos como apego seguro o apego inseguro.

- **Apego seguro.** Si la figura de apego se muestra accesible y sensible a las necesidades del niño, este aprende a confiar en sí mismo y en los demás. El niño se percibe como alguien valioso, digno de atención y, en definitiva, digno de ser amado. Esto es lo que se conoce por apego seguro.

   Si el niño recibe amor incondicional y sus necesidades son atendidas de manera adecuada, aprenderá que sus figuras de apego son confiables y que estarán disponibles pase lo que pase. También aprenderá a esperar eso mismo de los demás. Pero lo más importante es que el niño se percibirá como alguien valioso, digno de atención y competente para promover la proximidad con su cuidador. Esto dará lugar a confiar en aquellas personas con las que establece relaciones íntimas en la edad adulta (pareja, amigos) y a sentirse seguro en la relación.

- **Apego inseguro.** Cuando las necesidades del niño no son vistas o son atendidas de manera inconsistente, el niño crece con desconfianza e inseguridad, dudando de sí mismo, desconfiando de los demás o ambos. Esto es lo que se conoce como apego inseguro.

  Si las figuras de apego no están disponibles, son insensibles a sus necesidades o son inconsistentes, el niño crecerá sintiendo que sus necesidades no importan. De ahí suelen venir creencias limitantes como «no soy importante», «no estoy bien como soy» o «no soy lo suficiente». El niño también aprenderá que para que lo quieran debe reprimir sus emociones o montar el show para llamar la atención. Ambas son formas de buscar que lo atiendan, que lo vean. En la edad adulta manifestarán desconfianza e inseguridad en las relaciones mostrando comportamientos evitativos o ambivalentes.

ESTILOS DE APEGO ADULTO

Después de Bowlby, fue Mary Ainsworth quien encabezó la segunda fase del desarrollo de la teoría del apego. Su principal aportación fue introducir el concepto de la calidad del apego. Para medir la calidad del apego, Ainsworth desarrolló la «Situación Extraña». Este procedimiento fue creado para evaluar la calidad del apego de los niños de entre doce y dieciocho meses con sus madres. Consiste en exponer a los niños a situaciones estresantes con la madre y con una persona extraña. Se trata de evaluar la seguridad que la figura de apego es capaz de proporcionar al niño para explorar un ambiente nuevo, relacionarse con un extraño y afrontar el estrés que puede suponerle la separación de la madre por breves espacios de tiempo. Las reacciones de los niños en las breves separaciones y reuniones con la madre permiten valorar la calidad del apego. A partir de esas observaciones, Ainsworth describió tres estilos de apego: seguro, evitativo y ambivalente.

Por último, otra figura de referencia en la teoría del apego fue Mary Main, quien describió los estilos de apego adulto. Mientras que Mary Ainsworth había centrado su investigación en observar las conductas visibles de apego, Main quiso mirar más allá de la conducta.

Su interés estaba en comprender cómo esas primeras experiencias de apego dan forma a cómo las personas piensan, sienten y narran sus vínculos. Junto con su equipo desarrolló la Entrevista de Apego Adulto (AAI, por sus siglas en inglés), una herramienta diseñada para explorar ese mundo interno. La AAI se convirtió así en un instrumento fundamental para evaluar el apego en la edad adulta.

Los estilos de apego adulto son cuatro:

1. Apego seguro

- Se sienten cómodos en la intimidad con otros y en la autonomía. Pueden estar en pareja sin perderse a sí mismos. Suelen tener relaciones estables. Disfrutan del tiempo compartido, pero también valoran su propio espacio. Cuando discuten, no temen perder el amor; saben que los desacuerdos también son una forma de seguir construyendo juntos. Ponen límites y mantienen conversaciones difíciles sin huir ni atacar, buscando el equilibrio entre expresar lo que sienten, tener en cuenta al otro y cuidar la relación. Saben pedir ayuda a la vez que ofrecer apoyo sin sentir que se ahogan. Esto no significa que sean personas perfectas, ni que lo hagan todo bien o tengan relaciones sin conflictos. Significa que son personas más seguras y reflexivas.

- Crecieron con adultos sensibles y consistentes. Figuras de apego que estaban disponibles de manera incondicional, que escuchaban, que respondían con calidez y que daban seguridad con su presencia. A su vez, mantenían el equilibrio entre el afecto y la capacidad de poner límites con firmeza y cariño cuando era necesario. Ese cuidado transmitió seguridad y disponibilidad incondicional: «tus emociones importan», «eres importante» y «yo estoy aquí para ti».

2. Apego ansioso o preocupado

- Viven con el miedo de que los demás se alejen. El miedo al abandono es constante. Por eso necesitan mensajes de confirmación todo el tiempo: «¿Me quieres?», «¿estás conmigo?», «¿seguro que no me vas a dejar?». Necesitan ser reafirmados constantemente. Tienden al *overthinking* cuando hay silencios, mensajes no contestados o cualquier señal mínima que interpreten como distancia. En las relaciones suelen ser demandantes a la vez que complacientes para evitar enfrentarse a sus peores fantasías, que son el rechazo y el abandono.
- Tuvieron cuidadores inconsistentes, lo que significa que unas veces eran quienes mejor entendían y atendían sus necesidades y otras no daban respuesta a lo que necesitaban. El niño nunca sabía cuándo iba a recibir consuelo o cuándo iba a ser ignorado. Esa inconsistencia es la que generó la sensación de inseguridad. En este tipo de apego la amígdala se dispara ante cualquier señal mínima de distancia, que interpreta como señal de peligro de abandono. Son personas que se suelen perder dentro de sí mismas y en las relaciones con los demás.

3. Apego distanciante o evitativo

- Parecen independientes hasta el extremo. Huyen de la vulnerabilidad, les cuesta mostrar lo que sienten y evitan las conversaciones profundas. Dan la impresión de que no necesitan a nadie, pero en el fondo es miedo al rechazo. En pareja suelen ser distantes y en el trabajo acostumbran a apoyarse solo en sí mismos. Les cuesta pedir ayuda.

- Crecieron con cuidadores distantes que ignoraban o rechazaban las necesidades emocionales del niño. Cuando lloraban o buscaban consuelo, recibían indiferencia o incluso críticas. Aprendieron que mostrar emociones era un riesgo y que la única forma de no sufrir era desconectarse, cerrarse y no depender de nadie. Para ellos resulta más fácil alejarse que exponerse al dolor de ser rechazados.

4. Apego desorganizado

- Viven en contradicción. Desean la cercanía, pero al mismo tiempo la temen. Sus relaciones suelen ser intensas, caóticas y llenas de altibajos. A veces se acercan con mucha pasión y luego se alejan de golpe, como si no pudieran sostener lo que sienten. La desconfianza hacia los demás, incluso hacia quienes más quieren, alimenta un círculo de acercamiento y huida que les suele dejar atrapados en el sufrimiento.

- Este estilo de apego es considerado el más dañino porque los cuidadores fueron, al mismo tiempo, fuente de amor y de miedo. Esto deja al niño dividido entre amar y temer a la vez, lo que provoca disociación. Este tipo de apego suele desarrollarse en contextos marcados por los malos tratos, el abuso o la negligencia. Estudios como el de Liotti (2004) concluyen que hay una asociación entre un apego desorganizado y un trauma complejo en la infancia. Además, el apego desorganizado se ha asociado también con mayores riesgos de problemas de salud mental. Otros afirman que este patrón muestra mayor riesgo de trastornos como depresión, ansiedad, abuso de sustancias y trastornos de la personalidad.

¿ES EL ESTILO DE APEGO PARA TODA LA VIDA?

El estilo de apego suele ser estable a lo largo de la vida, pero no es inamovible. Se puede cambiar. Y eso, sin duda, es una buena noticia porque lo que en la infancia pudo haber sido una estrategia de supervivencia y búsqueda de amor, en la edad adulta puede ser fuente de sufrimiento. Esos mismos patrones, que en su momento aseguraron el vínculo con el cuidador y la propia supervivencia, muchas veces se convierten en la raíz de la desconexión contigo misma. Por ejemplo, puede ser que aprendieras que amar era complacer, y ahora vivas agotado, atendiendo las necesidades de todos menos las tuyas.

Si llevas años diciéndote frases como: «Siempre me pasa lo mismo», «Otra vez tengo conflictos con mi familia», «En el trabajo no me valoran y mi jefe me ignora», «Mis amigos me decepcionan porque nunca están para mí cuando yo siempre estoy para ellos», o preguntándote: «¿Por qué atraigo siempre al mismo tipo de persona?», aquí tienes la respuesta. No es casualidad. Es tu patrón repitiéndose una y otra vez.

Conocerse más y saber de dónde viene uno no debiera ser para juzgar, victimizarse ni repartir culpas. Tampoco para encontrar justificaciones y buscar excusas. Conocerse implica una mirada interna para vivir con conciencia. Cuando miras hacia dentro comienzas a comprenderte y a encontrar las respuestas.

Y sí, es posible cambiar tu estilo de apego. Tienes el poder que reside en la libertad de sanar la manera en la que te relacionas con los demás y dejar de vivir a merced de tus experiencias pasadas.

Acuérdate de esa propiedad de nuestro cerebro que es la neuroplasticidad. No tienes que vivir cumpliendo una condena repitiendo tu historia una y otra vez. Puedes cambiar.

Para hacerlo, lo primero que necesitas es tomar conciencia de lo que está pasando y después tener las ganas de querer cambiar tu manera de sentirte y relacionarte. Una vez que ya tienes eso, ya te tienes a ti.

Te puede ayudar ir a terapia. Y sobre todo te va a ayudar la vida: una pareja con la que construyes una relación de funcionamiento seguro, amistades de verdad y un entorno laboral que ayude a crecer.

Ir cambiando el estilo de apego requiere tiempo, decisiones, gestión de emociones, acciones y, en muchos casos, duelos. En definitiva, requiere vida.

Después de todo esto mi pregunta es clara: ¿crees que sigues repitiendo el mapa que construiste o eres consciente de cómo tu estilo de apego marca tus relaciones? Entonces ¿vas a dejar que tu pasado siga siendo el guion inconsciente de tu presente, o eliges desde hoy ser tú quien reescriba tu propia historia?

AUTENTICIDAD VS. DEPENDENCIA: SER O NO SER

> El mayor obstáculo para cambiar no es el cuerpo, ni el entorno: es la memoria emocional del pasado que no estás dispuesto a soltar.
>
> JOE DISPENZA

¿Amar o amarse? ¿Ser o dejar de ser por amor? ¿Autenticidad o adaptación? La disyuntiva entre la autenticidad y el apego es uno de los grandes temas de la existencia. Apego y autenticidad. Dos necesidades básicas en acción.

Como ya hemos visto, todos nos hemos creado unas plantillas para funcionar en el mundo y relacionarnos con los demás. Si esos esquemas corresponden a un patrón de seguridad, nos relacionaremos desde la libertad de ser y amar. Pero ¿qué pasa si la huella que se nos quedó en el cuerpo fue la del miedo al abandono y nos pasamos la vida sobrepensando y sobrerreaccionando ante cualquier señal que interpretamos como rechazo? ¿Eso es libertad? ¿Podemos estar seguros de que elegimos quedarnos en las relaciones de pareja o elige por nosotros nuestro miedo a la soledad? ¿Queremos eso? ¿Soportamos del verbo soportar a pesar de nosotros mismos? ¿Eso es amor? ¿Amor al otro? ¿Amor a uno mismo? O ¿amor a uno mismo es no dejar acceder de verdad a nadie a tu propio mundo?

La autenticidad y la dependencia no pueden jugar a ser moneda de cambio. No es una disyuntiva. Ambas han de coexistir. La autenticidad y la dependencia coexisten en las relaciones sanas. Somos seres interrelacionales que hemos sido diseñados para depender los unos de los otros. A su vez, para crecer y vivir en libertad se necesita ser. No hay otro modo de existir en la vida con salud mental que no sea el de cohabitar entre la dependencia sana de los otros y el amor a nosotros mismos.

Si bien es verdad que existe cierta jerarquía entre estas dos necesidades. Y es que las cartas están echadas desde el principio: primero el apego y después la autenticidad. La razón es simple: sin los otros no sobreviviríamos en nuestra primera etapa de la vida. Así que, si eso implica crecer reprimiendo emociones o ser condescendiente para obtener atención y amor, pues así se hará. A pesar de que se tengan que desconectar los cables del ser genuinamente uno mismo.

Por tanto, es indispensable que dejemos atrás los patrones del pasado que arrastramos del apego y del trauma para ser auténticos. Para ser tú tienes que dejar de ser tú como dice el título del famoso libro de Joe Dispenza. Se necesita dejar atrás una identidad pasada que un día fue necesaria para sobrevivir pero que ahora nos aleja de vivir.

11

Trauma: la herida por la que entra la luz

La herida es el lugar donde la luz entra en ti.

El trauma no resuelto es una de las causas más frecuentes por las que muchos no consiguen habitarse internamente en plenitud. Esto está generando sufrimiento y graves problemas de salud mental.

La palabra «trauma» proviene del griego $\tau\rho\alpha\tilde{\upsilon}\mu\alpha$, que significa «herida». Es esa herida no sanada que de manera consciente o sin darnos cuenta, va a dictar gran parte de nuestros pensamientos, emociones, sensaciones y acciones. Dicho de otro modo, el trauma tiene una gran relevancia a la hora de conformar nuestra idea del mundo, de relacionarnos con nosotros mismos y con los demás, y va a ser protagonista en la creación de hábitos.

A nivel social, todavía desconocemos qué es el trauma, la magnitud de su impacto y hasta dónde puede condicionarnos. Ese desconocimiento nos lleva a vivir de espaldas a una realidad que nos niega oportunidades. Cuando el trauma no se digiere y se guarda en nuestro almacén de memorias traumáticas, se quedan fragmentos de esa experiencia atrapados en partes de nuestra identidad, impidiéndonos vivir de manera plena. Podemos trabajar, viajar, crear, acumular logros, reinventarnos mil veces..., pero si no sanamos las heridas del alma, jamás podremos vivir en paz.

El trauma es una de las causas de mayor sufrimiento del ser humano. Suele ser el fantasma más oscuro de muchas personas con talento que habitan el mundo del éxito. Ni los aplausos ni todos los éxitos y reconocimientos externos serán suficientes para desactivar la herida. Por tanto, si no has conquistado tu mundo interior, todas las conquistas de fuera pierden sentido. Comprender y abordar el trauma es clave para la salud mental.

QUÉ ES TRAUMA Y QUÉ NO LO ES

> El trauma es quizá la causa más evitada, ignorada, menospreciada, negada, incomprendida y no tratada del sufrimiento humano.
>
> PETER LEVINE

Vivimos en un momento cultural en el que el concepto de trauma se ha polarizado hasta el extremo. Por un lado, asistimos a la creencia errónea de que el trauma está ligado exclusivamente a eventos catastróficos como son desastres naturales, atentados, guerras o abusos sexuales atroces. Bajo este prisma se llega a la conclusión, lógica pero falsa, de que el trauma solo les sucede a unos pocos, mientras que la mayoría estamos libres de él.

En el extremo opuesto, el término trauma se usa en la conversación coloquial para describir situaciones cotidianas: «Esa conversación me traumatizó», «Fue traumático que no me contestara». Estas son expresiones que, en realidad, hablan de estrés, frustración o incomodidad, pero que poco tienen que ver con una experiencia traumática.

El resultado de estas dos polaridades viene a ser que hay una confusión con respecto a lo que es el trauma. Eso hace que creamos que todo el mundo tiene trauma o que solo unos pocos lo tienen. Y así el trauma acaba quedando invisibilizado.

Empecemos entonces por el principio respondiendo a qué es el trauma. Uno de los mayores expertos en este campo, el doctor Van der Kolk, lo define así: «El trauma no es solo un hecho que ocurrió en el pasado; es la huella que deja esa experiencia en nuestra mente, en nuestras emociones, en la capacidad para disfrutar de la vida y vincularnos de forma íntima, e incluso en nuestra biología, en el sistema inmunológico, en el cerebro y en el cuerpo». Con esta definición queda claro que el trauma no es lo que sucede fuera, sino lo que sucede dentro.

El trauma irrumpe con violencia en nuestra identidad. Es capaz de romper nuestras capacidades innatas y nuestra sensación de seguridad dejándonos a la intemperie. También modifica la manera de pensar y la percepción que teníamos hasta ese entonces de nosotros mismos y del mundo. Por tanto, influye en cómo nos relacionamos con nosotros mismos y con los demás. Nos mantiene atrapados en el pasado, nos incapacita para vivir el momento presente con plenitud y detiene el crecimiento al no poder integrarse con nuevas experiencias. En definitiva, podemos decir que el trauma nos condiciona la vida.

Las investigaciones en neurociencia revelan que el trauma produce cambios a nivel fisiológico. Esto explica que sea un factor clave en el desarrollo de enfermedades físicas y mentales. También explicaría por qué quienes no lo han resuelto suelen permanecer en un estado de hipervigilancia constante ante posibles amenazas. Además, ayuda a entender por qué para quienes la herida no ha sanado tienden a repetir los mismos problemas una y otra vez y les resulta difícil aprender de la experiencia.

Todo esto nos lleva a poner el foco en el tratamiento del trauma. Por más que las personas se esfuercen, por más fuerza de voluntad que pongan, por más ganas, no hay cambio real si no procesas el trauma. Y llegados a este punto resulta una obviedad decir que no podemos cambiar el pasado, pero sí podemos cambiar la forma en que aquello vive dentro de nosotros. Lo que hacemos con el trauma es lo que transforma la herida en conciencia.

Entender y abordar de una manera adecuada el trauma es fundamental para el bienestar. Además, ampliar nuestro conocimiento acerca de las experiencias adversas puede protegernos de quienes nos prometen cambios que no se conseguirán a menos que el trauma se resuelva.

Reconocer que algo se ha quedado atascado en algún momento de la vida es un primer paso poderoso. Significa dejar de huir, mirar al trauma de frente siendo conscientes y buscar las herramientas adecuadas para el bienestar. Sanar el trauma significa poner fin a esa movilización continuada de estrés y hacer un reseteo total a un estado de seguridad.

Cualquier tratamiento del trauma debe implicar todo el organismo: cuerpo, mente y cerebro. Puedes hablar de tu trauma una y otra vez, pero no lo procesarás. Sanar no es que la mente esté desconectada del cuerpo o a la inversa. Y esta es la razón por la que las afirmaciones no funcionan. Decirte «soy libre», «está bien como soy» o cualquier tipo de pensamiento no funcionará si tienes un trauma no resuelto, porque el cuerpo, las emociones y los hábitos también están condicionados por ese pasado sin resolver. Recuerda que sanación es integración, y para ello debe haber una conexión entre mente, cuerpo y cerebro.

DOS TIPOS DE TRAUMA

> Una nueva vida surge de la oscuridad. Tanto si se trata de una semilla enterrada, de un bebé en el seno materno o de Jesucristo en la tumba. Todas surgen en la oscuridad.
>
> BARBARA BROWN TAYLOR

Hay dos tipos de trauma. El primero, el que se describe en el trastorno por estrés postraumático (TEPT) o el «trauma con T mayúscula». Este tipo de trauma implica que una persona ha estado expuesta a un acontecimiento en el que se ha hallado en peligro de muerte o ha sido testigo de ello. Estos sucesos son los provocados por el ser humano (abuso) o por desastres naturales graves (incendios, inundaciones, terremotos). Puede suceder en la edad adulta o en la infancia.

Pero el trauma no solo afecta a los soldados de guerra o a quienes han vivido un ataque terrorista. También puede estar presente entre tus amigos, en tu familia, en tus vecinos... e incluso en ti. De hecho, la mayoría de las personas con trauma que vemos en consulta no presentan un trauma de «T mayúscula», sino que acumulan experiencias adversas de la vida diaria sin procesar (crecer con padres que trabajaban mucho tiempo y sentir que las necesidades emocionales no fueron vistas; vivir en una relación donde te minimizan; trabajar en un entorno donde tus logros no se reconocen). A este tipo de traumas es a los que solemos denominar de «t minúscula».

En ningún caso el «trauma de t minúscula» significa que el suceso haya tenido un impacto menor. Este tipo de experiencias hacen referencia a situaciones de estrés relacional o interpersonal que son esas heridas cotidianas que se dan en los vínculos y que rompen, poco a poco, la sensación de seguridad y conexión.

Estas heridas, a menudo invisibles, van configurando nuestra identidad y quedan almacenadas en el cuerpo. Por ejemplo, si creciste junto a un hermano que se sintió opacado por ti, puede ser que aprendieras a esconderte para no destacar. A pesar de que estos acontecimientos no presentan necesariamente una amenaza de muerte, suelen ser la causa de grandes problemas de salud mental y física de niños y adultos.

Detectar este tipo de trauma es especialmente importante en niños y en adultos con alguna condición de neurodivergencia, porque en su caso el origen no siempre está en lo que les sucede, sino en lo que no sucede. A veces, el trauma nace de no recibir aquello que necesitan: no ser vistos en su totalidad, que se minimicen sus necesidades o que no haya una aceptación real de quiénes son. Como señala van der Kolk: «El trauma ocurre cuando no somos vistos ni reconocidos».

Ambos tipos de traumas (T) y (t) suponen una fractura de la identidad y de la relación con el mundo. Justamente esto es la esencia del trauma.

A pesar de la evidencia del impacto del trauma con «T», todavía cuesta poner el foco ahí en el ámbito clínico. Por tanto, los traumas con «t» quedan aún más lejos del radar. Permanecen invisibles para buena parte de la sociedad, para muchos profesionales y, lo más doloroso, para quienes los han vivido. Sin embargo, su capacidad para moldear nuestra salud mental, física y relacional es inmensa. Tratar el trauma desde un amplio abordaje es fundamental para nuestro bienestar y salud mental.

CUANDO SOBREVIVIR SE CONVIERTE EN LA FORMA DE VIVIR

> Hay que renunciar a la esperanza de un pasado mejor.
>
> IRVIN D. YALOM

Como ya sabemos, la misión más importante de nuestro cerebro es garantizar nuestra supervivencia. Por tanto, ante experiencias adversas de gran tamaño («Traumas T») o una sucesión continuada de experiencias adversas («traumas t») nuestro cerebro va a trabajar de manera incansable por mantenernos a salvo.

Nuestro sistema nervioso despliega toda su creatividad para adaptarse a lo insoportable y protegernos. Lo hace poniendo en marcha mecanismos de afrontamiento que son las respuestas adaptativas que nos permiten sobrevivir. Hay distintas respuestas de adaptación, pero, sea como sea, todas van a implicar cierta desconexión.

La desconexión es un aspecto esencial de la configuración del trauma porque sería imposible sobrevivir a determinadas situaciones. Sobre todo, cuando la lucha o la huida no son posibles. Nuestro cuerpo, nuestro cerebro y nuestra mente necesitan apartarse del horror para poder seguir adelante. Así que, sin miedo a equivocarnos, puede decirse que sí, que los mecanismos de afrontamiento nos salvan la vida.

El problema surge cuando esos mecanismos se quedan instalados como un patrón y nuestra mente y nuestro cuerpo continúan viviendo como si el peligro aún estuviera presente, aunque ya forme parte del pasado. Se convierten entonces en una manera de estar y funcionar en el mundo. En una manera de ser. Estas respuestas que nos salvaron entonces, si se mantienen a largo plazo, acaban interfiriendo en la vida cotidiana. Lo que fue adaptativo antes, se vuelve desadaptativo ahora.

Los mecanismos de afrontamiento que ya no funcionan para la vida presente son la base de los síntomas de muchos problemas de salud mental. También de enfermedades físicas.

Como vemos, el trauma y todo lo que se configura a su alrededor es mucho más que un recuerdo del pasado. Es una manera de pensar, de sentirse y de percibir el mundo que, con el tiempo, se convierte en un patrón estable y, finalmente, en parte de nuestra identidad.

Por ejemplo, un niño que crece en una familia donde lo importante son las necesidades de los adultos aprende a suprimir las suyas propias. Descubre que mostrar tristeza, enfado o miedo no sirve de nada o incluso puede ser peligroso, porque no hay nadie que lo alivie. Poco a poco se desconecta de sus emociones y necesidades, y centra toda su atención en cómo se sienten los demás. Esto moldeará sus creencias («no soy importante», «no debo molestar»), sus emociones (tristeza, miedo, enfado) y sus sensaciones corporales (tensión, dificultad para relajarse, agotamiento). Por tanto, esto se irá convirtiendo en su forma de ser: se desconectará de sí mismo y priorizará las necesidades de los demás. Ya de adulto, aunque su contexto haya cambiado, si no revisa este patrón, funcionará de igual modo: reprimiendo lo que siente, ignorando sus propias necesidades y priorizando las ajenas. Sin duda, hasta que no revise este aspecto, esto marcará su manera de relacionarse consigo mismo, con los demás y con el mundo, determinando también su vida presente y su futuro.

Estos patrones no siempre son fáciles de detectar porque ya forman parte de una forma de ser a la que nos hemos acostumbrado. A veces, incluso reciben reconocimiento y refuerzo: ser complaciente, independiente, resistente, conciliador, fuerte… Detrás de esas aparentes fortalezas pueden esconderse mecanismos de defensa que, sin darnos cuenta, hoy nos limitan, porque seguimos reaccionando desde un pasado que ya no existe.

CUANDO SOBREVIVIR DEJA DE SERVIR PARA VIVIR

> No estoy buscando escapar de mi oscuridad. Estoy aprendiendo a amarme allí.
>
> RUNE LAZULI

Gran parte de quienes llegan a terapia lo hacen porque los recursos que antes les ayudaban a sobrevivir hoy ya no les sirven para vivir. Es como ponerse esa cazadora vaquera que adorabas a los quince, pero que ahora te aprieta y no te deja mover con libertad. Seguir funcionando en el presente con patrones que pertenecen al pasado puede ser un motivo de sufrimiento. Nos impide confiar en los demás, entregarnos en las relaciones o ver nuestra propia valía para ir a por lo que queremos de verdad.

El trabajo con patrones defensivos es de los más bonitos y transformadores que puede haber. En mi equipo de Tribeca Psicólogos somos especialmente cuidadosos con esta parte. En terapia no damos una «patada» a la defensa. Todo lo contrario. Se trata de ir acompañando a la persona a que se vaya acercando de manera segura a esa defensa que es el intento de protección. Despacito. Con cuidado. Siempre con el foco puesto en su ventana de tolerancia. No debemos olvidar que estamos tejiendo entre el material traumático y nuevas informaciones adaptativas.

También debemos tener presente que muchas personas se sienten frustradas e incluso enfadadas por funcionar desde estos patrones que pueden resultar disfuncionales. Por eso, la mayoría quiere quitárselos con rapidez. Sin embargo, es irreal pensar que te vas a quitar parte de una forma de ser de manera abrupta sobre todo cuando durante mucho tiempo te ha protegido de algo doloroso.

Así que, lo primero vuelve a ser dar luz a qué está pasando. Es decir, ser consciente. Después, sin dudarlo, es dar las gracias. Esa defensa es la heroína del pasado. Sin ella, no sabemos si la persona estaría aquí. Por eso, el agradecimiento especial a la defensa que salvó la vida y a quien la puso en marcha. No te puedo contar lo que se siente. La mayoría se derrumba. Es un trabajo compasivo tan bonito... Las personas se ven y se reconocen. Justo lo que necesitaron en un pasado, se lo dan en este presente.

Es un trabajo de conciencia y de autoconocimiento que va cambiando la forma de sentirse en el cuerpo y de pensar y, por tanto, de ser. Las personas se despojan de sus trajes antiguos poco a poco para volver a ellas mismas. Sin miedo. Despacito. De manera segura.

Son otras siendo las mismas. Son las de siempre, siendo ya otras. Esto no se explica si no se vive. Como terapeuta, como paciente, como persona. Es apasionante. Muchas veces, sanar no consiste en convertirse en alguien nuevo, sino en amar a quien siempre has sido.

CINCO DEFENSAS COMUNES ANTE EL TRAUMA

> Somos lo que hacemos con lo que hicieron de nosotros.
>
> JEAN-PAUL SARTRE

Algunas de las defensas más comunes ante el trauma son:

1. **Evitación**

   La persona evita todo aquello (personas, lugares, conversaciones, películas, canciones) que la conecte a sensaciones, emociones o imágenes dolorosas. Es como si el cuerpo y la mente se negaran a revivir cualquier mínimo aspecto que los lleve allí, a aquel momento.

2. **Idealización**

   La idealización es mirar a alguien o a algo con excesivo positivismo. Se exageran las cualidades positivas y se minimiza o ignora lo negativo. Es la pareja que «en el fondo es buena», aunque te falte al respeto, o el trabajo, «que es un privilegio», aunque te explote.

   La idealización te protege del dolor de ver la realidad, pero te mantiene atrapada en lo que te hace daño. Te aleja de lo real y te impide protegerte.

3. **Adicción**

   No siempre hablamos de drogas o alcohol. A veces la adicción está en revisar el móvil compulsivamente, trabajar sin parar, comer de forma descontrolada o engancharse a compras online. Son formas de adormecer lo que sentimos, llenar un vacío o distraernos de un dolor que parece insoportable.

4. **Vergüenza**

La vergüenza es una de las defensas más invisibles, pero más dañinas que hay. Puede aparecer como una voz interna que dice «es tu culpa», «tú lo provocaste» o «si hubieras hecho algo, no habría pasado». Esa sensación, aunque sea irracional, sirve para que la persona no se enfrente de golpe a la impotencia vivida durante el trauma. El problema es que, al culparse, también se desconecta del derecho a recibir ayuda y se esconde de los demás... y de sí misma. Es una defensa muy destructiva.

5. **Disociación**

La disociación es un mecanismo de defensa que se activa cuando lo que vivimos es tan abrumador que nuestra mente desconecta para protegernos. Puede sentirse como estar lejos de uno mismo, ver la vida como si fuera una película, perder noción del tiempo o incluso no recordar partes de lo sucedido. En su momento fue una estrategia salvadora, pero si se mantiene, nos desconecta de las emociones, del cuerpo y de la vida presente. En definitiva, de nosotros mismos.

SANAR EL TRAUMA: RESPONSABILIDAD, ACEPTACIÓN Y LIBERTAD

> Sanar no siempre significa dejar de doler, sino aprender a escuchar lo que el dolor intenta decir.
>
> IRVIN D. YALOM

Dicen que el tiempo lo cura todo. Y no sé si todo, pero sí sé que no el trauma. El trauma no sana con el paso del tiempo. Tampoco desaparece por más que quieras echarlo al olvido. El tiempo solo enquista las heridas que no has sanado. Eso se nota en tus emociones, cuando te cuesta confiar o te da miedo relajarte. En tus creencias, cuando te repites que no eres suficiente. En tus acciones, cuando por miedo te alejas justo de lo que más quieres. Por más que luches, por más que huyas, vayas donde vayas, la sombra te persigue. Lo mismo sucede con el trauma: hasta que no lo mires de frente su sombra te seguirá a todas partes.

Entender no basta para sanar el trauma. Puedes entender de dónde viene, cómo se reproduce el patrón, pero eso no es suficiente. Sanar el trauma implica integrar lo vivido en el cuerpo y en la mente. Sanar es reconectar con la seguridad interna. Es dejar de reaccionar desde el pasado en el presente. Sanar es elegir diferente: afrontar en lugar de evitar, hablar en lugar de callar, conectar en lugar de desconectar.

Un aspecto esencial a la hora de sanar el trauma es la responsabilidad. Muchas personas temen abordar sus heridas porque creen que hacerlo es culpar a otros. Pero sanar el trauma no contempla juicios, víctimas ni verdugos. Y sí, puede ser que otros hayan infligido un gran daño en tu vida, pero elegir el camino de la sanación es elegir vivir en libertad. Es elegir romper la cadena de transmisión del trauma que libera a las siguientes generaciones, si el trauma es transgeneracional.

Responsabilizarnos de nuestras heridas también es comprender que el trauma no solo nos afecta a nosotros, sino también a los que nos rodean. Marca nuestra manera de relacionarnos con hijos, parejas, amigos o compañeros. El trauma puede explicar muchas cosas, pero no puede justificarlo todo. Girar en la hélice del trauma como víctima suele hacer que se estreche el margen de autocrítica y se baje la responsabilidad emocional. Eso hace que a veces no veas al otro, que te olvides de que el otro también existe. Conviene recordar, en palabras de Simone Weil, que «amar es querer que el otro exista».

Se necesita compresión, por supuesto, pero también responsabilidad. Compasión, pero también límites, los de los demás y los de uno mismo. Son los límites autoimpuestos y los de los otros los que nos devuelven al presente y nos recuerdan que no somos aquello que nos pasó. Los límites son el oxígeno necesario que nos conecta con nuestra esencia, con lo que somos más allá del trauma.

Otro elemento fundamental a la hora de sanar el trauma es la aceptación. Hay que perderle el miedo al pasado. El trauma es lo que nos desbordó ayer. Aceptar significa mirar la herida de frente, habitar nuestras partes más oscuras. Hemos de rendirnos al dolor que más duele, a la rabia de lo que nos hicieron. Rendirnos para dejar de habitar la vergüenza y la culpa con la que vivimos por la sombra del trauma. Aceptar la realidad. La realidad. La realidad es la que fue. No es la que te gustaría que hubiese sido o que aquello no hubiese pasado. Lo que es. Lo que fue. Aceptar aquella realidad por injusta que haya sido. Lo que no te merecías en ningún caso. Aceptar. Aceptar a tu ritmo, a tu velocidad, pero moverte en el camino de la aceptación.

Gran parte de nuestro sufrimiento viene de resistirnos a asumir la realidad tal y como es. Sin embargo, solo cuando damos luz a los fantasmas, desaparecen.

Elegir sanar es elegir la posibilidad de vivir en libertad. Cuando te habitas en paz consigues vivir desde la autenticidad de ser. Todo el que ha probado vivir en paz no quiere volver a vivir en guerra. En definitiva, el trauma sin resolver nos desconecta de nosotros mismos, pero algo que jamás podrá arrebatarnos será la posibilidad de sanarlo.

12

Resiliencia: el arte de transformar el sufrimiento en crecimiento

QUÉ ES LA RESILIENCIA

> No podemos quedarnos sentados mirando nuestras heridas para siempre.
>
> HARUKI MURAKAMI

Es innegable que la vida no es justa ni perfecta. La vida es como es. Y sí, hay personas que parten de circunstancias mucho más desfavorables que otras. Y también es cierto que hay personas que, pese a vivir en contextos profundamente adversos, logran transformarse y dar un giro a su propia realidad. Personas que no solo consiguen sobrevivir a adversidades significativas, sino que tienen una adaptación positiva a la experiencia y logran salir fortalecidas. Esto es lo que se conoce como resiliencia.

El término, que en su origen se usaba para describir la capacidad de los metales de recuperar su forma tras una gran tensión, fue llevado al terreno de la psiquiatría por Boris Cyrulnik, neurólogo y psiquiatra francés de origen judío, considerado el padre de la resiliencia. Él la definió como la posibilidad de iniciar un nuevo desarrollo después de un trauma. Por tanto, la resiliencia, según este autor, implica dos condiciones esenciales: la presencia de trauma y la transformación posterior.

Nadie mejor que Cyrulnik para hablar de transformación ante el sufrimiento producido por una situación adversa. De niño perdió a sus padres en el Holocausto y sobrevivió escondiéndose de los nazis en baños y granjas. Como él mismo ha contado, tras la guerra, muchos lo daban por perdido, le decían: «No tienes familia, no fuiste a la escuela, tu vida está rota». Pero Cyrulnik se rebeló, y lejos de cumplirse la profecía, su historia personal es prueba fehaciente de resiliencia.

Otra definición de resiliencia es la que aporta la Asociación Americana de Psiquiatría (APA): «El proceso y el resultado de adaptarse con éxito a experiencias vitales difíciles o desafiantes, especialmente a través de la flexibilidad mental, emocional y conductual, y el ajuste a las demandas externas e internas. Diversos factores influyen en la capacidad de adaptación ante las adversidades, entre los que destacan: (a) la forma en que las personas perciben el mundo y se relacionan con él, (b) la disponibilidad y calidad de los recursos sociales y (c) las estrategias de afrontamiento específicas».

Por su parte, Suniya S. Luthar, investigadora referente en resiliencia y vulnerabilidad, explica la resiliencia como un proceso dinámico que permite a las personas adaptarse de manera positiva en contextos de gran adversidad. Además, sugiere que no hay una única forma de ser resiliente. De hecho, propone que una misma persona puede ser resiliente en unas áreas de su vida y no en otras.

Aunque las definiciones de resiliencia varían según el enfoque teórico, la mayoría de los autores coinciden en una serie de elementos esenciales que la caracterizan:

- Es un proceso, no es un rasgo fijo.
- Es una respuesta a la adversidad.
- Implica una adaptación positiva.

- Se construye en relación con el entorno.
- Conlleva crecimiento y transformación.

La resiliencia es un pilar fundamental en la salud mental. Diversos estudios han demostrado que reduce la vulnerabilidad al estrés, favorece la regulación emocional, facilita la recuperación tras experiencias traumáticas y promueve un mayor bienestar psicológico. También se ha encontrado que la resiliencia está asociada a la calidad de las relaciones sociales y a la adopción de hábitos que promueven la salud mental, como el *mindfulness*, la compasión y el optimismo.

LA IMPORTANCIA DEL CONTEXTO EN LA RESILIENCIA Y EL MITO DE «SI QUIERES, PUEDES»

> No es lo que nos pasa, sino cómo interpretamos lo que nos pasa.
>
> Epícteto

En línea con la célebre cita de Epícteto, un reciente estudio (2024) del Departamento de Psiquiatría y Ciencias del Comportamiento de la Universidad de Emory (Atlanta), que examinó la resiliencia, encontró resultados que permiten afirmar que la clave no es solo lo que sucede, sino cómo responde nuestro cerebro.

Según datos como estos, podríamos decir que una vez más el cerebro parece capitanear nuestro destino. Pero esto no sería del todo cierto. Como hemos venido diciendo a lo largo del libro, si el cerebro es importante, el contexto también lo es. Y cuando hablamos de resiliencia, el entorno cobra un papel protagonista.

Los estudios y diversos autores expertos en resiliencia afirman que la capacidad para rehacerse del trauma depende de la persona y, en gran medida, del ambiente que tuvo antes y después de la experiencia adversa. Por tanto, no podemos hablar de la resiliencia como un rasgo fijo, sino como un proceso dinámico de reorganización interna que se construye a lo largo del tiempo entre la interacción de la persona y el entorno.

Esto contradice la peligrosa y falsa idea de la resiliencia como la capacidad de los adultos o los niños de salir adelante sin ningún apoyo. Es un sinsentido pensar que alguien ha de cargar con todo en soledad y que además eso le fortalecerá. ¿Puede hacerlo? Sí, en algunas ocasiones concretas. Lo que es un hecho constatado, según Cyrulnik, es que salir adelante sin apoyos genera daños neurológicos profundos en los lóbulos frontales y en el sistema límbico.

Y tener esto en cuenta adquiere especial relevancia en el momento sociopolítico global en el que nos encontramos. Asistimos con frecuencia a discursos políticos que idealizan la resiliencia como virtud comunitaria para desviar la responsabilidad política. Frases que enfatizan que la población «es fuerte y saldrá adelante» pueden funcionar como un mecanismo discursivo cómodo para gobiernos no dispuestos a asumir sus responsabilidades. El desarrollo de la resiliencia depende de redes más amplias como sistemas educativos, servicios sociales, políticas públicas que proporcionan seguridad y oportunidades.

El término resiliencia es otro de los conceptos que se ha banalizado. Se ha extendido sin filtro a la cultura popular hasta el punto de saturar el discurso público. Y esto no nos deja inmunes. Son muchos los que utilizan el término resiliencia como una virtud personal de quien logra transformarse para alentar el falso discurso motivacional del «si quieres, puedes».

Con frecuencia, quienes lo difunden utilizan como ejemplo a personajes públicos que han logrado transformar su destino y acaban convirtiéndose en figuras aspiracionales. Pero en realidad ese discurso es engañoso porque presenta la resiliencia como un superpoder individual que depende de las ganas, la fuerza de voluntad y el esfuerzo. Y no es así. Siempre que quieres no puedes.

Por tanto, alentar esa creencia es más bien un autoengaño. Y cuando no construyes desde la realidad, lo que sí construyes son falsas expectativas que te llevan a la culpa, la frustración e incluso a la decepción contigo mismo. Y no, la resiliencia no está reservada para unos pocos con dones extraordinarios. Ya hemos visto que intervienen muchos factores en su desarrollo. Así que esto nos lleva a concluir de nuevo que siempre que se quiere, no se puede. Y, es más, por mucho que se quiera.

EL PODER DEL PROPÓSITO Y LA SEGURIDAD EN LA RESILIENCIA

> Al hombre se le puede arrebatar todo, salvo una cosa: la libertad de seguir su actitud ante las circunstancias.
>
> VIKTOR FRANKL

En el desarrollo de la resiliencia en adultos es fundamental la capacidad de sostener un propósito, ese sentido profundo que da dirección a los días incluso en medio de la adversidad. Además, recursos internos como la autorregulación, la autoeficacia y el apego seguro fortalecen la capacidad de rehacerse.

El propósito se convierte en una brújula interna que permite no solo resistir, sino también reorganizarse y proyectarse hacia adelante, como lo demuestran tantas historias de quienes lograron rehacerse tras la persecución, la cárcel o el exilio.

Nelson Mandela es uno de los grandes ejemplos de resiliencia en la edad adulta. Su propósito le dio la fuerza. Pasó veintisiete años en prisión en condiciones durísimas y, aun así, jamás renunció a sus valores. En su alegato ante el tribunal de Johannesburgo en 1964 declaró: «Siempre he atesorado el ideal de una sociedad libre y democrática en la que las personas puedan vivir juntas en armonía y con igualdad de oportunidades. Es un ideal por el que he vivido y por el que estoy dispuesto a morir». Ya lo decía Friedrich Nietzsche: «Quien tiene un porqué para vivir, puede soportar casi cualquier cómo».

Y si hay alguien que mostró con su propia vida la importancia del sentido en las condiciones más extremas, ese es Viktor Frankl, psiquiatra y neurólogo austriaco. Fue deportado a varios campos de concentración, entre ellos Auschwitz. Allí trabajó en condiciones de esclavitud y se enfrentó al horror día tras día. La mayor parte de su familia, incluida su esposa, murió en la red de campos de exterminio. Aun así, Frankl sostiene que encontrar un sentido en el sufrimiento transforma por completo la experiencia del dolor. No lo elimina, pero lo hace más soportable, porque deja de ser solo herida y se convierte en parte de la propia historia vital, que puede integrarse y dar lugar a una nueva forma de comprender la vida. Este es el principio que plasmó en su obra *El hombre en busca de sentido* (1946), base de la logoterapia, y que lo consolidó como uno de los principales referentes contemporáneos en la comprensión del sentido de la vida.

Tanto Frankl como Mandela ponen de manifiesto que no se trata de escapar del dolor, sino de adaptarse a las situaciones más adversas dándole sentido. Tener un motivo es lo que te hace seguir en pie en las circunstancias más difíciles.

Ahora bien, cuando trasladamos la mirada de la resiliencia al mundo de la infancia, el centro de gravedad cambia. Para que un niño pueda desarrollar resiliencia, no basta con sus recursos internos en construcción. Necesita un contexto de seguridad que se transmite en lo cotidiano (en la forma de hablar, de jugar, de poner límites, de resolver un conflicto) y en la certeza de que, pase lo que pase, habrá un adulto disponible para él.

Esa previsibilidad en la respuesta del cuidador es la que le da confianza para explorar, regularse y enfrentarse al mundo. Sin embargo, hay niños que crecen en entornos profundamente desfavorecidos, donde no hay nada parecido a un contexto seguro.

Niños víctimas del abuso físico o sexual dentro de su propia familia, por ejemplo. Y, aun así, muchos logran forjar resiliencia porque en medio de la barbarie hay, al menos, un adulto (una abuela, un maestro, un vecino, un hermano mayor) que representa un vínculo de seguridad. Un adulto que no le suelta de la mano. Por tanto, la condición mínima y fundamental para que un niño se rehaga es que exista al menos un adulto que actúe como ancla segura en medio del caos. Además, otros factores del entorno (la escuela, la comunidad, las oportunidades de aprendizaje, las posibilidades económicas) contribuyen a fortalecer su capacidad de rehacerse. En definitiva, el adulto se rehace en el para qué que da sentido al sin sentido; el niño puede rehacerse cuando hay al menos un adulto que no lo suelta de la mano nunca.

DE LA ADVERSIDAD AL ÉXITO DE SER OPRAH WINFREY

> No importa cuán estrecho sea el portal, cuán cargada de castigo la sentencia. Soy el dueño de mi destino. Soy el capitán de mi alma.
>
> (WILLIAM ERNEST HENLEY, *Invictus*, 1875)
> Poema que recitó Oprah Winfrey a la edad de
> ocho años en la Junta Femenina de la iglesia

Oprah Winfrey es una de las mujeres más influyentes del planeta. Sin embargo, su camino hasta llegar donde está no ha sido fácil. Nació en la zona rural de Mississippi. Su madre, soltera y adolescente, la dejó con su abuela, que la crio durante sus primeros seis años de vida. Vivían en la pobreza extrema, hasta el punto de que su abuela le cosía vestidos con sacos de patatas. Y no solo eso, sino que, como la propia Oprah ha reconocido: «Me pegaban por las razones más insignificantes. El impacto a largo plazo de ser golpeada —y luego obligada a callarme e incluso a sonreír por ello— me convirtió en una complaciente de primera clase durante la mayor parte de mi vida». Aun así, su abuela fue también el sostén que le inculcó el valor de la educación y la enseñó a leer antes de los tres años. Como ella misma afirma: «Mi abuela realmente me crio para ser quien soy gracias a su creencia en la educación». También recuerda que su abuela, cuando tendía la ropa, le decía que debía aprender a hacerlo, y ella, con apenas cuatro años, sentía dentro de sí una voz interior que respondía: «No, abuela, no lo haré». Oprah tenía claro que ella quería otro camino.

Cuando su abuela enfermó, tenía seis años y la enviaron con su madre. Su destino no parecía más halagüeño. La primera noche que durmió con su madre tuvo que hacerlo en el porche de la pensión donde ella se hospedaba porque así lo ordenó la dueña. Su madre permaneció impasible, y Oprah se llenó de un profundo sentimiento de soledad. Entre los siete y los nueve años vivió con su padre. A los nueve años vuelve con su madre y hasta los doce años fue violada en repetidas ocasiones por un primo suyo. A los trece años es enviada a un centro de detención juvenil.

Los abusos continuaron por parte de un amigo de la familia y un tío. A los catorce años se quedó embarazada y, según ella misma ha contado, pensó en suicidarse.

Se marchó a vivir con su padre. El bebé murió durante el parto. Ese trágico suceso marcó un antes y un después en su vida. Fue entonces cuando su padre tomó las riendas y, entre otras cosas, la obligó a leer un libro por semana. Se convirtió en una estudiante brillante. En 1986 declaró al *Washington Post*: «Si no me hubieran enviado con mi padre, habría ido en otra dirección. Podría haber sido una buena criminal. Hubiera usado estos mismos instintos de manera diferente».

Después sus comienzos y su posterior trayectoria profesional tampoco fueron fáciles. Le dijeron que no encajaba, que no tenía la imagen adecuada para la televisión. Pero ella en cada revés creía firmemente en la fuerza de su instinto. Creer en el instinto por encima de la razón es lo que te ayuda a saber cuál es la dirección que hay que tomar. La mente racionaliza el camino, pero el instinto es el que te hace sentir el camino. Escuchar al instinto es dejar hablar a las tripas. Así, hasta la mujer que hoy conocemos, que es uno de los ejemplos más poderosos de resiliencia, conciencia personal y transformación que existen en el mundo.

A pesar de una historia de vivencias desgarradoras, Oprah es una figura que inspira por su fuerza, su coraje y su capacidad para transformar el dolor. La educación y quienes la instaron a ello se convirtieron en su salvación.

Como ella misma ha declarado, encontró la salvación en sus maestros: «Fueron los que me salvaron. Durante años, la escuela era el único lugar en el que me sentía querida. Es la razón por la que durante años quise ser maestra, poder dar a otros niños lo que mis maestros me habían dado a mí». No se convirtió en maestra, aunque cumplió ese anhelo de otra manera. Tras una reunión con Nelson Mandela a principios de los 2000, en 2007 inauguraron juntos la Oprah Winfrey Leadership Academy for Girls, en Sudáfrica, cuya misión es ofrecer un entorno educativo de excelencia a niñas con gran talento académico que provienen de contextos desfavorecidos.

Hoy, la voz de Oprah resuena no solo como periodista, sino como la mujer sensible, carismática, empática y valiente que inspira a millones de personas en todo el mundo. Su historia de vida es la prueba de que la resiliencia no consiste en negar el dolor ni en disfrazar la herida.

Como muestra su camino y ella misma ha dicho, es fundamental que existan figuras adultas que puedan cambiar el rumbo de un destino. Pero también es esencial esa parte individual que se sostiene en creer en uno mismo, dejarse guiar por el instinto, dar sentido a los días desde una fuerza mayor y recordar que no somos el resultado de las circunstancias adversas.

En definitiva, se trata de ser tú, más tú que nunca. Ser responsable de la propia vida porque como ella misma escribió en el espejo a los ocho años y siguió como mantra: «Soy el dueño de mi destino. Soy el capitán de mi alma».

UNA FAMILIA CON LA RESILIENCIA POR BANDERA

> Quien no ha afrontado la adversidad no conoce su propia fuerza.
>
> BEN JONSON

La resiliencia no solo habita en grandes nombres de la historia ni en los rostros populares de la actualidad. Hay millones de personas y cientos de miles de familias anónimas que, aun atravesando lo insoportable, logran transformar sus propias vidas e incluso dan despedida y cierre a toda una historia de trauma transgeneracional.

Te presento ahora a una familia que lleva la resiliencia por bandera. Una familia a la que he tenido el honor de acompañar en terapia muchas tardes. A quienes les guardo un cariño especial porque con ellos he vibrado lo que es la resiliencia. Coraje, valentía, amor, adaptación, entrega al dolor, aprendizaje, sentido, crecimiento, transformación... Ellos, su historia y su vida... Lo que no viene en los libros. Y es que la vida a ratos te enseña que ella no se esconde entre las líneas de los libros, sino entre las luces y las sombras de la propia existencia.

Te presento ya a Bárbara (cincuenta y cinco años), José Antonio (cincuenta y cuatro años) y Alberto (diecinueve años).

Una fría tarde de octubre en Salamanca recibo una llamada de un conocido oncólogo. El doctor César Rodríguez, a quien aprecio y admiro, me cuenta que por la mañana ha visto a Bárbara en su consulta, como cada mes de octubre, para su revisión anual. Bárbara tiene cáncer de mama metastásico desde hace doce años. Suele acudir bastante serena a sus revisiones. Sin embargo, esa mañana estaba distinta. Cuando el médico se interesó, le dijo que en agosto, el día de su cumpleaños, su hijo mayor se había suicidado. La familia lo estaba pasando mal, muy mal. Estaban en lista de espera en salud mental, pero necesitaban ayuda urgente. Por eso el doctor Rodríguez pensó en derivármelos. Al día siguiente, Bárbara, su marido José Antonio y su hijo pequeño, Alberto, estaban en Tribeca. Al abrir la puerta, me traspasó su dolor. Ellos erguidos, firmes con un silencio sepulcral. Apenas unos minutos de terapia, y se rompió la conspiración de silencio por la que estaban unidos. Como era de esperar, el dolor llegó a borbotones. También el consuelo, la empatía, la complicidad, el amor y la ayuda entre ellos hicieron despliegue. Así en todas las sesiones.

No han faltado jamás a una sesión. Se comprometieron con ellos mismos, con su dolor, y lo que parecía que no iban a superar jamás, ahora han aprendido a vivir con ello. En terapia trabajamos el trauma transgeneracional. En generaciones anteriores había un patrón que se repetía de suicidios, alcoholismo y muertes prematuras. José Antonio descubrió a su padre ahorcado cuando tenía veintidós años. Su hijo mayor había repetido la misma historia a sus veintidós años.

Durante el proceso de terapia, la vida no dejó de ponerlos a prueba: a José Antonio le diagnosticaron un tumor y Alberto sufrió un accidente de tráfico. Y ellos seguían caminando por la vida, adaptándose a las circunstancias y superándolas. Siempre muy unidos. Además, los tres tenían un fuerte sentido de la vida. Su sentido era la misma vida. Agarrarse fuerte a la vida. Ese era su para qué. Así lo expresaban. El motor diario de esos padres era seguir presentes para su hijo pequeño, y Alberto, a pesar de todo, miraba con ilusión la vida que tenía por delante.

Hoy, después de dos años, Bárbara sigue peinando en la peluquería que abrió en su pueblo. José Antonio se ha incorporado al trabajo y Alberto trabaja en una bodega en la que está contento. Además, tiene una pareja con la que lleva saliendo un año y están planeando irse a vivir juntos.

Hay historias que te sobrecogen y escapan de todos los porqués. Hay cosas que no tienen un porqué, por mucho que nos empeñemos en buscarlo. Cuando entras a la vida de las personas tan de cerca y eres tú quien, además, tiene que sostener ese baile invisible que se da en terapia, te das cuenta de que la vida es... otra cosa.

LA TOLERANCIA A LA FRUSTRACIÓN EN LOS JÓVENES

> Entrené cuatro años para correr nueve segundos y la gente se rinde si no ve resultados en dos meses.
>
> USAIN BOLT

Resulta curioso cómo al analizar el contexto, podemos darnos cuenta fácilmente de que nunca antes los niños habían estado tan protegidos como ahora. Se les tiene en cuenta más que nunca. Hoy se les escucha, se les considera y se legisla pensando en ellos. Es, sin duda, un avance de las sociedades desarrolladas que se celebra.

Además, también ahora existen más oportunidades educativas, mayor acceso a la salud, más conciencia sobre la importancia de la salud mental, la nutrición y la necesidad de entornos seguros. Nunca antes había habido tanta información disponible para padres y educadores. Sin embargo, cabe preguntarse: ¿Qué está pasando con la tolerancia a la frustración de nuestras generaciones más jóvenes?

La baja tolerancia a la frustración suele ser uno de los trabajos más frecuentes en terapia con jóvenes. Y, de nuevo, estamos ante un cambio de paradigma. Antes, permanecer en un trabajo o en una relación era sinónimo de estabilidad, incluso cuando implicaba soportar lo insoportable. Hoy, ese modelo se ha invertido: las nuevas generaciones no buscan durar a cualquier precio, sino ser coherentes consigo mismas. La generación Z tiene más claro lo que no está dispuesta a tolerar y ha puesto la salud mental en el centro. Pero el reto está en aprender a sostener la incomodidad sin huir de ella. En terapia lo veo a diario: «No me gustó cómo me hizo sentir, y me fui». A muchos les cuesta sostener la incomodidad y moverse en ella. La conversación pendiente, el límite, la pregunta, ni siquiera llegan a formularse. Da igual si se trata de un trabajo o de una relación. Lo importante para ellos, muchas veces, no es transformar lo que pasa, sino evitar el malestar. El resultado es inevitablemente ir saltando de un escenario a otro sin un cambio interno real, que hace que se reproduzca el mismo problema una y otra vez.

Lo mismo ocurre con las metas a largo plazo. Muchos se rinden antes de empezar porque confunden tardar con fracasar. Si no ven resultados enseguida, se frustran. Si duele, se retiran. Si cuesta, abandonan. En la vida hay cosas que requieren paciencia, constancia y la capacidad de seguir incluso cuando no pasa nada, cuando todo parece aburrido. Y es que si en las generaciones de nuestros padres y abuelos la prioridad era el deber y el placer quedaba reservado para cuando se pudiera, hoy sucede justo al revés. El acceso al placer es inmediato, constante y al alcance de un clic: redes sociales, entretenimiento digital, comida ultraprocesada, series de cualquier plataforma de *streaming*, pornografía, videojuegos... Vivimos en la cultura de la inmediatez. En este contexto, el deber ya no aparece como prioridad, sino como algo postergado, incómodo, casi secundario. Esta inversión de valores tiene consecuencias profundas: cuando el placer se obtiene sin esfuerzo y de manera instantánea, se debilita la capacidad de esperar, de tolerar la frustración y de sostener el esfuerzo necesario para alcanzar metas a largo plazo. También es importante tener en cuenta que nuestros jóvenes no han salido de la nada: los hemos criado nosotros.

Sea como sea, la vida no es perfecta. No es como nos gustaría que fuera. Es difícil, unas veces injusta, en ocasiones incómoda, porque la vida es un lugar real. Por eso es fundamental que muchas de las dificultades que se nos plantean las convirtamos en retos para que nuestra mente se oriente a trabajar en la solución del problema. Pocas cosas hay que enseñen tanto como la incomodidad. Y es ahí donde se crece, donde se aprende.

La clave está en comprometerte contigo mismo, en dejar de buscar atajos, en caer y levantarte las veces que haga falta. No se trata de buscar la perfección, sino de seguir incluso cuando las cosas no salen. Aceptar el derecho a equivocarse y asumir los errores con humildad.

LA RESILIENCIA EN LA GENERACIÓN Z

> Los retos son dones que nos obligan a buscar un nuevo centro de gravedad. No los pelees. Basta con encontrar una nueva forma de estar en pie.
>
> OPRAH WINFREY

Se habla mucho de la resiliencia de nuestros jóvenes, y, sin embargo, pocas veces se mira el contexto en el que les ha tocado crecer: crisis económicas, pandemia, cambio climático, incertidumbre laboral y una exposición constante a la comparación digital.

Sí, generaciones anteriores crecieron en el hambre o en la guerra, en la barbarie, en la dificultad constante. Pero precisamente esa es la trampa: quedarnos atrapados en la comparación, valorar la fortaleza de los más jóvenes con la medida de quienes sobrevivieron a contextos incomparables. Los tiempos, las condiciones y el entorno sociocultural en los que vivimos hoy no tienen nada que ver.

La generación Z ha crecido con más acceso a la educación, la información y la tecnología que ninguna otra. Han viajado más, han tenido más oportunidades para formarse, aprender idiomas, conocer el mundo. Han crecido escuchando que podrían ser lo que quisieran. No obstante, se encuentran con un muro invisible: el de una realidad que convierte la libertad en un sueño.

Según el IX Informe FOESSA, elaborado por Cáritas, dos millones y medio de jóvenes españoles viven hoy en pobreza o exclusión social. Ellos son quienes lo tienen más difícil en el modelo socioeconómico actual.

Esa es la paradoja de nuestro tiempo: una generación que lo ha tenido todo para prepararse, pero a la que le faltan las condiciones para construir una vida. Una generación formada para volar, pero que apenas encuentra cómo seguir caminando en el suelo que habita.

La evidencia actual sugiere que es esencial que comprendamos la resiliencia en la generación Z como un proceso dinámico y contextual, más que como un rasgo individual. Diversos estudios, en este sentido, han mostrado que los factores relacionales y ambientales desempeñan un papel fundamental.

Ante esta realidad pueden plantearse formas emergentes de resiliencia que no se expresan tanto en la capacidad de soportar, sino en la habilidad de reconstruir con sentido.

La generación Z es brillante, lúcida, profundamente sensible. Ha puesto en el centro conversaciones que antes se evitaban: la salud mental, los límites, la igualdad, la diversidad, el talento, el respeto, el propósito. Entre tanto ruido se atreven a hablar de lo esencial. Tal vez entre unos y otros podamos seguir colaborando para construir un mundo más consciente, más habitable, más coherente, con más sentido, más resiliente.

Quizá debamos preguntarles más qué les pasa. Nos toca detenernos y escuchar qué les está pasando, qué necesitan. Más que cuestionar la fortaleza de una generación, deberíamos cuestionar las condiciones estructurales y culturales que entre todos construimos. Una generación más conectada a las emociones y a la salud mental no puede desconectarse y hacer como si no pasara nada. No hemos avanzado tanto para ahora retroceder...

13

Ser diferente: una mente neurodivergente

¿QUÉ ES SER NORMAL?

Ser normal. ¿Qué es ser normal? Si algo aprendí en la carrera de Psicología es que lo «normal» solo es lo más frecuente. Es decir, que ser diestro es normal y ser zurdo no lo es. Y es que solo alrededor del 11 % de la población mundial utiliza preferentemente la mano izquierda. Lo mismo pasa con los ojos marrones. Tener los ojos marrones es más normal (entre un 70 y un 80 % de la población los tiene) que tenerlos azules (8-10 %) o color avellana (aproximadamente un 5 %). Así que lo normal no implica un valor en sí mismo. Lo normal significa que es estadísticamente más común. Ya está. Nada más.

Y esto aplica tanto para las características físicas como para los estados psicológicos. En este sentido, en 2018 neurocientíficos de la Facultad de Psicología de la Universidad de Yale fueron más allá afirmando que la normalidad no existe. Observaron en su estudio que no hay un único funcionamiento óptimo cerebral y, por tanto, no deberíamos aspirar a un ideal que no existe.

Cada persona tiene una configuración única con fortalezas y vulnerabilidades que forman parte de su manera natural de estar en el mundo. Lo que para alguien puede ser una dificultad en un contexto, puede convertirse en una ventaja para otro. La diversidad, por tanto, no es la excepción: es la norma. Y si la norma es que cada persona sea diferente, también es cierto que hay personas cuya diferencia es aún más marcada. Es decir, que se salen un poco más de lo habitual, de lo estadísticamente frecuente.

Aquí es donde entra en juego el concepto de neurodivergencia. Este término fue descrito por primera vez en 1998 por la socióloga Judy Singer para romper con el paradigma de la psiquiatría tradicional que tiende a patologizar la diferencia. La neurodiversidad implica reconocer que no existe un único modo supuestamente correcto de funcionamiento cerebral. Rompe con la vieja costumbre de dividir al ser humano en dos grupos: los «agraciados» por su supuesta normalidad y los marcados con la etiqueta de «patológicos» solo por funcionar de manera diferente.

¿QUÉ ES LA NEURODIVERGENCIA?

> Si uno es diferente, está destinado a sentirse solo.
>
> Aldous Huxley

La neurodivergencia hace referencia a las diferencias en el funcionamiento neurológico que forman parte natural de la diversidad humana. En otras palabras, los cerebros que se configuran y entienden el mundo de una manera diferente. No es un diagnóstico en sí mismo, sino una manera de describir que no todos los cerebros aprenden, piensan, procesan y perciben el mundo de acuerdo con lo que se entiende por normal.

La neurodivergencia engloba condiciones como el TDAH, el autismo, sinestesia o las altas capacidades. También existe lo que se conoce como doble excepcionalidad, que es tener dos o más formas de neurodivergencia. Por ejemplo, TDAH y altas capacidades.

De nuevo el contexto vuelve a desempeñar un papel relevante. Porque a ese cerebro que llamamos normal o neurotípico es al que se considera que tiene un funcionamiento común (más frecuente) dentro de la sociedad. Es decir, que la manera de pensar, de comportarse y de ver el mundo coinciden con las expectativas sociales de la mayoría. Sin embargo, un cerebro neurodivergente es ese que aprende, se comunica y percibe el mundo de una manera diferente. No lineal. Un cerebro que tiene un entramado emocional distinto, con una sensibilidad diferente.

Llegados a este punto, en el que se estima que alrededor del 20 % de la población tiene alguna condición de neurodivergencia, podríamos decir que es más normal tener un cerebro neurotípico que uno neurodivergente. Igual que es más común tener ojos marrones, es más común tener un cerebro de funcionamiento neurotípico. Hasta ahí llega la normalidad. Hasta la frecuencia, como hemos dicho.

Ante esta realidad, es fundamental reconocer y tener en cuenta la neurodivergencia, especialmente cuando hablamos de niños. Identificar que un niño presenta alguna condición de neurodivergencia permite comprender la diferencia en su forma de aprender, comportarse, regular sus emociones o relacionarse. Y desde ahí integrar la diferencia como parte esencial de quién es. Integrar la diferencia en su identidad es acompañar a alguien a sentirse comprendido para florecer, y transmitirle el mensaje más importante: que no necesita cambiar para encajar, sino que necesita ser aceptado para ser.

Conocer la neurodivergencia ofrece a familias y escuelas la posibilidad de adaptarse a sus necesidades reales. Significa diseñar planes de estudio y entornos educativos que no intenten forzar al niño a encajar en los moldes de la «mayoría», sino que respeten y potencien su manera única de pensar, sentir y aprender. Y significa también brindarles herramientas para comprender su diferencia, promocionarla y aprender a integrarla como parte valiosa de su identidad.

Reconocer la neurodivergencia en la infancia no es un detalle menor: es una cuestión que puede cambiar por completo la historia de una persona. Porque los niños que crecen sin que se entienda su manera única de aprender, sentir o relacionarse, no solo se enfrentan a la incomprensión, sino que muchas veces cargan con años de mensajes, implícitos o explícitos, de que algo en ellos «está mal». O lo que es lo mismo, que algo en ellos «no está bien».

«AYÚDAME A SER NORMAL»

> Si siempre intentas ser normal, nunca sabrás lo increíble que puedes llegar a ser.
>
> Maya Angelou

«Ayúdame a ser normal» es la demanda explícita de muchos niños con neurodivergencia de ayer, convertidos hoy en adultos.

Es frecuente que lleguen a terapia con una herida común que les hace expresar su profundo deseo de ser «normales». No son pocos los que manifiestan «quiero ser normal» con una mezcla de tristeza y frustración, por no haberlo sido nunca y por no conseguir serlo, por más que lo intenten. Aun así, guardan la esperanza de algún día «ser normales». Ser como la mayoría es su mejor fantasía. En ser normal se encuentra, para muchos, la esperanza de aliviar el sufrimiento de ser diferente.

Es como si, en su intento por ser aceptados, se negaran a sí mismos, rechazando aquello que los hace únicos. Como si sintieran vergüenza de su propia forma de ser, anulando sin saberlo las infinitas posibilidades que habitan en ellos. Porque lo que perciben como una debilidad, en realidad, es su don. Su sensibilidad, su creatividad, su forma distinta de pensar y de ver el mundo. Eso que los hace ser tan únicos. Como ya podrás intuir, querer ser normal se convierte en una meta imposible. Uno nunca puede ser lo que no es.

He visto en cientos de personas ese anhelo de ser normal por la necesidad básica de pertenecer. Pertenecer al grupo. Al grupo que sea. Ya sea la familia, el barrio, la escuela, el pueblo, el trabajo... Lo importante es pertenecer.

Si se ha crecido en un contexto que no entiende lo distinto y, además, no lo ha respetado, lo más probable es que esa diferencia se viva con dolor. Pero incluso cuando la diferencia ha sido comprendida y estimulada, vivir con neurodivergencia implica afrontar retos adicionales al moverse en un mundo diseñado para los «normales». Es decir, para la mayoría de la gente.

Ser diferente da miedo porque te quedas solo. Da mucho miedo pensar, ver, sentirse diferente sobre todo en un contexto en el que hay pocas personas como tú porque te sientes raro. Eso te deja, en repetidas ocasiones, fuera de la convención social. También de la conversación que muchas veces se vuelve demasiado horizontal y resulta agotadora. Así que toca elegir o te quedas solo o te adaptas.

Adaptarse al entorno es la estrategia de supervivencia más común en las personas con neurodivergencia. Ya lo dijo Darwin: «La adaptación es la clave de la supervivencia». De la supervivencia. Pero encajar suele pasar factura. El precio es, entre otros, la salud mental. Porque uno puede adaptarse, incluso vivir toda la vida adaptado, pero como dijo Krishnamurti: «No es signo de buena salud el estar bien adaptado a una sociedad profundamente enferma». Sea como sea, lo que no se puede es ser quien uno no es.

Encontrar caminos propios se convierte en un desafío para la neurodivergencia. Muchas veces supone crearse un mundo nuevo, un camino distinto que no está inventado.

Muchos artistas, creadores, pensadores y visionarios tienen una mente neurodivergente. También quienes innovan en la ciencia, en la tecnología o en los negocios. Mentes que no siguen las reglas, sino que las reinventan. Personas con mentes que piensan fuera del marco, que cuestionan lo establecido y crean caminos donde no los hay. Su forma de mirar, de sentir y de crear no nació para encajar, sino para expandir los límites de lo posible.

Entender cómo funciona el mundo de cada persona nos ayuda a comprender y a ponernos más en el lugar del otro. Nos ayuda a respetar, a no juzgar. A no intentar «arreglar» a alguien que no está roto. Nos recuerda que vivimos en un mundo diverso, donde todos deberíamos tener el espacio de ser.

Tampoco hay que romantizar la neurodivergencia y menos aún encasillarse en ella. Algunas de las personas que veo en consulta se sienten orgullosas de «ser neurodivergentes». Otras, atormentadas por el mismo motivo. Sea como sea, los seres complejos que somos no podemos definirnos a través de una categoría se llame como se llame. Creo que las categorías nos limitan. Nos encierran.

Lo importante no es definirse ni limitarse, sino conocerse. Y saber si existe una condición de neurodivergencia puede ser una manera de conocerte mejor. Conocernos nos ayuda a entender necesidades, comprendernos, tomar decisiones más conscientes y, en última instancia, a vivir con mayor coherencia.

Quizá acercarnos a la neurodivergencia desde la curiosidad, la empatía y las ganas de integrar la diferencia sean los primeros pasos de un camino que acaba de comenzar. Un camino del que nos queda mucho por comprender, aprender y recorrer.

14

Mi bolsa de valores

Cuando tus valores están claros,
tomar decisiones es más fácil.

ROY E. DISNEY

Cada día sabemos si el IBEX 35 sube o baja, si el dólar se dispara o si la bolsa entra en caída. Pero me da la sensación de que pocas veces nos detenemos a pensar en nuestra propia bolsa de valores: ¿qué principios rigen mi vida? ¿Qué se pone en juego cuando me los salto? ¿Dirías que alguna vez te has traicionado?

Los valores no son metas ni logros que se tachan en una lista. Los valores son la brújula interna que da sentido a todo lo demás. Nuestro cerebro nos organiza la vida en torno a ellos. Por ejemplo, para quien sea fundamental la paz de vivir en su pueblo intentará quedarse a vivir allí. Tener en cuenta que cada uno da su significado particular a los valores nos ayuda a rebajar el juicio y a ver al otro por encima de estándares impuestos.

También es importante considerar la escala de valores. No todos los valores pesan lo mismo para todo el mundo ni están al mismo nivel dentro de cada persona. En la escala de cada persona hay valores que ocupan los primeros puestos y otros quedan en un segundo plano. En función de esa jerarquía tomamos decisiones, elegimos acciones y pasamos por alto unas cuestiones mientras otras son innegociables. La escala puede cambiar con las diferentes etapas de la vida, las experiencias o las circunstancias.

Los valores también son ancla cuando la vida te da algún revolcón. Investigaciones sobre resiliencia muestran que las personas con valores claros y un propósito definido tienen más capacidad de recuperación tras traumas o pérdidas. Los valores no eliminan el dolor, pero sí ayudan a amortiguarlo y nos permiten ser más creativos a la hora de encontrar salidas o resolver problemas. Son asimismo una brújula en la incertidumbre. Cuando no sabes qué decidir, preguntarte qué opción se alinea más con lo que valoras puede darte claridad. Moverte desde ahí es vivir en coherencia. De no hacerlo, las consecuencias de las decisiones, sobre todo si son a largo plazo, pueden convertirse en una negociación constante contigo mismo.

Saltarte tus valores es saltarte a ti mismo, porque valores e identidad están profundamente interrelacionados. Mientras los valores son los que nos ayudan a evaluar si algo merece la pena en términos de tiempo, atención y esfuerzo, la identidad nos permite distinguir si esas decisiones y acciones nos representan («soy yo» o «no soy yo») o no. No se trata tampoco de limitarte a hacer cosas que solo encarnen tus valores. Eso sería una rigidez asfixiante. En la diversidad está la oportunidad.

Sin embargo, una cosa es eso y otra muy distinta vivir en contra de tus valores. No importa que tengas hábitos matutinos saludables, que medites o salgas a correr cada día. Si vives de espaldas a ti, tomando decisiones y viviendo una vida en contra de lo que de verdad es importante para ti, tu sistema nervioso estará en alerta. La factura será el vacío, la ansiedad o la desconexión.

Vivir alineado con tus valores es vivir en coherencia. Y esa coherencia es una de las claves más importantes para vivir con salud mental. Tu sistema nervioso necesita paz. Para ello es fundamental que esté regulado. Por tanto, no se puede seguir diciendo sí cuando quieres decir no, no puedes seguir priorizando lo que quieran otros por encima de lo que quieres tú y no se puede callar todo el tiempo para evitar conflictos. Simplemente, no se puede ser sin ser.

¿CUÁLES SON TUS VALORES?

A continuación te propongo un ejercicio para profundizar en cuáles son tus valores, identificarlos y plantear un plan para vivir en coherencia con ellos. ¿Empezamos?

1. **Identifícalos**

   ¿Podrías empezar por identificar tus valores? ¿Qué es importante para ti en tu vida? Piensa en las personas que más admiras, recuerda tus experiencias pasadas y qué te hace feliz, de qué sientes orgullo. ¿Qué te da paz interior? Haz una lista y después ordénalos en las celdas más exteriores de estos cuatro subapartados. Trabajo, ocio, relaciones y salud y crecimiento.

   Te dejo por aquí algunos ejemplos:

   Trabajo: justicia, dedicación, logro.

   Ocio: diversión, experiencias, aventura

   Relaciones: conexión, amor, equidad, respeto

   Salud y crecimiento personal: equilibrio, ejercicio, presencia y armonía

2. **¿Cómo de conectado estás a tus valores en tu día a día?**

   Marca una X en la diana según cómo vivas tus valores a diario. Si marcas la casilla más cercana al centro de la diana, significa que este valor lo pones en práctica a diario. Si, por el contrario, marcas las casillas más próximas al círculo exterior de la diana, significa que no estás viviendo en coherencia con ese valor. Es decir, que por ahora es más un deseo que una realidad.

3. **Haz un plan para vivir en coherencia con tus valores**

Cuando mires tu diana, pregúntate:

¿Estoy satisfecha con la coherencia que hay entre mis valores y mi vida actual?

¿Sientes que estás alineada?

Si tu respuesta es no, entonces es el momento de crear un plan de acción para vivir fiel a tus valores e ir moviéndolos (moviéndote) hacia el centro de la diana.

Quizá necesites pasar menos tiempo con personas o en entornos que te drenan la energía, quizá tengas que poner límites a una relación en la que te sientes desgastada o quizá necesites cuidarte más. Sea lo que sea, recuerda que estar alineada con tus valores es una manera de estar en paz y armonía contigo.

EJEMPLO:

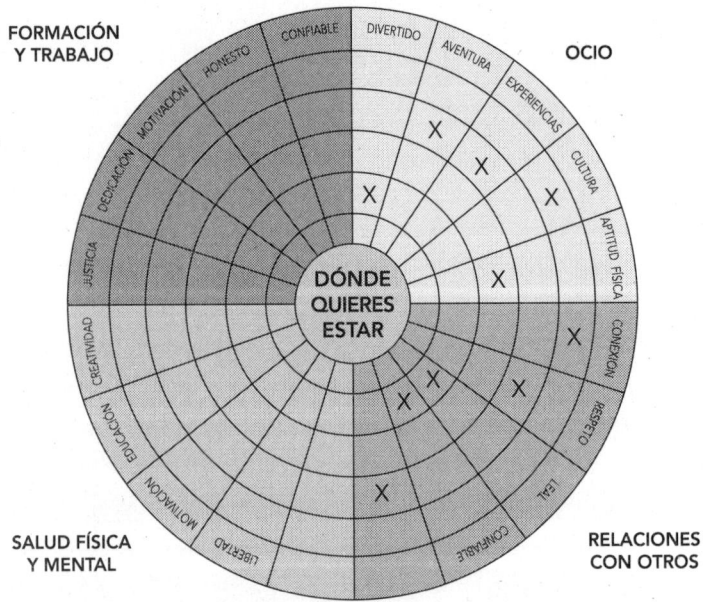

FORMACIÓN Y TRABAJO · OCIO · RELACIONES CON OTROS · SALUD FÍSICA Y MENTAL

DÓNDE QUIERES ESTAR

AHORA TÚ

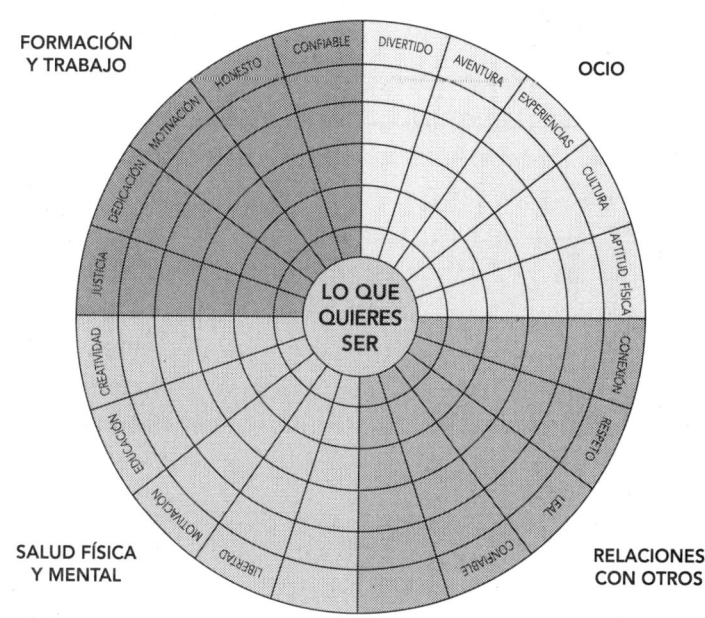

FORMACIÓN
Y TRABAJO

OCIO

SALUD FÍSICA
Y MENTAL

RELACIONES
CON OTROS

15

El secreto mejor guardado del éxito es el talento

EL FRACASO DE PERDERTE EN EL INTENTO DE SER QUIEN NO ERES

No te puedo dar la receta del éxito, pero sí te puedo decir que el fracaso se parece mucho a querer ser quien no eres. Vivimos en un momento en el que millones de personas están buscando sentirse mejor. Queremos cuidar nuestra salud, tener un trabajo que nos llene, construir relaciones que funcionen, sentir bienestar emocional, crear hábitos saludables, vivir con menos estrés y alcanzar la estabilidad económica. En definitiva, somos una sociedad que queremos saber más para estar mejor. Y en esa búsqueda de respuestas consultamos libros, reels, cursos o pódcast. Todo es de ayuda para vivir mejor.

¿Pero no te da la sensación de que entre tanto consejo, método infalible y fórmula mágica nos perdemos muchas veces? ¿No te ha pasado que por mucho que intentas seguir lo que a esa persona le va tan bien, a ti no te funciona? ¿Y no has pensado alguna vez: «Si esto le funciona a la gente, ¿por qué a mí no?». Puede ser que incluso te hayas culpado por tu falta de disciplina o por tu escasa fuerza de voluntad. Y a lo mejor hasta crees que ya lo has intentado todo y que tú no eres capaz.

No es eso, no es que no seas capaz, es que quizá el método

que estás aplicando a ti no te funciona. Da igual si eso que quieres lo viste en un reel, en un curso motivacional o te lo contó encantada tu compañera de trabajo. Muchos de esos métodos están basados en el éxito de otras personas. En cómo lo han conseguido ellas. Ese es *su* éxito. Pero a ti no te funciona porque tú no eres una copia de esas personas.

¿No crees entonces que si sigues aplicando la fórmula de alguien que tú no eres seguirás sin conseguir lo que quieres? ¿No será que, en el fondo, lo que te deslumbra no es el método, sino lo que ellos han conseguido (éxito, dinero, belleza, estatus, salud, reconocimiento...)? ¿Será entonces que tú lo que quieres son algunos de esos resultados? Aspirar a lograr metas, objetivos y resultados es un deseo lícito. El problema no es desear, sino empeñarte en recorrer el camino de otros. Solo vas a lograr lo que quieres siendo quien eres o asumiendo que ya eres quien quieres ser. El deseo de tener sin ser nos vuelve vulnerables hasta el punto de acabar perdiéndonos por el camino de no ser, y eso tiene consecuencias.

Ahora bien, es cierto también que para recorrer tu camino tienes que mirarte a ti. Tienes que ir hacia dentro. Escucharte. Abrirte en canal. Descubrirte. Asumir tu propio camino. Responsabilizarte. Tomar decisiones difíciles. Hacer renuncias importantes. Esto no suena tan bonito ni se siente tan grandilocuente como para prometerte que en veintiún días vas a transformar tu vida, que vas a manifestar lo que quieras o que solo necesitas «seguir estos cinco pasos para ser imparable». El mensaje de conectar con el mundo interno y descubrirte no suena tan atractivo ni le aporta ese halo de misticismo. Eso sí, es más real.

Quizá la necesidad de soluciones rápidas o la admiración por quien nos dice lo que tenemos que hacer podría explicar que hoy en día los libros más vendidos sobre el éxito se centran en la idea de que el talento está sobrevalorado, que cualquiera puede lograr cualquier cosa si se esfuerza lo suficiente, tiene actitud y disciplina. Es decir, el «si quieres, puedes» en acción vemos cómo obvia el talento. Y aquí te hago una pregunta: ¿de verdad crees que

Rafael Nadal, con su esfuerzo y su disciplina inquebrantables, podría haberse convertido en un número uno de la música? ¿Piensas que Rosalía, con toda su obsesión por trabajar y perfeccionarse, podría ser ingeniera aeroespacial de primer nivel solo por proponérselo? ¿Dirías que Pau Gasol podría haber sido un gran pianista? Ves el tamaño de lo absurdo, ¿verdad?

Pues esta es la evidencia de que el esfuerzo no lo es todo y si antes decíamos que el contexto importa, ahora decimos que el talento es fundamental. El secreto mejor guardado del éxito es el talento. No hablo de superdotados ni de premios ni de notas brillantes, sino de identidad expresada. Es fundamental que descubras y expreses tus talentos. Eso es lo que te permite vivir alineada con tu verdad y hacer con honestidad.

No existe un método universal. Tampoco alguien que pueda decirte exactamente cómo vivir. Cualquier ayuda, cualquier herramienta, cualquier guía solo es útil si te acompaña *dentro del camino de ser tú*. Un método sin ti es una promesa vacía. El único éxito real es el éxito de ser tú y eso pasa por meter tu talento en el método.

¿Y QUÉ ES ESO DEL TALENTO?

El talento es esa habilidad tan única tuya. Eso que haces con naturalidad. Tan natural que ni te das cuenta de que es especial. Eso que los demás observan y te dicen: «*Wowwww*». El talento es eso que te sale solo. Y, a veces, resulta tan fácil para ti que piensas: «¿Esto tiene valor? Si para mí es fácil». Y, claro, resulta que es natural para ti, por eso parece tan fácil. Y ahí es donde mucha gente se confunde. Ahí está la trampa: como crees que no te cuesta, piensas que no vale.

A lo largo de mi carrera como psicóloga he visto a cientos de personas viviendo vidas que sienten insatisfechas o con una constante sensación de frustración porque no hacen lo que son.

Dicho de otro modo, porque en sus trabajos en los que pasan la mayor parte de su vida no expresan sus talentos y los dejan para el tiempo libre. Esto lo observo especialmente en personas con un talento creativo descomunal que se dedican a trabajos muy procedimentales, rígidos y normativos, y que viven apagándose en estructuras que poco tienen que ver con la creatividad.

DOS HISTORIAS DE TALENTO

> Soy una de esas personas afortunadas que no ven en el trabajo una obligación o la manera de pagar facturas, sino una vía de crecimiento, conocimiento y superación personal.

> RAQUEL FIDALGO, actriz

La primera que te quiero contar es la historia de Manuela, una mujer demasiado talentosa y con una sensibilidad digna de muy pocos. Ella pinta. Y cuando pinta, sus cuadros tienen tanta fuerza como ella. Manuela es capaz de recrearse en la belleza porque esa es su mirada del mundo. Además, su familia tiene un restaurante y ella es quien ha diseñado las mesas. No solo eso. Se fue a la fábrica, eligió los materiales, trabajó codo con codo con el herrero, tocó el metal, lo imaginó, lo transformó. También diseñó un árbol de Navidad forjado en hierro. Una pieza única que cada diciembre decora la entrada del restaurante. Manuela tiene un don estético. Una mirada especial. Donde otros ven un mueble, ella ve una experiencia. Donde otros ponen una planta, ella crea un rincón que abraza. Tiene esa capacidad —que pocas personas tienen— de darle alma a los espacios.

¿Y tú crees que Manuela se dedica a crear? ¿Crees que ella vive de algo relacionado con el arte, que es su pasión? Como puedes imaginar, no.

Manuela trabaja como técnico superior en un ministerio cualquiera del Gobierno de España. Un trabajo que suena a serio, estable, convencional y responsable. Como debe ser. Así piensa ella que debe ser. Claro que es lo que piensa por fuera, porque por dentro, en lo más profundo de ella, no lo ve así. De hecho, le entristece no saber cómo manifestar su talento y que sigan pasando los días al servicio de papeles de oficina. Mientras ella siente que su vida pasa y ella se está quedando atrás.

Sin embargo, no es de extrañar que Manuela viva en esta confusión. Sus creencias van, por un lado, sus emociones por otro y lo que hace sigue estando en línea con lo de siempre: el trabajo real es el que cuesta, el que te agota.

Manuela no se permite imaginar que el disfrute pueda ser una forma de vivir, incluso se resiste a ello. Porque en su mundo interno, donde hay disfrute no hay valor. Y donde hay sufrimiento, hay mérito, hay reconocimiento. Ahí es donde se reconoce. Y ahí es donde siente que su familia la valora. Esa familia que tiene forjado en la piel el valor del esfuerzo.

Pero también es ahí donde Manuela se pierde, se desconecta de sí misma. Donde da vueltas a un círculo de carencia que la desestabiliza continuamente y que es la base de su sufrimiento. En definitiva, es como si en el mundo de Manuela estuviera prohibido ser.

Son muchas las personas que se dedican al mundo del arte (música, cine, escritura, pintura, baile) que tienen que recorrer caminos incómodos: sin mapa, sin estructura, sin garantías. Caminos donde, antes de apostar por lo que aman, tienen que descubrirse, sostenerse y creer en sí mismas incluso cuando nadie más lo hace. Y esto no es raro porque el mensaje social suele ser que el camino convencional es seguro, mientras que el creativo no garantiza el futuro o no tiene salidas. Una vez más, se nos enseña a «hacer» antes que a «ser». A elegir una carrera, un futuro, un empleo, mirando más hacia afuera que conectándonos por dentro. Con ese discurso aprendido, muchos jóvenes comienzan carreras que poco tienen que ver con ellos, y esto acaba por acarrear problemas de salud mental. Por eso, en segundo lugar, te comparto también el caso de Gorka.

Gorka tiene veintidós años. Ha comenzado tres carreras distintas: Ingeniería, Medicina y Derecho. Carreras convencionales con el futuro asegurado, según le decían. Desde pequeño le dijeron que ser notario o cirujano le daría prestigio, dinero, y estabilidad. Él obedeció el guion e intentó adaptarse, pero no podía. Su salud mental empezó a deteriorarse: ansiedad por las nubes, sensación de fracaso constante, agravada porque, dadas sus altas capacidades, su entorno no entendía cómo «alguien tan inteligente» abandonaba las carreras. Y es que con la sensibilidad y el talento de Gorka aquello no tenía el menor sentido por mucho que lo intentara. Aquella vida no era la suya. Desde niño, su sueño siempre había sido la música. Cuando lo planteó le decían que «eso no da dinero», «que lo mejor es una carrera», «que la música para el tiempo libre».

Gorka tiene un pequeño estudio de música en casa desde hace años. Después de trabajar todo el impacto emocional que esto dejó en él, y de empezar a escucharse, a entenderse y a reconocerse, tomó un camino alineado con su talento. Hoy está terminando un curso de producción musical en Madrid y, al mismo tiempo, ya está haciendo algunos trabajos relacionados con la música.

Deberíamos saber más sobre el talento: cómo reconocerlo, cómo escucharlo y cómo permitir que se exprese. En realidad, el talento es parte de la identidad. Somos nosotros en movimiento.

Cuando no tienes claro tu talento, te arriesgas a adaptarte a lugares en los que no vibras. En los que te desgastas, te apagas, en los que soportas, pero no te hacen feliz. Vivir de espaldas al talento o reservarlo para el tiempo libre es una de las heridas más comunes del ser. El efecto suele ser tener una vida que se siente pesada, cansada o insatisfecha. Renunciar a tu talento es renunciar a ti.

ABRIRSE PASO EN LA ERA DEL TALENTO

El talento elige, no la empresa.

Luis Carlos Collazos

«Pero ¿cómo puede ser que ganen ese dineral por no hacer nada?». «¿Le pagan solo por subir una foto con una crema?». «¿Y a ese le pagan millones por dar patadas a un balón?». «¿A la otra por bailar y subir vídeos a TikTok?». «¿Ese chaval, con veinticinco años, CEO de su propia empresa? ¡Qué sabrá ese de la vida!». «¿Y esa, que se salió de un programa de televisión y ahora es una superestrella? Cualquier cosa es una estrella hoy en día». «¿Y encima se quejan? Si lo tienen todo: fama, dinero, no trabajan...». «Anda, que a esos les enseñaba yo lo que es trabajar de verdad».

¿Te suenan algunas de estas frases? ¿Las has oído alguna vez? ¿Lo has pensado? Pues bienvenido, bienvenida a la era del talento. Aquí estamos. Aquí vivimos.

Algo está cambiando. Vivimos un cambio de paradigma y no todo el mundo lo está entendiendo. Hay una parte de la sociedad que evalúa este nuevo mundo con los códigos antiguos del sacrificio, el esfuerzo y el mensaje implícito de que cuanto más haces, más vales. Y por eso a muchos no les salen las cuentas. Hoy el mundo ya no gira alrededor del hacer exclusivamente.

Vivimos en medio de una transición entre las expectativas que tenían las generaciones pasadas sobre nosotros y la realidad que vivimos. Somos el orgullo de padres, abuelos y familias enteras por haber estudiado cuando muchos no pudieron hacerlo. Nos hemos esforzado, como nos enseñaron, y nos hemos dejado la piel en aprender de nuestras profesiones más y más. Somos parte de la generación más preparada. Y, sin embargo, el mercado laboral no puede absorber a la generación más preparada de la historia.

Curiosamente, al mismo tiempo están surgiendo profesiones nuevas, inimaginables hasta hace muy poco. Influencer, tiktoker, youtuber, community manager, creador de contenidos... Otras que sucederán y ni llegamos a vislumbrar. Incluso en las profesiones que podríamos considerar tradicionales (médico, cocinero) hay quienes han decidido dar un giro a sus carreras. No es raro ver a médicos cambiando el fonendo por el micrófono. Y no precisamente para dar una ponencia en un congreso de medicina, sino para subirse a una tarima y hablar a miles de personas sobre salud, hormonas y felicidad. Tampoco sorprende ya ver a chefs que han dejado los fogones para convertirse en gestores de su propia marca personal, llevándola más allá de su restaurante de estrella Michelin. El mundo se ha reinventado y no va a parar de hacerlo.

El trabajo cambió. El talento se diversificó. Y con ello también se transformó el sentido de la productividad. Porque en este nuevo escenario, la productividad entendida como lo fue durante décadas (basada en horarios fijos, rutinas lineales y rendimiento constante) ya no tiene sentido para todo el mundo. Hoy muchas personas trabajan desde su genialidad única. Desde su pasión. Desde su identidad. Estas personas no viven para trabajar ni trabajan para vivir, sino que viven siendo.

Y justo aquí es donde reside la oportunidad. El talento democratiza porque nos iguala en lo esencial. No importa de dónde vengas ni qué etiquetas te hayan puesto; cuando tu talento se expresa, abre caminos que antes no existían. Es la oportunidad de poder ser, de mostrar tu verdad sin pedir permiso.

Nuestras generaciones pasadas nos criaron con el anhelo de que fuéramos libres. Es verdad que hoy no siempre podemos elegir la casa que soñamos o amueblarla como queremos, pero sí podemos elegir quiénes somos. Por eso, no podemos quedarnos atrapados en la frustración de que, a pesar de haber estudiado una carrera, no tenemos el trabajo soñado ni la vida prometida. Eso pertenece a otro tiempo. Ya no se trata de encajar, sino de atreverse a ser. Hoy tu talento es el que te abre el camino. El talento es ser y ahí está la llave maestra que abre todo lo demás. Cada vez hay más personas que viven desde la autenticidad de ser. Estamos asistiendo a la revolución de ser.

TUS TALENTOS

Para terminar, solo te voy a pedir que seas honesta contigo. Detente un momento y mírate con verdad. Es el momento de hacerte una pregunta. ¿Estoy viviendo mi vida conectada a mis talentos? o ¿estoy conectada a lo que aprendí que «debía» hacer? Reconocer tus talentos es un ejercicio de identidad. Ahora te toca a ti:

- Nómbralos sin miedo.
- Reconócelos sin rebajarlos ni un ápice.
- Abrázalos sin permiso.

A partir de aquí la dirección es clara: vivir desde el talento, ponerlo al servicio y potenciarlo día a día.
Recuerda que cuando vives conectada al talento, no fuerzas: fluyes.
No imitas: creas.
No encajas: Eres.

16

Mentalidad

CREER EN UNO MISMO: UNA CUESTIÓN DE *MINDSET*

> Tenemos que creer. Creer. Creo que deberías
> creer en todo. Tratar de cambiar las cosas. Y por
> supuesto, el resto es dedicación, trabajo duro.
> Tienes que implantar en tu mente que somos
> capaces de cambiar las cosas y creer en tu talen-
> to. Creo que es el punto principal.
>
> CRISTIANO RONALDO

¿Sabías que a *Walt Disney* lo despidieron de un periódico por falta de imaginación y buenas ideas? Y ¿qué hubiera sido? ¿Qué hubiera sido si no hubiésemos conocido a Karol G porque se hubiese rendido ante el mensaje constante de que la música urbana
era cosa de hombres? ¿Cuánta magia se hubiese perdido el mundo si J. K. Rowling no hubiese llevado su manuscrito de editorial
en editorial? ¿Te imaginas un mundo sin el *Let It Be* de los Beatles,
a los que les dijeron «no» en las audiciones de Decca Records?

Seguramente, si no hubiésemos conocido a personajes como
ellos, como tantos otros y como tantas y tantas personas de a pie
que desafían los límites de su propia existencia cada día, creeríamos

que quedarse a merced de las circunstancias es la única opción posible. Todos ellos han hecho del lema «quien no arriesga no gana» un modo de vida y son el extremo opuesto de aquellos que viven instalados en el «quien no arriesga no pierde nada». En resumen, que puedes protegerte tanto de la vida que te la acabes perdiendo o puedes asumir el vértigo, apostar por tus sueños y descubrir que el mayor riesgo no está en intentarlo, sino en no hacerlo.

Hay diferencias fundamentales entre quienes se lanzan a por sus sueños y quienes nunca lo intentan. Independientemente del resultado, quienes lo intentan, pase lo que pase, no son necesariamente quienes más talento tienen ni los más apasionados. La clave está en creer. Creer en ti es la clave. En tus talentos, en tus ganas, en tu esfuerzo. Tener fe y estar dispuesto a atreverse a derribar los límites de tu mente. Creer que es posible. Creer y confiar es la clave. Ese es el primer paso. De ahí en adelante consiste en seguir y seguir. La clave para ir a por lo que quieres y persistir en ello se llama mentalidad.

La mentalidad, o *mindset*, no es otra cosa que tu manera de pensar. Así de simple. La forma en la que te ves a ti mismo y el mundo más allá de las circunstancias. Cómo interpretas los retos y tus posibilidades. La mentalidad es la que hace que veas los errores o las cosas que no salen bien como obstáculos o como oportunidades. Es la que en las adversidades hace que te rindas o sigas adelante.

La mentalidad nos hace únicos. Es nuestra forma de ver el mundo de manera particular, independientemente de las circunstancias. Es sostener una visión por encima de los resultados. Es la que hace que sigas conectada con los sueños a pesar de lo que digan los demás. Te ayuda a mantener el compromiso cuando te faltan las ganas. Es la ilusión de saber que volver a empezar es lo mismo que seguir. Es algo parecido a eso que decía Winston Churchill: «El éxito es ir de fracaso en fracaso sin perder el entusiasmo». La mentalidad es el puente entre el talento y los sueños.

Esto es lo que explicaría que una persona como Oprah tuviera el coraje de seguir a pesar de la adversidad. Por eso Cristiano Ronaldo, nacido en un entorno desfavorecido, se ha convertido en uno de los mejores futbolistas de la historia. Y si tenemos un maestro del *mindset* en España ese es Rafa Nadal. Ha demostrado una y otra vez que la fortaleza mental pesa tanto como el talento. Su trayectoria es la prueba de que la mentalidad es lo que te impulsa a llegar a la cima y mantenerte en ella cuando la vida te da un revés. Esos momentos exigen devolver el golpe levantándote una y otra vez. La mentalidad es la que te hace seguir adelante con humildad, compromiso y una dirección clara, alineada con tu propósito. Y conviene recordar que la mentalidad no es algo para llegar a ninguna parte. En concreto, para llegar al éxito. Esto no va de eso, sino de propósito. Va del éxito de ser tú. Tu *mindset* determina tu manera de vivir de por vida.

¿Tu mentalidad te está impulsando o te está saboteando? Si te sabotea, ¿cuánto más vas a permitirlo?

MENTALIDAD FIJA VS. MENTALIDAD DE CRECIMIENTO

Actuar es una exploración continua del misterio del comportamiento humano, que es un pozo sin fondo de aprendizaje. Hay que ir por la calle observando, sentarte en un restaurante y estar con un ojo en lo que está pasando en las otras mesas. Es una curiosidad que solo está relacionada con querer entender nuestra conducta y por qué no hay dos personalidades iguales. A mí eso me parece fascinante, así que nunca podría dejar de ser el observador para convertirme únicamente en el que es observado. Creo que sin eso sería imposible dedicarme a la interpretación, disfrutar de ello y seguir aprendiendo.

PENÉLOPE CRUZ

La mentalidad es como un músculo. Puedes entrenarla cada día. Carol Dweck, profesora de Psicología en Stanford, distingue entre dos mentalidades:

- Mentalidad fija: cuando alguien tiene una mentalidad fija cree que sus habilidades básicas, incluso su inteligencia, son cosas fijas que tienen un límite, no se puede cambiar y algunos tienen suerte y otros no.
- Mentalidad de crecimiento: cuando alguien tiene una mentalidad de crecimiento cree que hasta sus habilidades más básicas pueden mejorarse con entrenamiento, buenas estrategias, aprendizajes, profesores y otros recursos. No piensan que todos sean iguales ni que llegarán a ser genios, pero son conscientes de que pueden desarrollar sus habilidades.

Es importante tener en cuenta que todos tenemos las dos mentalidades. No es que unos tengan mentalidad fija y otros mentalidad de crecimiento. Puede ser que cambiemos de una mentalidad a otra según el momento. Por ejemplo, una persona que tiende a tener más mentalidad de crecimiento, si se enfrenta a un reto muy importante, puede pensar que «no tengo las habilidades suficientes», «quizá hago el ridículo...». De nuevo el contexto es muy importante. Muchas cosas a nuestro alrededor pueden llevarnos a tener una mentalidad fija incluso cuando tendemos a una mentalidad de crecimiento.

Dweck resalta la importancia de que nuestros hijos aprendan con mentalidad de crecimiento en un mundo en el que reina la incertidumbre para que no se sientan superados ante los cambios constantes y los retos.

Algunas de las características propias de cada una de estas dos mentalidades son las siguientes:

Mentalidad fija	Mentalidad de crecimiento
Creen que naces con cierto nivel de talento o inteligencia y no puedes modificarlo.	Ven el talento como un punto de partida, no como un límite ni como algo que pueda sostenerse solo. Entienden que el talento necesita acompañarse de práctica, constancia, aprendizaje y una disposición continua a crecer.
Les asustan los retos. Les hunden, les desmotivan, les bloquean.	Les gustan los retos. Les sirven de motivación. Se crecen ante ellos.
Evitan los desafíos por miedo a fracasar.	Aceptan los desafíos como parte del camino. Los asimilan como oportunidades de aprendizaje.
Se rinden fácilmente ante los obstáculos.	Perseveran frente a las dificultades.
Ven los errores como fracasos personales que identifican con su baja valía, culpa o incapacidad.	Ven los errores como oportunidades de aprendizaje.
Toman la crítica como un rechazo.	Aprenden de la crítica y la utilizan para crecer.
Son temerosos de lo nuevo.	Son tremendamente curiosos. Entienden la curiosidad como una forma de vida.
Prefieren «lo malo conocido que lo bueno por conocer».	Para ellos no hay plan B. El plan A es la única opción posible.
Diálogo interno basado en creencias limitantes: «No sirvo para esto», «nunca podré hacerlo bien», «mejor no lo intento para no fallar».	Diálogo interno basado en creencias para crecer en la adversidad: «¿Qué puedo aprender de esto?», «¿cómo puedo mejorar?».

¿Vas a dejar que tu mentalidad te siga limitando o vas a entrenarla cada día? Te propongo que tú misma identifiques en qué momentos tienes mentalidad fija y en qué momentos mentalidad de crecimiento. Identifica los pensamientos que te ayudan a crecer y esos otros que te lo impiden.

CAMBIA TU *MINDSET*

Mentalidad fija	Mentalidad de crecimiento

DEL *TALENT SHOW* AL *MINDSET SHOW*

Crea la más alta y más grandiosa visión posible para tu vida porque te conviertes en lo que crees.

OPRAH WINFREY

Los *talent shows* se han convertido en programas en los que parece que se pone más a prueba la mentalidad que el talento. Hay un patrón que se repite una y otra vez: los «no», las expulsiones tempranas o los segundos puestos no frenan a quienes tienen una mentalidad de crecimiento. Al contrario, eso marca el punto de inflexión que los conecta con ellos mismos, los impulsa a persistir y termina situándolos en el mapa del mundo. Son capaces de convertir el error en aprendizaje y la herida en arte.

Lola Índigo fue de las primeras eliminadas de su edición en Operación Triunfo. David Bisbal y Aitana, dos superestrellas de la música a nivel internacional, tampoco fueron los ganadores. Se clasificaron con medalla de plata. Lo mismo les pasó a Manuel Carrasco y Pablo López. Y Benson Boone ni siquiera dio la oportunidad al jurado de elegirlo o no porque abandonó *American Idol* al sentir que no quería recorrer su camino ligado a un *talent show*. Justamente ahí está la clave de lo que hicieron todos ellos después del programa: se eligieron. No se quedaron esperando el permiso ni la validación de los otros. Ellos siguieron. Persistieron. Construyeron. Se construyeron a sí mismos siguiendo sus instintos y trabajando sus sueños. El talento ya lo tenían. Ahora les quedaba el reto de creer en ellos. Esforzarse. Pero sobre todo creer. Creer es el impulso que cuando tienes el talento te lleva al esfuerzo, a persistir, a no tirar la toalla, a crecerte ante las adversidades. El talento abre puertas, pero la fe en uno mismo construye montañas. Y al final, los que más brillan no son los que fueron elegidos, sino los que se atrevieron a elegirse.

Lo mismo pasó con la intérprete de *Motomami* y *LUX*. «La» Rosalía que hoy conocemos, icono internacional con su marcada identidad, también ha recorrido un proceso lleno de búsquedas en el que ha tenido que elegirse, conectarse y creer en ella por encima de todo. A ella también la descartaron en el programa *Tú sí que vales*. Años más tarde ella misma declaró: «Dije voy a hacer este casting, voy a cantar esta canción que he escuchado. Voy a hacer esto y a la mierda, y lo hice. Al participar en ese programa supe que para dedicarme a la música iba a necesitar humildad y paciencia. Y me ayudó a darme cuenta de que necesitaba estudiar mucho. Estudiar música, estudiar los clásicos y leer. Me di cuenta de que quería escribir lo que canto y ser un canal para contar historias». Ese no a Rosalía, sin duda, se convirtió en un punto de inflexión que cambió su trayectoria. Su talento unido a su mentalidad y la conexión a su firme propósito es lo que hacen que Rosalía sea hoy esa gran artista a la que el mundo admira.

Estos ejemplos y miles de ellos más son la prueba de que no necesitas que un jurado ni nadie te elija cuando eres tú quien te eliges. Si posees el talento, la mentalidad y el propósito ya lo tienes todo para tener claro que «tú sí que vales», te digan lo que te digan. No necesitas un jurado que te diga tú sí que vales. Y más allá de concursos, jurados, talento o mentalidad, que no se te olvide nunca que tu valor no reside en lo que haces, sino en quién eres. Así que recuerda siempre que tú sí que vales, niña, simplemente por SER tú.

17

Radicalmente amarse

TANTO SIENTES QUE VALES, TANTO VALES

> Soy una persona bastante insegura. Soy muy insegura con mi aspecto. Quiero decir, soy música, no modelo. Cuanto más insegura me sentía, más bebía. Y a Tracey Trash, que me hace el pelo, le decía: «¡Más grande! ¡Más grande!». Como si cuanto más insegura me sintiera, más grande tuviera que ser mi pelo.
>
> AMY WINEHOUSE

Hay una canción muy famosa de El Último de la Fila que sonaba allá por los noventa. Decía algo así: «Tanto tienes, tanto vales, no se puede remediar. Si eres de los que no tienen, a galeras a remar». Seguro que a muchos de vosotros se os viene el tarareo de lo que sigue... Pero volviendo a la asociación entre tener y valer, si te valoras por lo que tienes, estás construyendo tu autoestima como el niño que construye su castillo de arena en la playa. Y ya sabes lo que pasa, que basta con que suba la marea o llegue una ola más fuerte de lo esperado para arrasar con todo. Si basas tu valor en lo externo, estás condenada a vivir en una montaña

rusa. Lo externo puede moverse, cambiar, tambalearse o desaparecer. Si crees que tu valor depende de eso, te sentirás inesta-
ble. Vivirás perdida y siempre serás dependiente de algo o alguien
que no eres tú misma.

La autoestima no se alimenta solo de lo que haces y mucho
menos de lo que tienes. La autoestima no se alimenta de otros.
Ni hacer ni tener. Es ser. La autoestima se alimenta de ti, de cómo
te hablas, cómo te miras, cómo te reconoces.

La autoestima es la percepción que una persona tiene de su
propio valor en diferentes facetas de su vida (su manera de pensar, su rendimiento, sus habilidades, cómo percibe su cuerpo...).
No tiene que ver necesariamente con la realidad ni con tus capacidades objetivas, sino con tu interpretación, con la lectura
íntima que haces de ti. La autoestima es la historia que tú te
cuentas de ti.

Por eso, puedes tener una carrera profesional de éxito, estar
acostumbrada a los halagos, a los aplausos y a los focos. Puede
ser que te desenvuelvas con soltura allá donde vas y estar dota-
da de un poder sobrenatural de liderazgo que hace que la gente
te siga y te admire. Incluso puede ser que tu carisma y tu presencia, desde luego, no pasen inadvertidos, dejando huella allá donde vas. Sin embargo, nada de esto será suficiente si te sientes
pequeñita por dentro, si tus pilares internos no son sólidos.

Como dejan entrever las palabras de Amy Winehouse, el escenario, el éxito abrumador, la fama o el talento pueden amplifi-
carlo todo... menos la percepción de la valía. La valía no está en
el personaje, está en la persona. Sucede, a veces, que el foco del
éxito alumbra tanto que deslumbra. Por mucha luz que haya fuera, si por dentro estás en penumbras, nada brilla de verdad. La luz
externa no atraviesa las sombras internas. De hecho, puede ser
que incluso mientras más crezca el personaje hacia fuera, más se
encoja la persona por dentro.

Y es que nadie, aunque sea artista, vale por hacer temas virales, por ganar un Grammy ni por llenar estadios. Ni siquiera por

«ser artista». A pesar de ponerle música al mundo o trasladarle belleza, esa categoría no le da el valor de valer. Las categorías no dan valía. La valía nace del interior. De la conexión contigo. Cualquier persona que vive bajo la mirada constante de los demás puede caer en la trampa de confundir el aplauso o la crítica con la propia valía.

No obstante, esto no solo les ocurre a quienes viven bajo los focos. También sucede en vidas completamente anónimas. Cuando te mides por tu rendimiento en el trabajo. Cuando entras en la rueda infinita de demostrar, demostrar y demostrar. Cuando por fin tu jefe te reconoce y se siente como el chute necesario para seguir con más ganas, y esto, por supuesto, te atrapa aún más en la rueda de demostrar. Cuando sientes que vales porque te han incluido en ese consejo de expertos tan prestigioso. Cuando crees que tu valor depende de la aprobación de tu pareja, de tus hijos o de tu familia. Cuando sientes que solo vales si cumples expectativas, si encajas, si no decepcionas. Cuando vives pendiente de los likes, de un comentario, de un «qué bien lo haces» o de un mensaje de WhatsApp. Cuando, a pesar de poner toda tu energía cada día en ser buena hija, buena pareja, buena madre, buena amiga y buena profesional te sigues diciendo eso de «no soy suficiente».

La investigación muestra que la autoestima funciona como un rasgo relativamente estable a lo largo de la vida. Es decir, no sube o baja de forma brusca por un éxito puntual ni se derrumba de golpe por un fracaso. Además, hay que tener en cuenta que la autoestima es una piedra angular de nuestra salud mental. Niveles bajos de autoestima se asocian a una mayor vulnerabilidad a presentar ansiedad o depresión. Y, al contrario, los niveles más altos de autoestima se asocian a una mejor gestión del estrés, resiliencia, autocompasión y la construcción de relaciones más sanas.

Si sientes que tu autoestima se tambalea, que llevas toda una vida boicoteándote, que buscas fuera lo que no puedes encontrar dentro de ti o que se repiten las mismas heridas de amor una y otra vez, entonces quizá sea hora de revisar qué pasa con tu apego. La autoestima está estrechamente relacionada con cómo nos cuidaron, cómo crecimos, qué mensajes recibimos y qué aprendimos de nosotros mismos. Y si la célebre frase de RuPaul al final de cada uno de sus capítulos es «si no te quieres tú, ¿cómo demonios vas a querer a otra persona?», podemos añadir una pregunta más desde la perspectiva del apego: ¿cómo te vas a querer si no aprendiste a quererte? La autoestima no nos viene de serie, sino que se construye en cómo nos miraron, cómo nos sostuvieron, cómo respondieron a nuestras necesidades. Es decir, que nuestra imagen de nosotros mismos se forma a partir de cómo nos trataron los demás. El mensaje tan popular de «tienes que quererte tú primero para querer a los demás» es cierto, pero es simplista. Como sostiene Nathaniel Branden, psicoterapeuta y uno de los referentes en la comprensión de la autoestima, nuestra autoimagen se construye del exterior hacia el interior. No al revés. Recuerda que el apego marca el guion inicial, pero que ese guion lo puedes reescribir a lo largo de la vida con experiencias, terapia, relaciones, personas y con la misma vida.

La autoestima no se trata de cuánto brillamos fuera, sino de la fuerza con la que nos amamos por dentro. Si crees que hay una falla en tu autoestima, desaprende y vuelve a aprender. Pide ayuda si lo necesitas. Cultiva tu autoestima cada día. Y sobre todo y sobre todas las cosas ámate profundamente: háblate con amabilidad, muestra compasión y comprensión hacia ti cuando las cosas no salen como esperas, escucha tus necesidades, pon límites si te sientes invadida, protege tu energía…). Deja de esperar que otros hagan por ti lo que te toca a ti. Nadie nos puede amar como nosotros mismos. El amor propio no se delega. Primero amarse (teniendo en cuenta lo dicho anteriormente). Después amar.

AMOR PROPIO

> Cree en ti, con todo.
> No dejes que te apaguen,
> no pidas permiso para brillar...
> La fuerza está dentro,
> aunque a veces nos hagan creer lo contrario.
>
> VANESA MARTÍN

Crecimos escuchando que había que ser buenos, portarse bien, no incomodar, ser educados. *¡Mamma míaaaa!* Cuánto daño hace ese principio de «ser educados» que tenemos clavado como una estaca. No sabes cuántas veces puedo escuchar a lo largo del día en terapia que alguien ha hecho o dicho algo, o ha dejado de hacerlo o decirlo, solo «porque tiene educación». Parece una regla no escrita que lo justifica todo, incluso pasar por encima de una misma en nombre de la educación. Y no es que tenga yo nada en contra de la buena educación. Todo lo contrario, me parece un valor sagrado. Lo que sí estoy es radicalmente en contra de que esa supuesta «buena educación» sirva para justificarlo todo, incluida la autoanulación.

Hemos aprendido a cumplir con los demás, a agradar, a estar pendientes de ellos incluso por encima de nosotros mismos. Decimos que sí a otros para agradar. Aceptamos invitaciones que no nos apetecen nada. Sonreímos y asentimos cuando no estamos de acuerdo. Aguantamos comentarios hirientes en una comida familiar, «para no ser maleducados». Todo esto son en realidad pequeñas traiciones a nosotras mismas. Las cosas se complican cuando la educación, callar y aguantar dejan de ser gestos puntuales para convertirse en una forma de funcionar a diario que nos acaba costando la salud mental.

Existe una confusión que nos ha limitado durante generaciones. La creencia de que amarse a uno mismo es un acto egoísta e individualista. Es normal que lo sintamos así si hemos crecido priorizando agradar, complacer o no molestar. El amor propio no tiene nada que ver con ser egoísta ni individualista. Mucho menos con narcisistas o psicópatas. Eso es otra cosa. Así que dejo a un lado esas confusiones que solo generan ruido y vuelvo al amor propio.

El amor propio es la elección diaria de aceptarte a ti mismo. Es la relación que construyes contigo mismo y que cultivas a diario. Es conocer y conectarte a tu esencia, no a lo que los demás esperan de ti. Es destruir todas las narrativas que te has contado para adaptarte. Es dejar de cumplir los sueños de los demás para ponerte en el camino de trabajar los tuyos. Es tener la valentía, el coraje y la honestidad de romper con el personaje que construiste para sobrevivir porque ya no quieres seguir encajando. No solo hacemos duelos por los demás. También hacemos duelos internos por aquello a lo que decimos adiós. De hecho, el amor propio implica renuncias que, a veces, duelen mucho porque te ponen entre la espada y la pared. Una mujer que apuesta por su carrera profesional crece, se realiza y se siente feliz con sus logros, pero también puede vivir la presión del reloj biológico o la sensación de no estar tan presente con sus hijos como le gustaría. Otra mujer que elige vivir la maternidad en plenitud, cumpliendo el sueño de ser la madre que siempre quiso ser, observa cómo su carrera profesional, tan valiosa para ella, queda en pausa, con ascensos y proyectos preciosos que se posponen. Ambas decisiones nacen del amor a una misma, de escuchar los propios deseos y los sueños, pero en todas ellas hay renuncias.

Crecer lleva implícito muchas despedidas. Significa elegir y eso implica decir adiós a nosotros mismos. Sea como sea, elijamos. Concesiones o amor propio, pero elijamos. De no hacerlo, viviríamos constantemente con la sensación de estar viviendo a medias.

Y para no vivir a medias, solo hay un camino: volver a ti. El amor propio requiere conciencia. Autenticidad. Libertad de ser quien eres sin permiso, sin la validación ni la aprobación de otros. Esto implica asumir la responsabilidad de mostrarte de forma honesta, incluso cuando incomoda.

Significa dejar de tragarte lo que duele, de callar lo que importa y de anularte para encajar. Es aprender a poner límites. Y sí, la culpa viene incluida muchas veces, no porque estés haciendo algo malo, sino porque quizá estés rompiendo creencias y patrones que llevas años arrastrando. Eso duele y libera al mismo tiempo. Por eso es normal sentir emociones encontradas.

Aprender implica desaprender. Y si por evitar atravesar ese túnel oscuro (culpa, miedo, tristeza) sigues diciendo sí a todo, en realidad, te estarás diciendo no a ti. Estarás renunciando a tus necesidades y viviendo, una vez más, de espaldas a ti. Recuerda que decir no cuando quieres decir no, es un acto de coherencia que implica decirte sí a ti.

Amor propio es el compromiso firme de tratarte con la misma disponibilidad, amabilidad y ternura con la que tratas a quienes más quieres. Recordarte, una y otra vez, que cuidarte es amarte. Y amarte es cuidarte. Y repetir ese acto de amor contigo cada día.

El amor propio también es hablarte bien. No me refiero a frases de taza de desayuno ni a bolígrafos chulos de colores con mensaje. Me refiero a la honestidad y a la autocompasión. Háblate bien, por favor. Veo a diario a personas hablándose fatal, castigándose, torturándose, siendo sus peores enemigos. Y esto influye en la salud mental, en las relaciones, en la vida. Por favor, recuerda conversar de manera amable contigo. Sé comprensiva y compasiva en tus peores momentos, que es cuando más te necesitas. Los límites, la autocompasión y el respeto hacia ti misma son fundamentales para vivir en libertad. Cuanto más te amas, mejor estás. Cuanto más amor, más luz, que inevitablemente se reflejan en lo que haces, en lo que dices y en tus relaciones. Eso es lo que se expande e impacta positivamente en las personas y en el mundo que te rodean. El amor siempre es la mejor opción.

ACÉPTATE PARA AMARTE Y RESPETARTE TODOS LOS DÍAS DE TU VIDA

Ninguna mujer pretendió nunca ser Dios.

Rābiʿa al-ʿAdawiyya

1. **Escúchate.** Antes de correr a dar respuestas al mundo, date permiso para escucharte. Conecta con lo que realmente necesitas.
2. **Pon límites.** El amor propio no se mide en cuánto aguantas, sino en cuánto te respetas. Ponte límites también a ti dejando de hacer cosas por quedar bien: responder al WhatsApp al instante, aunque no puedas ni quieras. Aceptar planes que no te apetecen nada...
3. **Reconoce y sostén tus emociones.** El amor propio también implica identificar, tolerar y gestionar las emociones que aparecen en el camino: culpa, miedo, tristeza. Puede suponer decepciones, despedidas, hacer duelos. Todo esto forma parte del proceso y aprender a atravesarlo es una manera de amarte.
4. **Suelta la exigencia de la perfección.** Cuida tu diálogo interno, perdónate y trátate con compasión. Esto no es justificarte. Se trata de comprenderte y tener empatía contigo.
5. **Elige personas, lugares y proyectos que te nutran.** El amor propio también se refleja en lo que eliges soltar y en lo que decides sostener. Pon lejos a quienes te amedrantan con mensajes de miedo o te echan kilos de culpa. Ten cerca a esas personas que son lugar seguro siempre.
6. **Honra tu autenticidad.** No hay amor propio sin verdad. Deja de compararte y empieza desde ya a habitar quien eres. Con tus luces y tus sombras.
7. **Celébrate.** No todo es esfuerzo, acción, superación o logro. Celebrarte es también recordarte tu valía hoy y todos

los días de tu vida. Recuerda aquello que dijimos antes de «tú sí que vales, niña». Pues eso.

8. **Cuida tu cuerpo y tu mente.** Amar quién eres también implica tener hábitos saludables. Y saltarte la perfección cuando lo necesites sabiendo volver al hábito. Escuchar qué necesitas es de los mayores actos de amor que te puedes regalar. También puedes hacer meditación para calmar tu mente, *journaling* para ordenarte o cualquier otra actividad que sientas que favorece tu bienestar.

18

Dime a quién admiras y te diré quién eres

EL MAGNETISMO DE LA AUTENTICIDAD

En los últimos años, el auge de los influencers y de plataformas como TikTok o Instagram ha despertado un interés creciente en la investigación en psicología. ¿Qué hace que una persona atraiga a miles o millones de seguidores? Más allá de la estética o de los algoritmos, lo que emerge con fuerza en las conclusiones de estas investigaciones es un patrón claro: lo que más conecta no es la perfección, sino la sensación de cercanía y la autenticidad. No hay más que mirar a quienes, desde la cocina de su casa, comparten recetas caseras; a quienes hacen humor con su vida cotidiana; o a quienes enseñan a ordenar un armario mientras cuentan sus propias anécdotas. Sin grandes producciones ni guiones, logran que sintamos que los conocemos... porque nos reconocemos en ellos.

El modelo de admiración ha cambiado. Durante décadas, la admiración estaba reservada a figuras lejanas, casi intocables. Hoy buscamos otra cosa: conexión. Queremos sentir que tenemos algo en común con la persona que admiramos: valores, experiencias, forma de ver la vida. En definitiva, una identidad compartida. Y así lo confirman recientes estudios. Investigadores de la Universidad de Greenwich afirmaron recientemente que la credibilidad y el impacto de un creador aumentan cuando la audiencia percibe autenticidad y similitud con su propia vida. En esa línea, otro reciente estudio realizado por investigadores de la Universidad de Malaya (Malasia) y de la Universidad Normal de Zhejiang (China) concluyó que la autenticidad del influencer es el factor más relevante para construir la relación con los seguidores. Además, el estudio también muestra que sentir que el otro se parece a nosotros es clave para generar vínculos emocionales y confianza. En definitiva, tendemos a conectar más con quienes percibimos auténticos y con quienes guardamos una cierta similitud que con figuras aspiracionales que nos resultan lejanas.

En psicología, esto se conoce como «similitud percibida», y estudios recientes lo confirman. Un grupo de investigadores de la Universidad de Georgia Southern mostró en una reciente investigación de 2025 que la admiración intensa no depende únicamente del talento o la fama, sino de la sensación de compartir algo esencial con esa persona, ya sean valores, estilo de vida o rasgos de personalidad. Esta «similitud percibida» funciona como espejo: nos vemos reflejados en el otro, y esa identificación fortalece el vínculo emocional. El estudio sugiere que, más que idolatrar figuras lejanas e inalcanzables, la conexión real surge cuando percibimos que, en algún nivel, esa persona podría ser «como nosotros» y nosotros «como ella».

Y, obviamente, nuestra admiración no solo se dirige hacia figuras públicas. También admiramos, y mucho, a personas de nuestro entorno. Una amiga rebelde que brilla sin permiso. Un compañero que vive su vida en coherencia. Una madre que nunca ha dejado de cuidarse y de cuidarnos, a pesar de los reveses de la vida. Un hermano que tiene el coraje de reinventarse. Una jefa que lidera desde la autenticidad. Una pareja que tiende a vivir desde el amor. Un hijo que es fuente de nobleza y sabiduría. Una mujer del pueblo que no es tu amiga, pero te inspira cuando la ves. Un albañil que ha hecho una obra de arte en tu casa y al que le dices: «Con lo artista que eres, ¿por qué no montas una empresa?», y te responde: «Porque quiero vivir en paz». La admiración más profunda está ahí, en lo cercano. En el día a día. Ahí es donde claramente conocemos y nos reconocemos. En esa mezcla de autenticidad y verdad que nos inspira y que nos refleja.

Casi siempre, las personas a las que más admiramos y las que más nos mueven no tienen millones de seguidores ni salen en televisión. Muchas veces, a quienes más admiramos son a esas personas que vemos cuando apagamos las pantallas y cerramos la puerta de casa.

EL ARTE COMO IDENTIDAD EN MOVIMIENTO

> No entiendo el concepto de retirarse. Nadie espera que un pintor, por cumplir años, deba dejar de pintar.
>
> ALASKA

La autenticidad solo se alcanza cuando alguien se atreve a mostrar su singularidad sin permiso. Y quizá no haya un territorio donde esto sea tan evidente como en el arte. Recurriendo a una metáfora, puede decirse que los artistas son identidad en movimiento. Ellos expresan quiénes son a través de su arte. El arte es la expresión de su mundo interno.

Ser artista no es una profesión. Es una manera de ser, de pensar, de vivir y de entender el mundo, desde que naces hasta que mueres. Seas famoso o completamente anónimo. Tengas millones de seguidores, un taller de cerámica en tu barrio, trabajes de camarero mientras ruedas tus cortos o escribas libros después de ir cada mañana a la oficina. Ser artista implica, necesariamente, expresar identidad. Por eso la autenticidad se ve tan claramente a través de sus obras. No pueden crear sin revelarse, sin dejar su huella en lo que hacen. Una pintura, una fotografía, un disco, un libro, una obra de teatro, una escultura, una coreografía, una ópera, un baile, una película... Su arte es identidad puesta al servicio del mundo. Por eso reconocemos la obra de un artista incluso cuando no vemos su nombre. No necesitamos ver su firma. Se intuye de lejos.

Un cuadro de Van Gogh no se parece a uno de Monet. Uno de Frida Kahlo no se parece a uno de Dalí. Un Picasso no se parece a una Georgia O'Keeffe. Una obra de Kusama no se confunde con una de Warhol. Tampoco una escultura de Plensa con una de Botero. Y del mismo modo, es fácil distinguir la explosión geométrica de Okuda del universo pop de Britto. Lo mismo ocurre en el cine. Una película de Almodóvar, de Woody Allen, de Amenábar o de Los Javis no solo refleja un estilo cinematográfico, sin más. Cada plano respira su identidad, desde el momento en que se escucha eso de «cámaras y acción». Y en la escritura pasa lo mismo. Un texto de García Márquez no se confunde con uno de Lorca. Una página de Virginia Woolf no se parece a una de Hemingway. Ni una novela de Isabel Allende se parece a una de Almudena Grandes. Y las novelas de Rosa Montero no se confunden con las de Delibes. Nuria Labari retrata lo cotidiano con una lucidez que incomoda y despierta, mientras Úrsula K. Le Guin transforma lo imaginario en una reflexión profunda sobre lo humano. Por último, leer a Alejandro Gándara es saber que vas de cabeza a la introspección, el pensamiento y la reflexión. Cada escritor escribe desde su mundo interno. Su ritmo, su sensibilidad, su manera de mirar la vida. La identidad también se reconoce a través de lo que escriben.

Y si miramos hacia la música, ocurre exactamente lo mismo. La historia y la actualidad están llenas de artistas que han marcado una revolución no solo musical, sino identitaria. Voces que no se adaptaron al mundo, sino que hicieron que el mundo se moviera a su ritmo.

Amy Winehouse, David Bowie, Freddie Mercury, Kurt Cobain,

Michael Jackson, Prince, los Beatles, Tina Turner, Madonna, Amalia Rodrigues, Whitney Houston, Aretha Franklin, Elton John, Laura Pausini, Bob Dylan, Beyoncé, Karol G, Lady Gaga, Juan Luis Guerra, Carminnho, Raffaella Carrà, Rihanna, Shakira o Björk... Y en nuestro país, Lola Flores, Camarón de la Isla, Alejandro Sanz, Raphael, Vanesa Martín, Joaquín Sabina, El Canto del Loco, Rocío Jurado, Leiva, Dani Martín, Mecano, Pastora Soler, Serrat, Alaska, Rosario, Israel Fernández, Juanito Valderrama, María Dolores Pradera, Víctor Manuel, Ana Belén, Lola Índigo, Julio Iglesias, Estrella Morente, Manolo Escobar, Hombres G, Rosalía, David Bisbal, Rocío Dúrcal, Malú, José Luis Perales, La Oreja de Van Gogh, Héroes del Silencio, Aitana, El Último de la Fila, Luz Casal, Niña Pastori o Amaral...

Todos estos nombres y miles de ellos más son quienes le ponen música a la autenticidad y son capaces de traspasar las fronteras del mundo, del tiempo, los géneros y las épocas. Llegan donde solo la verdad llega...

También es preciso decir que no todos los artistas expresan su identidad al mismo nivel. Unos lo hacen más y otros menos, Y tampoco todos la muestran de manera idéntica. Algunos expresan su identidad en esencia a través de su obra, mientras que en otros solo se hace visible una parte concreta de quiénes son. También es fácil apreciar a través de sus obras cómo la identidad está en movimiento. En ellas se refleja el paso de la vida por el artista.

Sea como sea, los artistas nos recuerdan que el arte es identidad en estado puro. El arte que es la luz en las tinieblas más oscuras. Que es capaz de poner paz en batallas ardientes. Que llena de alegría momentos llenos de tristeza. Y es que ¿qué es el arte sino una forma de mirar? ¿Y qué es la identidad sino el arte de ser? Ya lo decía Virginia Woolf, que «arte no es lo bonito, arte es ver las cosas de manera diferente».

ATRÉVETE A BRILLAR SIN PERMISO

> Todos siguen algoritmos, y los algoritmos son lo
> opuesto a arriesgarse, son lo opuesto a ser único.
> Son lo opuesto a la vida espiritual. Son lo opues-
> to a la conciencia.
>
> MADONNA

Te pueden gustar o no, pero lo que es innegable es que hay personas que están marcando una época porque simplemente se
están mostrando como son. Su mayor atrevimiento es expresar
al mundo alto y claro quiénes son. Sin rodeos. Los artistas que hoy
movilizan masas combinan talento, comunicación y autenticidad.

Taylor Swift ha convertido sus giras en ceremonias emocionales donde sus fans se reconocen en sus historias. Karol G transmite fuerza, confianza en el propio instinto y constancia para vivir
una vida con propósito. Es una mujer que con su vida demuestra
que los sueños se convierten en realidad si se luchan y si son más
grandes que los miedos. Coldplay crea experiencias que muchos
describen como espirituales, donde la música se convierte en un
puente hacia la conexión humana y la esperanza colectiva. Lady
Gaga ha hecho de la diferencia una bandera. Conecta porque
enseña que ser auténtico es la mayor forma de libertad, convirtiéndose en símbolo de diversidad y autoaceptación. Adele es la
voz de la vulnerabilidad hecha fortaleza. Conecta porque convierte sus heridas en canciones universales donde millones se reconocen.

Todos estos referentes mundiales nos enseñan que el verdadero brillo no nace de agradar a todos, sino de sostener la identidad sin miedo. Porque lo que admiramos de ellos no son solo
sus discos, canciones o conciertos, sino la coherencia de una
identidad indivisible que atraviesa todo lo que hacen. Y esa autenticidad es la que conecta, la que moviliza y la que inspira.

Cada uno de estos artistas, a su manera, refleja partes de la identidad de sus seguidores. Por eso, cuando dices: «Me encanta esta persona» o «la admiro», sea famosa o no lo sea, en realidad estás diciendo: «hay algo de mí en ella». La admiración es un espejo. Nos devuelve nuestros propios valores, nuestras luchas y nuestras aspiraciones.

Así que la próxima vez que pienses en quién admiras, pregúntate: «¿Qué hay de esa persona en mí?». La admiración más profunda no es un reflejo de ellos. Es un espejo de ti. En definitiva, dime a quién admiras y te diré quién eres. Porque no admiramos solo lo admirable. Admiramos aquello que refleja una parte de nosotros.

¿Y si lo que más te atrae de otros fuera, en realidad, lo que aún no te atreves a mostrar de ti? Todos los ejemplos de estas personas nos demuestran que la autenticidad no solo transforma a una persona, sino que puede ser referente para despertar al mundo. Al menos, al que tienes más cerca. Recuerda que la autenticidad es amor y el amor es luz. Por si te animas a atreverte.

LA IDENTIDAD EN VIVO

Estamos asistiendo a una revolución en el mundo de la música desconocida hasta ahora. En un mundo en el que ya no se venden discos y las canciones, cada vez son más cortas, lo que realmente *vende* es la identidad. Hoy ya no es el disco. Hoy es el artista. En concreto, la identidad del artista.

Llevamos unos años siendo testigos de un fenómeno revolucionario. Hoy la música en vivo son espacios de identidad compartida, autoafirmación y pertenencia. Muchos artistas llenan estadios por todo el mundo y en cada directo ya no solo suena la música, resuena quiénes somos, quiénes queremos ser y el eco de una generación que busca verse reflejada en comunidad.

Antes, en los ochenta o noventa, ibas a escuchar en directo

lo que ya conocías de un disco. El escenario era sencillo, los recursos audiovisuales limitados y la experiencia se centraba en la interpretación musical. Hoy en día muchos conciertos son experiencias inmersivas que fusionan música, narrativa y comunidad. Muchos seguidores no van solo a escuchar música, sino a participar en un ritual contemporáneo que integra *dress codes*, coreografías colectivas y una narrativa emocional que el artista ha ido construyendo a través de su música y de los distintos canales de comunicación.

Los datos recientes de la encuesta *The Live Effect 2025* de AEG confirman esta transformación. Para la generación Z, un concierto tiene tanto o más valor que unas vacaciones. El 67 % afirma que comprar una entrada les provoca la misma o mayor ilusión que reservar un viaje. Esta generación encuentra en el directo un espacio donde sentirse parte de algo y reconocerse, una forma de conexión consigo mismos y con los demás. De hecho, un elevado porcentaje (el 65 %) dice identificarse fuertemente con la comunidad de su artista favorito (frente al 23 % de los *boomers*), y un 70 % reconoce haberse sentido «en casa» en un concierto rodeado de desconocidos que comparten su mundo.

La música en vivo se está convirtiendo en un escenario de expresión personal: un 41 % de jóvenes se viste para identificarse con su comunidad. En términos emocionales, el 70 % de los asistentes afirma sentir excitación en un concierto, el 63 % alegría y un 32 % incluso euforia. Las generaciones mayores tienden a vivirlo desde la nostalgia.

El directo no solo crea comunidad en torno al artista, sino que extiende esa identificación hacia todo lo que rodea la experiencia. Diferencias generacionales que señalan el cambio en la manera de pensar, sentir y vivir. Una manera diferente de ver y de habitar el mundo.

Acción: hacer con sentido

19

El hábito de ser

TUS HÁBITOS HABLAN DE TI

Los hábitos no son una lista de tareas. Los hábitos son una cuestión indispensable de salud mental. Cuando veo a alguien por primera vez en terapia, no solo exploro el motivo de consulta, sino que es fundamental para mí saber el tipo de vida que lleva, qué repite a diario. Ahí, en lo cotidiano suele reflejarse buena parte de lo que le trae a terapia.

Tus hábitos son tus decisiones diarias. Lo que decides hacer o no hacer. Así de simple. Y esas decisiones diarias son las que construyen tu vida. Si no te gusta dónde estás, tienes que revisar lo que haces cada día. O lo que no haces. No hay mucho más misterio cuando se trata de un problema en el «hacer».

Los hábitos saludables es hacer lo que tienes que hacer para cuidarte. Para alinearte con la vida que deseas. Sin más. Con constancia. Con coherencia. Día a día. Sin excusas. Sin justificaciones. No se trata de ser perfecto, se trata de hacer lo correcto. No por obligación, sino con dirección.

Pero si todos sabemos lo que hay que hacer (comer de forma saludable, hacer ejercicio físico, tener un buen descanso) y lo que no nos conviene (abuso del azúcar, pantallas sin control, adicciones), ¿por qué nos cuesta tanto cambiar?

Porque cambiar hábitos no va de saber más o menos. Eso es puramente cognitivo. Tampoco va de limitarse a hacer por hacer, como un procedimiento mecánico. Cambiar hábitos va de ser, y eso es una cuestión de identidad.

Tus hábitos son tu forma de «ser» expresada en el «hacer». Dicho de otro modo, son la manifestación cotidiana de quién eres o, mejor dicho, de quién te cuentas que eres. No es que seas lo que comes ni lo que piensas. Nada de eso. Pero lo que haces cada día sí revela algo importante: desde dónde estás viviendo. Revela si estás actuando desde tu autenticidad o desde una identidad antigua que ya no te representa. Revela si tus decisiones nacen de la coherencia con tus valores o de tus miedos. Revela si vives alineada o en contradicción. Con sentido o en automático. Tus hábitos hablan de ti. Observar tus hábitos es una brújula. Sin embargo, el error más frecuente a la hora de cambiar hábitos es poner el foco en la conducta (hacer) sin entender primero qué dicen de nosotros (ser) y por qué o para qué los estamos manteniendo (propósito).

Cuando alguien intenta cambiar, pone el objetivo en:

1. El resultado: bajar cinco kilos, dejar de fumar, dormir ocho horas.
2. El proceso: ir al gimnasio, comer más verdura, acostarse temprano.

Todos conocemos el entusiasmo de gran parte de la población el 1 de enero de cualquier año. Esas ganas, ese convencimiento de que este año sí. Y, sin embargo, llega febrero o marzo... ¿y qué pasa? Que se aplaza la ilusión del cambio al año siguiente. Y es que esto no depende de los meses ni de los años. Tampoco de los lunes en los que te prometes que esta vez sí, pero de nuevo llega el domingo y te arrepientes.

Entonces ¿qué está pasando? ¿Qué está fallando? ¿Por qué es tan difícil mantener hábitos saludables? Porque no solo se necesitan métodos que nos orienten al resultado o metas que nos obliguen a trazar procesos. Un método y una meta sin sentido para ti se evaporan rápido.

SI QUIERES CAMBIAR TUS HÁBITOS, CAMBIA TUS CREENCIAS

> Define el éxito según tus propios términos, alcánzalo según tus propias reglas y construye una vida de la que te sientas orgullosa.
>
> ANNE SWEENEY

El cambio de hábitos y su mantenimiento debe ir ligado a la identidad (quién eres o quién quieres ser) y al propósito (qué sentido tiene para ti lo que haces).

Para cambiar un hábito, y mantenerlo, lo primero que necesitas es reflexionar sobre dos cuestiones básicas y esenciales:

- ¿Quién eres (o quién quieres ser)?
- ¿Para qué haces lo que haces?

Sin identidad y sin propósito, los hábitos se quedan en intentos que se desinflan. Por eso, el foco no debe estar solo en lo que haces, sino en quién eres o en quién quieres llegar a ser. Un hábito saludable tiene más probabilidades de mantenerse si pones el foco en ser una persona saludable que si lo pones en la operación biquini o en las promesas vacías de cambio que se posponen cada año, como adelgazar, dejar de fumar o aprender inglés. Proponerse un hábito sin propósito se acaba convirtiendo en una meta vacía.

Lo vemos una y otra vez. Personas que intentan cambiar sin haber cambiado la historia que se cuentan sobre sí mismas. Por eso abandonan, vuelven a empezar, sienten que fallan. Muchas veces creemos que nos falta disciplina o fuerza de voluntad. Sin embargo, las metas sin sentido no funcionan por mucha disciplina y fuerza de voluntad que pongas. Si no hay coherencia, no habrá constancia.

Un hábito debe tener sentido para la persona que eres o que quieres ser. No tiene que tener sentido para nadie más que no seas tú. Pero es indispensable que tenga sentido para ti. No necesitas hacer lo que hacen los demás ni perseguir objetivos que no te representan, tampoco aquello que no te veas haciendo por mucho que a los demás les funcione. Tú no eres los demás. No imites a los demás, deja de compararte con influencers que viven realidades muy distintas a la tuya, y tu hábito tendrá muchas más probabilidades de perdurar en el tiempo.

Si quieres cambiar de hábitos, también podrías fijarte en qué haces tú cada día. En ese hacer diario está lo que crees de ti. Ahí puedes ver si estás viviendo de forma alineada, si estás en transición o atrapado en contradicciones que ya no te representan. Puedes querer anhelar una vida más tranquila, pero si sigues definiéndote como alguien que «no puede parar», llenarás tus días incluso en tus huecos libres. Por cierto, ¿qué pasa cuándo paras? Quizá también podrías mirar ahí.

Tus hábitos revelan tu sistema de creencias. Y no hay hábito más difícil de soltar que la historia que te has contado durante años sobre ti, sobre los demás y el mundo. Ese es el hábito de ser. Para cambiarlo, debes revisar tus creencias. Quizá te reconozcas en creencias como:

- «Lo haré cuando tenga un hueco».
- «Si no lo hago yo, ¿quién lo hace?».
- «Yo soy la fuerte, no puedo venirme abajo porque todos dependen de mí».
- «Para no hacerlo como a mí me gusta, mejor no lo hago».
- «Yo siempre tengo que esforzarme el doble».

- «Mejor malo conocido que bueno por conocer».
- «Con las vidas que tenemos se hace lo que se puede. Demasiado».

Mientras estas creencias sigan intactas, tus hábitos seguirán orbitando alrededor de ellas. Mientras te cuentes lo mismo, seguirás repitiendo lo mismo. Podrás ponerte metas a corto plazo, y a veces las cumplirás... y otras no. Irás y volverás. Avanzarás y retrocederás. Ningún cambio se sostiene si sigues siendo la misma persona que creó el hábito que quieres soltar. Ser. Hacer. Tener.

EJERCICIO: TU IDENTIDAD COMO FARO DE TUS HÁBITOS

1. **Define tu identidad deseada**
   Antes de cambiar un hábito, pregúntate:
   ¿Quién quiero ser?
   ¿En quién me quiero convertir?
   ¿Cuáles son mis valores?

2. **Conecta tus hábitos con esa identidad**
   Las metas, las rutinas y los métodos solo tienen sentido si apuntan en dirección a la identidad.
   Pregúntate:
   - ¿Qué dice de mí esta elección?
   - ¿Qué no tiene ya sentido hacer porque ya no encaja con mi identidad?
   - ¿Qué cosas nuevas tiene sentido hacer para caminar en la dirección de la persona en la que me quiero convertir?

   También puedes buscar referentes y preguntarte:
   - ¿Qué hace cada día esa persona? ¿Cuál es su estilo de vida? ¿Qué admiro de ella?

- ¿Cómo se comportaría en este caso? ¿Qué elegiría? ¿Esto o esto?

3. **Empieza por algo pequeño pero coherente**
No busques resultados rápidos. Empieza por una acción diaria pequeña que puedas mantener en el día a día para que te acerque a la identidad deseada.

4. **Observa tu constancia, no tu perfección**
Se trata de repetir el hábito. Cada vez que actúas en coherencia con la persona que quieres ser, refuerzas tu autoestima y reconfiguras tu identidad.

MÁS AUTOESTIMA Y MENOS DISCIPLINA

Hacer todo lo que toca no nos garantiza el éxito; no hacerlo, casi con toda seguridad, nos garantiza el fracaso.

TONI NADAL

Cuando miras los hábitos desde la perspectiva de la identidad, comienza a cobrar más sentido la autoestima que la disciplina. El hábito deja de ser un esfuerzo para convertirse en un compromiso contigo. Es ahí donde la disciplina se transforma en autoestima. Ya no te obligas: te eliges.

Cuando te eliges, el hábito se transforma en una elección: quién eres y quién quieres ser, también quién no quieres ser. Ya no dependes de picos de motivación ni de las ganas. Ahora, la motivación intrínseca cobra protagonismo. Lo haces porque el hábito es parte de ti. Ya no es «quiero cuidarme», sino «soy alguien que se cuida». No es «quiero ser constante», sino «soy constante».

Será la repetición lo que vaya reforzando el hábito. Por eso no funcionan las cosas de un día ni los grandes esfuerzos hechos a base de picos de motivación y ganas. Funciona la continuidad de todos los días, con ganas o sin ellas, a pesar de nuestros bajones o subidones. Es fundamental la constancia, aunque sepamos que ese día no vamos a hacer nuestro mejor entrenamiento. Lo más importante es asistir al entrenamiento. Así entrenamos nuestro cuerpo, pero también nuestro cerebro. A no rendirse, a no dejarse llevar por las ganas. Y al mismo tiempo nos estamos dando el mensaje de que podemos confiar en nosotros mismos. Y todo esto nos fortalece. El hábito es más un compromiso contigo que una cuestión de disciplina. ¿Que hay veces que tienes que tirar de disciplina? Sí, claro. Cuando no te apetece entrenar, cuando el estrés te quiere hacer caer en la comida basura o cuando quieres desconectar y perder el tiempo haciendo *scroll*. Cuando vives conectado a ti, también sabes que el disfrute forma parte del equilibrio. Puedes comerte una hamburguesa porque sabes que volver al hábito es volver a tu centro. Sabes habitar tus necesidades. No se trata de hacerlo perfecto ni de tenerlo todo bajo control. Se trata de hacerlo desde la coherencia.

Es el compromiso lo que te permite vivir en coherencia contigo y con tu propósito. Es construir, día a día, una vida que se siente tuya, en la que te reconoces y con la que sientes satisfacción. Significa elegirte, cuidarte y respetarte, incluso en los días en los que más te cuesta. Quererte es una elección que renuevas cada día. Sin embargo, también ocurre lo contrario. Muchas personas presentan problemas de salud mental por sostener un estilo de vida que no las representa. Las autoafirmaciones positivas y los deseos no son suficientes para construir la vida que quieres.

Necesitas elecciones y sostenerlas en acciones. Cada vez que cumples lo que te prometes, refuerzas el mensaje interno: «puedo contar conmigo», «me elijo», «soy coherente con lo que quiero», «estoy comprometida conmigo». La acción continuada y los pensamientos que se van moldeando en torno a ti son los que te hacen sentir cada vez más seguridad y motivación por tus avances. Notas que te vuelves más fuerte eligiéndote a ti y lo que haces con compromiso. Diciendo no a lo que no está alineado contigo ni con lo que quieres. Así se refuerza el círculo que mantiene el hábito: la acción refuerza tu seguridad, y la seguridad, la acción. Todo ello va creando una versión de ti más coherente que se siente más confortable. La repetición refuerza el hábito. Por eso no funcionan los esfuerzos puntuales ni los arranques de energía.

La constancia se vuelve hábito y el hábito pasa a formar parte de ti. Un hábito repetido es una cuestión de identidad. Si entrenas todos los días, eres una persona activa. Si además cuidas tu alimentación, el descanso y las relaciones que te rodean, eres alguien saludable. No se trata de «cómo lo haces» ni de «qué haces», se trata de quién eres mientras lo haces. Quién quieres ser. Quién decides ser.

HÁBITOS DE SALUD MENTAL

Te dejo por aquí algunos de los hábitos con los que suelo trabajar en terapia. Favorecen la regulación del sistema nervioso y el bienestar emocional. Seguramente muchos ya los conoces. No son mandatos, imposiciones ni obligaciones. Solo quiero recordarte que existen y que pueden servirte de ayuda. Son prácticas sencillas que puedes adaptar, integrar o modificar, si así lo decides, según tu vida, tus ritmos y tus necesidades.

- Ejercicio físico. Libera endorfinas, lo que hace que se reduzca el estrés y se mejore el estado de ánimo.
- Alimentación saludable basada en alimentos ricos en antioxidantes (frutas y verduras), grasas saludables (pescado azul, aguacate, aceite de oliva), proteínas de calidad (huevo, legumbres, pollo). El azúcar y los ultraprocesados solo deben ser una excepción. Nunca un hábito.

- Hidratación adecuada. Beber suficiente agua a lo largo del día ayuda a mantener la concentración, regular el estado de ánimo y prevenir la fatiga mental.
- Sueño de calidad. Establece una rutina de sueño regular. Evita las pantallas y la cafeína antes de dormir.
- *Mindfulness* y meditación. Dedicar unos minutos al día a estar presente, observar la respiración o hacer una meditación guiada ayuda a calmar el sistema nervioso, entrenar la atención y volver a tu centro.
- *Journaling*. Escribir unos minutos ayuda a procesar emociones, ordenar pensamientos, tomar conciencia y bajar la activación.
- Enfrentarte a nuevos retos. Cuando te expones a pequeños desafíos, como aprender algo nuevo o hacer algo que te saque de la rutina, estás activando tu corteza prefrontal.
- Conexiones sociales. Rodearnos de personas con las que podamos ser nosotros mismos es clave. No hay nada más regulador que un vínculo seguro. Hay estudios que afirman que cuando las personas experimentan emociones positivas, tienden a sentirse más conectadas con los demás, y ese sentimiento de conexión, a su vez, contribuye a una mejora del tono vagal. Del mismo modo que es importante cultivar conexiones que nos nutren, también es necesario prestar atención a aquellas relaciones que, de forma sostenida, nos drenan, nos desbordan o nos alejan de nuestro centro. No se trata de cortar por lo sano ni de desaparecer, sino de ajustar la distancia, poner límites y cuidar nuestro espacio emocional cuando sea necesario.
- Selecciona bien lo que consumes. Hablo de noticias, de redes sociales, de programas de televisión, de tertulias, de pódcast..., de todo ese ruido que metemos en la cabeza sin darnos cuenta. Hoy en día, si te descuidas, acabas con un tsunami de información negativa que te deja agotada. Sí, el

mundo tiene cosas duras y conviene estar conectados a la realidad. Pero una cosa es eso y otra vivir enchufado 24/7 a un flujo de noticias catastrofistas que no te hacen estar más informado, sino más ansioso. Con más miedo, más incertidumbre, más sensación de peligro, de tristeza. Te contagia una visión pesimista y derrotista. Te drena la energía, te deja sin fuerzas y te desconecta de ti.

Elige qué escuchas. Elige cuándo lo escuchas. Elige cuánto lo escuchas. Corta el ruido que te deja peor de lo que estabas. Y, de vez en cuando, haz un apagón. Tu sistema nervioso te lo agradecerá. Si tu mente está rodeada de caos, tu vida se va a sentir caótica. Protege tu energía.

20

Emociones

DEL TABÚ AL SHOW

> Nos vemos obligados a afrontar los retos que nos
> presenta el mundo posmoderno con recursos
> emocionales adaptados al Pleistoceno.
>
> DANIEL GOLEMAN

¿Alguna vez has oído o te han dicho frases como: «Tienes que gestionar mejor tus emociones», «Las emociones no son buenas ni malas», «Tienes que permitirte sentir», «No reprimas lo que te pasa», «Expresa tus emociones», «Permítete sentir»? Seguro que sí. Frases como estas se repiten una y otra vez. Forman parte del discurso social. Se dan por hechas.

Y ¿cómo nos sostenemos en un mundo habitado por los que tenían que aguantar para ser fuertes y los que tienen que expresar las emociones para ser fuertes? Entonces ¿qué es ser fuerte?

El avance en cómo entendemos las emociones hoy es innegable. Venimos de padres y abuelos que no recibieron el mensaje de la importancia de las emociones. En la cultura del sacrificio y la resistencia, eso de las emociones era sinónimo de debilidad. Cuando te venían mal dadas había que aguantar y «tirar *palante*». Eso de las emociones era de gente rota o débil, de esas personas a las que, en el mejor de los casos, se les ofrecía una mirada de lástima.

Nosotros, que hemos sido criados por esas generaciones, hemos aprendido formas de estar en el mundo a través de refranes como «la cruz del Señor es muy grande y tenemos que llevarla entre todos», «los chicos no lloran, tienen que pelear», «al mal tiempo, buena cara», «no hay que hacer una montaña de un grano de arena», «más vale callar que lamentar» o «a lo hecho, pecho». Se instalaron creencias que se convirtieron en maneras de ver la vida. De funcionar. Convertimos en normalidad el resistir, reprimir, no llorar, aguantar, continuar porque eso era ser fuerte, complacer, sufrir en silencio y, por supuesto, no mostrar debilidad, que eso era lo que significaba expresar las emociones… En definitiva, dimos normalidad a lo que aprendimos que era lo normal. Ya sabes, lo frecuente…

Qué curioso, justo cuando estoy escribiendo esto, hoy mi amiga Almudena me ha hecho una reflexión. Me comentaba que cuando escucha eso de «pensaba que eras más fuerte», siempre responde: «Si ser fuerte es que no te afecten las cosas, no quiero ser fuerte». Almudena siempre tiene las palabras justas en el momento adecuado. Por cierto, ella es lo bastante fuerte como para permitirse lo que para otros es ser débil. Ella es lo bastante como para ser ella. Ella representa bastante bien el éxito de ser… Almudena. Vive desde la autenticidad de ser quien es y eso le permite vivir en libertad.

Y volviendo a las emociones, hemos pasado de una cultura que no las situaba en el mapa a un momento en el que ocupan un lugar central en el mapa del mundo. Hoy se habla de ellas en la calle, en los medios, en los colegios. Son tema principal de conversación, de campañas, de películas, de pódcast y de estrategias de marketing.

La emoción se ha convertido en el centro de frases virales, etiquetas y eslóganes que suenan bien, pero que se sienten vacíos («no es inseguridad, es la herida de tu niña interior»). Frases que se presentan como diagnósticos automáticos («no es procrastinación, es depresión»), que confunden lo emocional con lo clínico y que reemplazan el proceso profundo de autoconocimiento con fórmulas rápidas. Banalizar las emociones y dejarlas al amparo de campañas virales de marketers o influencers es confundir. Se convierte el dolor en eslogan, la ansiedad en estética y la vulnerabilidad en contenido. Mostrar reemplaza a sentir, y el espectáculo emocional sustituye al proceso real. Y así acabamos llenos de contenido emocional que se hace viral pero vacíos de verdad.

Hemos pasado del tabú al show de las emociones, pero muchas veces seguimos sin comprender lo que sentimos. Un escenario que resulta realmente peligroso. Hoy las emociones se venden, se diagnostican, se medican y se exponen…, pero ¿qué sabemos de las emociones? ¿Cómo funcionan? ¿Qué es lo que hace que, a veces, nos bloqueen o nos desborden? ¿Se comprenden? ¿Se regulan? ¿Se acompañan? ¿Nos dan miedo? ¿Las aceptamos?

Hasta que no aprendamos a sentir, a nombrar, a acompañar lo que duele (sin juzgarlo, sin disfrazarlo, sin huir, sin hacer hipérbole), a comprender, a regular, a habitar y, en definitiva, a conectarnos con nosotros mismos seguiremos confundidos entre el ruido. La emoción va mucho más allá de la expresión y de la gestión. La emoción es el movimiento que forma parte de cualquier transformación.

QUÉ SON LAS EMOCIONES Y CÓMO FUNCIONAN

> Las emociones desempeñan un papel vital en nuestra vida, nos unen como personas, determinan nuestra calidad de vida y están presentes en cualquier relación. Pueden salvarnos o causar verdadero daño.
>
> PAUL EKMAN

emoción

Del lat. *emotio, -ōnis.*

1. **f.** Alteración del ánimo intensa y pasajera, agradable o penosa, que va acompañada de cierta conmoción somática.
   Sin.: impresión, impacto, agitación, conmoción, alteración, desasosiego, turbación, inquietud, sentimiento, emotividad.
   Ant.: calma, tranquilidad.

2. **f.** Interés, generalmente expectante, con que se participa en algo que está ocurriendo.
   Sin.: excitación, exaltación, entusiasmo, efervescencia, agitación.
   Ant.: indiferencia, pasividad.

Comencemos por el principio. La palabra emoción proviene del latín *emotio, emotionis,* que a su vez deriva del verbo *emovere,* compuesto por *e-* (fuera) y *movere* (mover). Es decir, emoción significa etimológicamente «movimiento hacia fuera».

En psicología, más allá de las diferencias entre teorías y autores, hay cuatro elementos que la literatura científica considera esenciales para entender qué es una emoción y cómo funciona:

1. **Cambio fisiológico.** Cada emoción activa un patrón específico en el cuerpo, desde variaciones en el ritmo cardiaco o la respiración hasta cambios en músculos, piel o hormonas. Algunos de estos cambios, como los que ocurren en la expresión facial, no solo forman parte de lo que sentimos, sino que además comunican a los demás nuestro estado interno.

2. **Tendencia a la acción.** Una de las funciones principales de la emoción es precisamente dar respuesta a las situaciones del entorno. Cada emoción activa en el cuerpo una predisposición específica: huir, acercarnos, defendernos, pedir ayuda, protegernos… Es decir, las emociones no solo se sienten, también nos impulsan a hacer algo con lo que está pasando.

3. **Experiencia subjetiva.** Lo que sentimos internamente: irritación, calma, orgullo, miedo, confusión, entusiasmo. Es el modo en el que la emoción se hace consciente y reclama nuestra atención. Nos avisa de que algo está pasando para que podamos entenderlo y decidir cómo responder.

4. **Procesamiento cognitivo.** Las emociones no solo dependen de lo que ocurre, sino de cómo lo interpretamos. Por eso, dos personas pueden vivir la misma situación de formas muy distintas: cada una la entiende y la valora según su historia, sus creencias y sus experiencias. Algunas emociones son más «viscerales», como el asco, y otras más «cognitivas», como la vergüenza.

En conjunto, estos cuatro elementos nos permiten comprender que en la emoción hay una conexión clara entre la mente y el cuerpo.

Otro punto fundamental que hemos de entender es que las emociones no existen en el vacío, no ocurren de la nada. Siempre tenemos que enmarcarlas en un contexto. Para entenderlas, tenemos que saber que lo que sentimos está ligado a lo que vivimos, lo que hacemos, a las personas con las que estamos. Por eso, en un mismo día puedes sentir un abanico de emociones completamente distintas. Puedes empezar la mañana con alegría porque recibes una buena noticia, sentir enfado por un problema inesperado en el trabajo, notar miedo cuando surge una duda que te descoloca y terminar el día con tristeza al recordar algo que aún te duele.

También puedes sentir emociones que no tengan que ver con el momento presente, sino con experiencias pasadas no procesadas. Por ejemplo, alguien te habla en un tono más alto de lo normal y sientes un miedo desproporcionado que no encaja con la situación presente, pero sí con cómo te hablaban en tu infancia. O tu pareja no te responde a un mensaje cuando esperas que debiera hacerlo y sientes una oleada de ansiedad que tiene que ver con antiguas heridas de abandono que aún no han sido resueltas.

Pero no todas las emociones vienen de estímulos externos. Por ejemplo, cuando sentimos compasión por alguien que lo está pasando mal, nuestro cerebro recrea hasta cierto punto la sensación de dolor del otro.

Sentir no nos rompe. Lo que nos rompe es no escuchar a nuestras emociones y no saber qué hacer con ellas. Identificar lo que sentimos, nombrarlo, sentirlo en el cuerpo y darle un espacio nos ayuda a habitar lo que nos pasa con más conciencia. Además, es fundamental entenderlas. No se trata de sentir por sentir, sin encontrar un sentido a lo que nos pasa ni vivir desbordados. Tampoco de vivir anestesiados. Cuando una emoción no se permite, no se expresa o se bloquea, estás reprimiendo esa emoción. Y lo que no se permite, se repite. Y lo que se resiste, persiste.

LA EMOCIÓN COMO PROTAGONISTA DE LA TRANSFORMACIÓN

> Vivimos como en el pasado, como hace 50.000 años, dominados por las pasiones y los impulsos de bajo nivel. No estamos controlados por el componente cognitivo, sino por el componente emocional.
>
> RITA LEVI-MONTALCINI, premio Nobel de Medicina en 1986

Las emociones no son obstáculos que te impiden avanzar. Al contrario. Son señales que necesitan ser escuchadas. Funcionan como consejeras que te muestran límites, deseos, heridas y direcciones. Cuando a la hora de tomar decisiones importantes el pensamiento no las tiene en cuenta, lo más probable es que la decisión esté abocada al fracaso. Ahora bien, escuchar las emociones no significa dejarnos arrastrar por ellas. No se trata de reaccionar desde un estallido de ira cuando te dicen algo que te hiere ni de permitir que el miedo decida por ti o tomar decisiones impulsivas solo porque algo duele o incomoda. Sentir la emoción es una cosa. Actuar desde la emoción con impulsividad, sin reflexión y sin regulación es otra muy distinta.

Y si es la razón la que te impide tomar decisiones mientras silencias lo que sientes, es muy probable que termines viviendo una vida en la que no te sientes bien porque no te representa ni es coherente contigo. Por mucho que parezca lo «correcto» desde fuera. Por mucho que tú quieras seguir engañándote. Y aquí viene la cuestión: ¿no le estás haciendo caso a la emoción, o es que le estás haciendo demasiado caso y paraliza esa decisión importante que debemos tomar? Aunque creemos que funcionamos desde la lógica, neurocientíficos como Antonio Damasio sostienen que nuestras decisiones son intuitivas la mayoría de las veces. Están más generadas por sensaciones somáticas y experiencias previas que por una elaboración lógica. Por tanto, puede ser que no estés dejando de tomar esa decisión importante aplazada durante meses o años porque sea lo más lógico o racional, sino porque racionalizas lo que te da tanto miedo afrontar.

Evitar las emociones puede hacer que te estés perdiendo mensajes esenciales de tu vida. Son ellas las que están realmente conectadas con lo que necesitas, no con lo que te gustaría, sino con lo que en el fondo tú sabes que necesitas de verdad. Sin máscaras. Eso que solo tú, honestamente, sabes a pesar de las historias que te cuentes. A veces reconocer esa verdad da miedo (emoción), porque aceptar lo que necesitas implica asumir consecuencias, tomar decisiones o soltar aquello a lo que vives aferrada. Solemos tenerles mucho miedo a los cambios. La emoción siempre señala el camino. Le hagas caso o no.

Cuando escuchas tus emociones, reflexionas y actúas en coherencia con ellas, empiezan a moverse. Si tomar una decisión te da miedo porque implica perder algo, soltar, asumir consecuencias o incluso herir a alguien, y aun así te atreves a dar el paso (acción), por ejemplo, acabar con una relación, ese miedo se va transformando. Puede aparecer la tristeza, y es el momento de habitarla: sentirla, observarla, nombrarla, sostenerla, darle espacio.

El proceso, sin embargo, no es lineal. No es que primero llegue una emoción y luego otra, como si siguieran un orden. Muchas veces conviven. Puedes estar triste y al mismo tiempo sentir alivio. Puedes sentir enfado y, a la vez, culpa. Puedes echar de menos y también sentir paz porque consideras que has tomado la decisión correcta, aunque duela. La ambivalencia emocional es completamente normal. Forma parte de cualquier decisión importante.

Las emociones son el impulso que te hace avanzar. Son energía en movimiento, la fuerza que te empuja a cambiar, que te ayuda a cerrar lo que ya no tiene sentido y a abrir lo que empieza a nacer. Por eso son tan fundamentales en los procesos de transformación. Pueden incomodarte, removerte, pero también son las que te muestran la dirección y el impulso para la acción. Por eso no conviene evitarlas ni anestesiarlas. Conviene habitarlas y afrontar situaciones. Son tan fundamentales en la vida porque ¿qué es la vida si no un continuo proceso de transformación? Sin emoción no hay movimiento. Sin movimiento no hay cambio. Y sin cambio no hay transformación.

¿QUÉ HAGO CON ESTO QUE SIENTO?

> Todo nuestro conocimiento tiene su origen en los sentimientos.
>
> Leonardo da Vinci

Sentir no es un error. El error es pensar que no deberías sentir y vivas anestesiado tragando. O que juzgues tu manera de sentir.

Las emociones no necesitan juicio, sino regulación, gestión, acompañamiento y comprensión. Te dejo por aquí unos sencillos pasos por si te sirven para habitarlas cuando te sientas mal.

1. **Autoobservación.** Cuando nos sentimos mal, lo primero que deberíamos ejercitar es la autoobservación. Es importante tener el hábito de ser curiosos con lo que nos pasa y calmar nuestras ganas de querer escapar de lo que estamos sintiendo. La actitud debería ser la de un observador curioso que explorara preguntas como: ¿Sabes qué estás sintiendo? ¿Dónde lo sientes en el cuerpo? ¿Lo puedes nombrar sin juzgarte? La autoobservación requiere ser capaz de quedarse notando la emoción en el cuerpo.

2. **Autorregulación.** Una vez que percibes la emoción y focalizas la atención en qué parte del cuerpo la estás notando, ponle palabras. Poner palabras a lo que sentimos regula la intensidad de las emociones. Una vez que le hayas puesto nombre, fíjate en la intensidad, que es como el volumen. Puedes observar a cuánto volumen estás notando la emoción en el cuerpo. Si eres capaz de verlo así, puedes imaginar que regulas el volumen de tu emoción. Así, le puedes bajar el volumen si se está desbordando (respirar más lento y profundo; mirar un punto fijo; anclar puntos de apoyo de tu cuerpo). En este proceso de autorregulación también es muy importante escuchar el mensaje de las emociones: qué nos están diciendo, con qué estamos asociando lo que nos pasa, qué necesidad está detrás, qué herida está tocando, qué historia están activando. Si observas que por más que lo intentas no puedes conectar con tus emociones o que sentirlas te desbordan de manera frecuente, quizá deberías consultar con un profesional.

3. **Rendición.** Después tendríamos que pasar a la aceptación. Y con aceptación no me refiero a resignación, sino más

bien a rendición. Sí, rendición. Rendirnos a la realidad. Es así. Esa es la aceptación más auténtica que puede haber. La transformación real solo puede venir desde la entrega total a la realidad que se está viviendo. Nos guste o no nos guste. Sea justo o injusto. Hay cosas que no tienen un porqué, simplemente suceden, y eso es lo que tenemos que aceptar.

4. **Autocompasión.** La autocompasión es una mezcla entre la comprensión y la empatía hacia nosotros mismos. Ahora más que nunca nos necesitamos. Quédate contigo. Ante las situaciones más adversas o ciclos vitales críticos (duelo, divorcio, cierre de una etapa laboral significativa) suelta el control. Deja que todo se derrumbe para que vuelvas a construir de un modo diferente. Deja de presionarte para estar bien y seguir rindiendo como si no pasara nada. Porque sí pasa. Sí, está pasando algo y tu cuerpo te lo está haciendo saber. No lo ignores. El dolor duele y lo coherente cuando sientes que la vida se derrumba es estar mal. Es momento de reconocer que, en estas situaciones, la vida se está reajustando. Todo reajuste necesita tiempo, espacio y respeto por el proceso.

5. **Aprendizaje.** Las emociones no aparecen porque sí. Suelen traer un mensaje, indicar una dirección o tener una función, pero eso no significa que debamos romantizar el sufrimiento ni encontrar justificación a todo. Hay cosas que suceden que son terribles sin más. No han venido a enseñarte nada ni es lo que tenía que pasar para que tú aprendieras tal cosa. No. Nada de eso. Lo que sí ocurre, con el tiempo, es que podemos encontrar un aprendizaje en cómo esa experiencia nos transformó, qué límites nos mostró o qué verdades puso delante. Cómo esa situación, y todo lo que se movió a su alrededor, nos hizo mirar tanto la vida como a nosotros mismos desde otra perspectiva. La experiencia de aprendizaje o de creci-

miento no viene del sufrimiento en sí, sino de la forma en la que lo miramos, lo atravesamos y, desde ahí, nos reconstruimos.

Te propongo que cada vez que experimentes una emoción intensa, te pares e intentes habitar tu emoción: observarla, autorregularla, aceptarla, sentir autocompasión y escuchar el mensaje que trae para ti.

¿Y QUÉ PASA SI TENGO MIEDO A SENTIR?

Hay muchas personas que tienen miedo a sentir y ese miedo les complica la vida. Temen tanto entrar en contacto con lo que realmente sienten que acaban posponiendo decisiones importantes, permaneciendo en relaciones que ya se han agotado o sosteniendo trabajos y dinámicas relacionales que les hacen daño. Muchas terminan viviendo una vida que no está alineada con quienes son ni con lo que de verdad necesitan. Esto podría afectar a la salud mental (agotamiento, somatizaciones, ansiedad, depresión, disociación). El miedo a sentir nos priva de la oportunidad de crecer y de vivir en libertad.

El miedo no surge de la nada. Hay muchas razones por las que tememos experimentar ciertas emociones. Hay veces que tenemos miedo a sentir porque los modelos que tuvimos delante no fueron precisamente referentes de expresión o regulación emocional. Si creciste con un padre o una madre que explotaba, que no sabía manejar su ira, que gritaba, que hacía del mal humor un clima constante... es posible que de pequeña aprendieras a caminar con cuidado, a medir cada palabra o a calmar las aguas para que nada empeorara.

Por eso, en la edad adulta, quizá tu tendencia sea suprimir la rabia, evitar los conflictos, no poner límites, no levantar la voz..., no porque no sientas enfado, sino porque temes parecerte a lo que tanto te dañó. No quieres repetir esa historia. No quieres ser «como ellos». Pero la rabia no desaparece por evitarla. La rabia es un instinto protector. Aparece para defenderte, marcar territorio, sostener tus derechos. Y cuando no puede salir hacia fuera (límites claros, palabras firmes, acciones coherentes), se vuelve hacia dentro. La rabia que no se expresa se convierte en autocrítica feroz, en sobrepensar cada escena buscando en qué fallaste, en culpa, en somatización, en enfadarte contigo por no haber hecho, dicho o actuado diferente. Es la rabia mal dirigida que, en lugar de protegerte, te ataca.

Esto mismo ocurre con la tristeza. Si de pequeños tuvimos un padre o una madre que, cuando se enfadaba o se venía abajo, se metía en la cama, anulaba planes, desaparecía emocionalmente o convertía su tristeza en un clima que paralizaba la casa, es muy probable que hayamos aprendido a temer esa emoción. No porque la tristeza sea peligrosa, sino porque la vinculamos a ausencia, desconexión, caos o abandono. Puede ser que se asocie a tener que cuidar y responsabilizarse de un adulto en nuestra infancia. De ahí viene que en la vida adulta estas personas suelan ser las que pueden con todo y tiran de todos. Las que sostienen. A quienes todos recurren en busca de un consejo, una palabra o su manera de ver las cosas. Suelen ser las que siguen adelante con todo pase lo que pase. Siempre tienen puesta una sonrisa infinita que esconde mucho más de lo que muestra.

Y, aunque pueda resultar paradójico, también puede ser que haya personas extraordinariamente sensibles que tengan miedo a sentir. Es algo que veo con mucha frecuencia en terapia. Muchas de ellas presentan alguna condición de neurodivergencia. Suelen ser creativas, empáticas y capaces de leer el mundo con una sensibilidad excepcional. Perciben matices invisibles para otros, captan el dolor ajeno como si fuera propio y su profundidad emocional es tal que puede llegar a convertirse en una carga si no se sabe manejar. Muchos temen descender hasta lugares emocionales demasiado profundos en los que ya han estado.

Muchas de estas personas tan sensibles canalizan su mundo interno a través del arte (escritura, música, pintura, cine, fotografía, moda), donde la emoción puede fluir sin sentirse amenazada. Otras a través de profesiones de ayuda (medicina, psicología, docencia, trabajo social, educación social), donde sostienen con delicadeza el dolor de los demás, aunque a la hora de sostener el suyo tiendan a evitarlo o a desconectarse por miedo a desbordarse. Su sensibilidad, muchas veces, se camufla entre el talento o la vocación, y en ocasiones incluso se convierte en un éxito que los demás aplauden y reconocen. Pero ese mismo éxito, que por fuera parece luz, puede ser también el escondite más sofisticado del miedo a sentir.

También es común que personas con una sensibilidad excepcional, y con dificultades para habitar sus emociones, se orienten hacia profesiones muy estructuradas (CEO, ejecutivos, bancos, entornos corporativos o del sector financiero), porque el orden, la lógica y el control las protegen del contacto directo con sus emociones. Ese mundo les gusta, pero también les sirve de refugio. No es extraño que, tras un proceso terapéutico, muchas de estas personas terminen dando un giro hacia el arte o hacia trabajos donde su sensibilidad se despliegue de forma más libre.

Cuando se intenta evitar una emoción, cada uno recurre a un «disfraz» distinto. No es una estrategia fija, sino un repertorio de respuestas que se activan según el momento, aunque suele haber una a la que cada persona tiende con más frecuencia. Hay quienes se apoyan en el sentido del humor, que empieza siendo un recurso maravilloso, pero termina convirtiéndose en una forma de vivir que tapa lo que no se quiere ver. Otras personas cambian de registro emocional: cuando aparece la tristeza, estalla el enfado. No porque estén realmente enfadadas, sino porque no saben habitar la tristeza y dominan mejor la rabia. Muchas llenan su agenda de planes, tareas, proyectos, compromisos o compañía para no quedarse a solas con lo que temen sentir. Algunas intelectualizan lo que les pasa: convierten la emoción en una teoría, en un análisis, en una explicación que las aleja del cuerpo y les permite no tocar lo que duele. Y otras se vuelcan en el cuidado de los demás para no tener que mirarse a sí mismas, sosteniendo al mundo mientras evitan sostener lo propio.

Sea como sea, cuando existe miedo a sentir, ahí es donde debe colocarse la mirada. Si notas que una decisión te bloquea una y otra vez, que hay áreas de tu vida que se atascan o que estás disfrazando lo que te pasa para poder seguir adelante, quizá sea hora de ir a terapia. No se trata de leer más libros, escuchar más pódcast ni de hacer más cursos. Todo eso suma, pero es la corteza prefrontal (la parte racional del cerebro) la que está trabajando principalmente. Si no se trabaja en el sistema límbico y en el cuerpo, seguirás en el *más de lo mismo*. No habrá un cambio real. Por eso no basta con saber y entender lo que te ocurre. Mensajes como los de «atrévete» o «pon de tu parte» no serán suficientes. Tampoco tus ganas de superar lo que te ocurre. Si tienes miedo a sentir, necesitas atravesar ese miedo. Pensamientos, emociones y sensaciones son las tres partes del proceso que llevamos a cabo en una situación. Las tres están relacionadas entre sí.

Como hemos visto, el miedo a sentir puede estar entrelazado con experiencias pasadas, con aprendizajes emocionales muy antiguos o con mecanismos de defensa. La verdad es que el entramado emocional es un mundo complejo con muchas aristas posibles. Por eso, ir a terapia puede ayudarte a atravesar el miedo a sentir. Con seguridad, dándote recursos para sostener lo que te pasa hoy transitando por las emociones. Al mismo tiempo, acompañándote a desmontar esos patrones antiguos que siguen interfiriendo en tu vida presente. Eres libre cuando dejas de tener miedo y vives una vida en coherencia contigo.

21

La vulnerabilidad: una debilidad convertida en fortaleza

> Me parece genial y difícil ser vulnerable. (...) La verdadera fuerza está en mostrar debilidad y aprender de los fracasos.
>
> GLEN POWELL

27 de julio de 2021. Simone Biles se retira de los Juegos Olímpicos de Tokio 2020.

20 de enero de 2022. Adele comunica llorando en sus redes sociales que tiene que suspender toda la gira de su «Residencia en las Vegas».

27 de junio de 2023. Amanecemos en Madrid con un tuit de Alejandro Sanz en el que dice: «No estoy bien. No sé si esto sirve de algo, pero quiero decirlo. Estoy triste y cansado...».

5 de junio de 2023. Lewis Capaldi canceló todas las fechas de su gira y anunció que necesitaba retirarse de los escenarios «por el tiempo que sea necesario» para hacer frente al impacto de vivir con síndrome de Tourette, así como para cuidar su salud mental y física.

5 de agosto de 2023. «He decidido parar mi actividad profesional para cuidar mi salud mental» (Ricky Rubio).

14 de septiembre de 2025. Lola Índigo anuncia su retirada temporal de la música por estar agotada mentalmente, a pesar de dedicarse «al sueño de su vida», como ella misma lo denomina.

16 de octubre de 2025. Valeria Castro lanza un comunicado anunciando su retirada temporal.

> Los últimos meses no han sido fáciles para mí y las últimas semanas, de manera progresiva, todo se me ha ido agarrando a la garganta. El agotamiento y mi salud mental, que se ha ido mermando, me han ido apagando poquito a poco. Por mucho que haya intentado dar lo mejor de mí en cada escenario al que me he subido, hay veces en las que todo esto es imposible de gestionar y se hace evidente. Después de reflexionar mucho y, aconsejada por expertos, me veo obligada a tomar una pequeña pausa en este camino para recuperarme física y mentalmente.

3 de diciembre de 2025. Rozalén lanza un comunicado. «Por primera vez después de quince años de productividad continua me llega mi descanso de la guerrera… Voy a parar, voy a descansar, a reflexionar, masticar y digerir todo lo que me ha ocurrido a lo largo de todos estos años».

Expresar la vulnerabilidad de este modo no tiene nada que ver con el *clickbait* en el que a veces insiste la prensa cada vez que un artista decide hacer una pausa en su carrera. En estos comunicados no solo hay concienciación, hay un límite sano. Ellos, como personajes públicos, están ejerciendo un acto de responsabilidad que es reconocer un límite para protegerse. Es una forma de decir «esto me está sobrepasando» sin entrar en detalles íntimos. Eso es mostrar la vulnerabilidad desde la responsabilidad.

La realidad es que en el mundo de la música cada vez son más frecuentes las pausas, las retiradas, los problemas de salud mental. Los datos confirman que algo no anda bien en la industria musical. Según un informe de Help Musicians (2023), el 30 % de los músicos reportan bajos niveles de bienestar, y los artistas que están al inicio de su carrera son los más afectados. Y esto no son datos aislados. Una investigación reciente (2025) realizada por investigadores de Goldsmiths, Universidad de Londres, y de la facultad de Medicina Emory, en Georgia (Estados Unidos), señala que los problemas de salud mental y el elevado riesgo de suicidio sugieren que la industria musical no es un lugar de trabajo seguro. Entonces, ante este panorama del que advierten los datos y al que asistimos cada día, más que opinar, juzgar y señalar, ¿no deberíamos preguntarnos qué está pasando en la industria de la música para poder responder a ello?

Juzgar, clasificar y no prestar atención a las señales importantes es lo que nos mantiene atrapados en un discurso simplista, que es el mismo que se sostiene de manera implícita en la vida diaria de muchas personas. Vivimos en una sociedad que premia el estoicismo y castiga la apertura. Por eso resulta esperanzador ver cómo la vulnerabilidad empieza a abrirse camino como fortaleza. ¿Nos queda mucho camino por recorrer? Sí. Pero hoy podemos hablar de vulnerabilidad con un lenguaje que dignifica y no estigmatiza.

Nos enseñaron que la vulnerabilidad es debilidad, cuando en realidad es su opuesto. ¿Acaso, en una sociedad tan exigente como esta, no se necesita más valor para decir «no puedo más» que para seguir fingiendo que todo está bien? El mito es creer que mostrarnos frágiles nos resta poder. Reconocer nuestra vulnerabilidad nos hace más humanos. Y es que somos humanos, aunque a veces se nos olvide en un mundo tan robotizado.

Brené Brown es la gran representante de esta mirada y nos recuerda que no es la antítesis del coraje, sino su esencia. Según esta autora, «la vulnerabilidad es compartir nuestros sentimientos y nuestras experiencias con las personas que se han ganado el derecho a escucharlas». Así que la vulnerabilidad no es mostrarnos en cualquier lugar ni con cualquier persona. Eso, más que vulnerabilidad, sería osadía. Es importante hacerlo en seguridad.

Otros autores como la doctora Kristin Neff, referente en investigación sobre la autocompasión, muestra en sus estudios cómo aceptar nuestra vulnerabilidad y tratarnos con amabilidad reduce la autocrítica y fortalece la resiliencia emocional. Martin Seligman, considerado el padre de la psicología positiva, señala que la adversidad solo se transforma en crecimiento cuando nos atrevemos a reconocer nuestra fragilidad y encontrar sentido en ella.

Y si hay un ejemplo de aceptación de la vulnerabilidad, esa es Céline Dion. Su documental *Soy Céline Dion* conmueve. No hace de la vulnerabilidad un espectáculo, sino un retrato honesto, íntimo y respetuoso de alguien que decide mostrar su verdad sin exhibicionismo. Su aura de estrella brilla con un lado profundamente humano. Vemos la fragilidad de la enfermedad, la entrega al proceso y la resiliencia. Poco después de la emisión de su documental, Céline Dion reapareció en la ceremonia de apertura de los Juegos Olímpicos de París 2024 para interpretar el clásico «Hymne à l'amour» de Edith Piaf desde la torre Eiffel. Un claro ejemplo que evidencia que la vulnerabilidad, cuando se abraza, no destruye, sino que transforma.

En la misma línea se mueven las investigaciones recientes en neurociencia que afirman que mostrarnos vulnerables, pedir ayuda o expresar emociones activa circuitos cerebrales de conexión social que reducen el estrés, regulan el sistema nervioso y potencian la resiliencia.

Ocultar lo que sentimos tiene un coste alto: ansiedad, perfeccionismo, relaciones huecas que no nos sostienen cuando más lo necesitamos. No podemos seguir tragando y obviando el malestar. La vulnerabilidad es el puente entre la soledad y la conexión, entre la exigencia y la compasión, entre el desgaste y la resiliencia.

Ser vulnerable es un salto al vacío: sentimos vergüenza, miedo al juicio, temor a no ser aceptados. Pero al mismo tiempo aparece otra cara: alivio, liberación, autenticidad. Nuestro sistema nervioso lo sabe. Cuando escondemos lo que somos, vivimos en hipervigilancia. Cuando nos atrevemos a mostrarnos, aparece la calma. Porque ya no hay nada que ocultar.

Por eso es de gran ayuda que deportistas de élite, artistas y figuras públicas muestren al mundo la cara de la vulnerabilidad con honestidad. Con responsabilidad. Canciones, documentales, pódcast, conversaciones públicas... Mostrarse vulnerable sin tapujos y sin miedos, aunque con precaución, responsabilidad y seguridad, ya es una realidad de nuestro tiempo. Esto es más un signo de madurez colectiva que de debilidad. Solo cuando dejamos ver nuestras grietas podemos ser vistos de verdad, como ya decía Leonard Cohen en su canción «Anthem»: «Hay una grieta en todo. Así es como entra la luz». O como diría mi paisana Carolina Yuste, «por la herida entra luz».

La vulnerabilidad es, al final, un acto profundo de amor hacia nosotros mismos que no nos resta fuerza, sino que nos la devuelve. Aceptar. Compartir. Crecer. Es la puerta que se abre a la libertad, a la autenticidad y a la transformación. Es el coraje de atreverse a ser y a estar en coherencia. Como se es. Como hay momentos en los que se está. Porque «sentirse mal también está bien», como dice Alejandro Sanz en una de sus canciones. No solo es que esté bien, sino que es necesario. Hay veces que hay que estar mal para estar bien. Y otras en que, aunque no lo parezca, estar mal es la manera de estar bien. Sea como sea, la vulnerabilidad te libera y te ayuda a vivir de forma más auténtica. Con más verdad. En libertad.

22
Pon y ponte límites

LA FRONTERA INVISIBLE ENTRE TÚ Y YO

El tema de los límites es uno de los más abordados en terapia. Aprender a poner límites es una demanda frecuente en consulta. Y para ello, lo primero que tenemos que saber es dónde se halla el límite del límite. El propio y el ajeno.

En los límites no hay una distancia exacta. Hay quienes necesitan más distancia emocional o física, y quienes necesitan menos. Esto va a depender de cada persona. También del tipo de relación que se establezca. En las relaciones, los límites se negocian, se mueven y se ajustan. Vincularnos de forma sana implica respetar nuestros propios límites y también los del otro. Poner límites y respetarlos es una manera de amor consciente y de respeto mutuo.

El problema con los límites aparece cuando no se tienen claros para uno mismo o para los demás. Entonces puede ser que te acerques hasta invadir, o te alejes más de la cuenta. Pero también surgen problemas cuando permites que te invadan, esa sensación de que alguien está traspasando los límites de lo que tu cuerpo o tu mente pueden sostener... Cedes tu espacio interno, te adaptas más de la cuenta, intentas complacer o sostener dinámicas que te alejan de ti.

En estos casos el cuerpo y la mente comienzan a dar señales inequívocas de que algo está pasando. Sientes incomodidad, cansancio o malestar, sensaciones que, muchas veces, el cuerpo percibe antes que la mente. Esa sensación de «dar en exceso», «quedarte sin aire» o «sentirte fuera de lugar» es, en realidad, un aviso del sistema nervioso. Las fronteras de tu propio espacio, de tu propio yo, están siendo traspasadas. Permitir que las cosas sigan en esa dirección te hará sentir mal. De hecho, cada vez peor.

Hay veces que, si tú no paras, el otro te va a seguir invadiendo, a veces, sin darse cuenta, otras, a pesar de saberlo. Cuando algo no te haga sentir bien, comunica. Para. El tiempo no hará que las cosas cambien. Eres tú quien tiene que hacer que cambien. Si lo que vives te incomoda, haz la señal de Stop.

PONLE FRENO

> Lo bueno de la palabra «no» es que es una frase completa.
>
> AMY POEHLER

Aprender a poner límites tiene que ver con decir una frase corta: «No». También con expresar necesidades y emociones. Poner límites no empieza con el otro, empieza contigo. Los límites son una cuestión de seguridad interna. Cuanta más seguridad, menos miedo a ponerlos. Puedes decir «esto no» sin sentir culpa, y «esto sí» sin miedo a que el otro se aleje.

Antes de poder poner límites hacia fuera, tienes que hacerlo hacia dentro. Tener claro quién eres, dónde estás, qué estás dispuesto a permitir (y a quién), qué no vas a permitir bajo ningún concepto. Es fundamental que sepas cuáles son los límites de tu cuerpo y de tu mente. Si esto no está definido, acabarás reaccionando al azar, adaptándote a las circunstancias, permitiendo más de lo que puedes permitir o, al contrario, levantando límites demasiado rígidos para protegerte.

Poner límites es un acto de conciencia y conexión contigo. Tienes que reconocer cuándo algo o alguien te aleja de ti. Cuando tú mismo te vas metiendo donde no quieres. Cuando quieres decir no, pero dices sí. Cuando no quieres hacer algo, pero lo terminas haciendo. Cuando te callas y acabas notando cómo tragas saliva... En todos esos momentos tienes que fijarte en el lenguaje de tu cuerpo: tensión, tristeza, ansiedad, confusión, desconcierto, malestar..., y con qué intensidad lo estás sintiendo. Todo esto es clave para saber que si te vas notando fuera de ti, el límite es la forma segura de volver al centro. A tu centro.

Muchas personas evitan poner límites o tener conversaciones difíciles pero necesarias por miedo a perder a alguien o a que se enfaden o a que piensen mal de uno. No queremos parecerles egoístas ni fríos ni distantes. Tememos que decir «no» nos deje sin amor. Sin embargo, lo que realmente destruye las relaciones no es el límite, sino la ausencia de él. Y lo peor de todo es que muchas veces por no perder a alguien te acabas perdiendo a ti. Literalmente. ¿Cuántos se han perdido en una relación de pareja, de familia, de amigos? Muchos. En terapia veo a muchas personas muy lejos de ser quiénes son por estar muy cerca de los deseos o las expectativas de otros. Por no perderlos. El principal problema que tenemos a la hora de poner límites vuelve a ser el miedo. Eso nos hace querer seguir aferrados a lo que conocemos, aunque nos haga daño.

Sin embargo, cuando estás en conexión contigo y tienes claro lo que puedes y quieres permitir y lo que no, se evapora el miedo y aparece la libertad. No son herramientas para que el miedo desaparezca. Es conexión contigo. Es estar alineada. Cuando esto sucede, no hay miedo. El límite sale solo.

El límite te ayuda a ser tú y a vivir en un contexto que esté en coherencia contigo. Quien se tenga que ir se irá, y quien se tenga que quedar se quedará. Y quien tenga que venir vendrá. Por cierto, si no pones límites también podrán irse. Que se vayan o se queden contigo no depende exclusivamente de ti. La diferencia es que si aguantas todo para que se queden contigo, pagarás con la desconexión de ti y con problemas varios de salud mental. No puedes ser leal a otros siendo desleal a ti.

Tus sensaciones incómodas te mostrarán cuándo tienes que poner los límites. Hazles caso. También te darán el mensaje cuando sea hora de marcharse de un sitio. Escúchalas y emprende el camino. Donde ya no eres, no tiene sentido estar. Pueden ser momentos, trabajos, relaciones, ciudades, nuevas oportunidades o experiencias. Solo se necesita estar conectado con uno. Dejar ir para dejar venir. Cuando lo que sobra se va, lo que sintoniza llega.

PONTE FRENO

Aprender a ponerte el freno no es limitarte, es cuidarte. Es recordar que no todo lo que puedes hacer, debes hacerlo. La libertad sin conciencia se acaba convirtiendo en una cárcel de la que es difícil salir.

Tienes que ponerte límites para no insistir donde no te eligen. Límites para dejar de sostener lo que te hace daño. Límites para no quedarte en lugares donde el precio de pertenecer es traicionarte. Límites, incluso, para detener tu propia exigencia cuando te conviertes en tu mayor fuente de presión.

Pero también límites para no invadir el espacio de los demás, para no querer tener siempre la razón, para no reaccionar desde la soberbia, la impulsividad o la herida. A veces, el límite más sano es el que te impide hablar de más, meterte donde no te llaman o imponer tu manera de ver el mundo.

Sentir rabia, frustración, tristeza o miedo es lícito. Las emociones son legítimas, las conductas no. Aprender a ponerte límites implica autorregulación. Tienes que practicar el hábito saludable de parar a tiempo. No hay justificación para invadir al otro, para agredir o hacerle daño porque tus límites se hayan desmadrado. Por lo que sea. No hay justificación.

Hay momentos en los que te tienes que autolimitar. Si esto te resulta difícil, la responsabilidad de pedir ayuda es tuya.

Y tú, que ya sabes cómo funciona esto, sabes también que cuando te excedes aparece la culpa; después de la culpa, te castigas; después te sientes triste y después te da por adoptar conductas compensatorias. Y así se repite la espiral que te mantiene atrapado entre dos extremos: aguantar o estallar. Ponerte límites es vivir en seguridad y en la libertad de elegir quién quieres ser y cómo te quieres relacionar contigo, con los demás y con el mundo.

APRENDE A RECONOCER TUS PROPIOS LÍMITES

No siempre sabes que un límite ha sido cruzado. A veces el cuerpo lo nota mucho antes que tú. Estas señales pueden ayudarte a identificar cuándo estás saliendo de tu centro:

1. **Tu cuerpo se tensa.** Aparece una presión en el pecho, el estómago cerrado o el cansancio repentino. El cuerpo te dice «basta» cuando tu mente aún busca una excusa para seguir.

2. **Tu voz se apaga o se eleva.** Si callas por miedo o hablas desde la rabia, probablemente ya estás fuera de tu espacio interno. En ambos casos, el cuerpo intenta recuperar el control.

3. **Sientes confusión o culpa.** Dudas de ti, te preguntas si estás exagerando o si deberías aguantar un poco más. Esa duda es muchas veces la señal de que ya has cedido más de lo que puedes sostener.

4. **Tu energía cambia.** Te vacías después de un encuentro o te cuesta volver a conectar contigo. Cuando algo o alguien te deja drenada, hay un límite desdibujado.

5. **Reaccionas en exceso.** Si explotas, te cierras o te alejas, quizá llevas tiempo acumulando cosas que te molestan sin ponerles freno. Cuando no se nombran a tiempo, el malestar crece y acaba saliendo en forma de estallido o de distancia.

23

Poder elegir es tu poder

PODER ELEGIR ES TU PODER

> Elijo hacer del resto de mi vida lo mejor de mi vida.
>
> LOUISE HAY

La mente crea la realidad. Dicho de otro modo: creer y crear. Hay tantas realidades posibles como maneras de mirarla. Ahí está la clave. La realidad de cada uno está tejida a base de percepciones, recuerdos, aprendizajes, creencias, emociones, maneras de ser.... Todos esos son filtros que colorean tu verdad. Por eso dos personas pueden estar viviendo la misma situación y llegar a conclusiones completamente distintas porque no vemos la vida como es, la vemos como somos. Y justo por eso elegir se convierte en un acto de identidad. Cada elección cuenta quién eres hoy y en quién te conviertes mañana.

Muchos de nuestros bucles no tienen que ver con la realidad, sino con nuestra percepción sobre la misma. Y es ahí donde se activan patrones automáticos a nivel mental, somático y emocional con el fin de protegernos.

Salir del bucle exige necesariamente pulsar el botón de nuestro superpoder: observar otras posibilidades y elegir. Si observamos lo mismo de siempre, elegiremos lo mismo de siempre. Si observamos otras realidades posibles, activaremos otros circuitos para salir del más de lo mismo.

Es importante entender que aquello que se repite en bucles infinitos, que te hace estar mal una y otra vez, ocurre porque no estamos contemplando otras posibilidades por claudicar ante una vida en automático (creencias, hábitos, dinámicas) que nos hace sentir más seguros. Si entendemos esto y aceptamos que el cambio conlleva un vaivén emocional, entonces ya empezamos a ser capaces de observar realidades alternativas, más alineadas con quienes somos y con lo que de verdad queremos. Observar es el primer paso. Permitirte observar algo diferente rompe el bucle. Abre caminos al cambio.

Algo que puede ayudarnos a observar distintas posibilidades es la meditación. Al hacerlo, rompemos los automatismos de la mente y dejamos espacio a nuevas posibilidades. Pero observar no es algo reservado al momento de adoptar la postura correcta en el zafú. Se trata también de llevar esa actitud a la vida diaria: detenerte antes de reaccionar, prestar atención a cómo piensas, mirar los patrones que repites. Es fundamental que tengas conciencia de tu cuerpo: ante qué situaciones se activan el estrés, la alarma, el miedo…, o por el contrario la calma, la paz, el bienestar. Cada pausa consciente abre una rendija desde la que elegir distinto.

ELEGIR CON RESPONSABILIDAD ES UN *UPGRADE* DE CONCIENCIA

> La libertad significa responsabilidad; por eso, la mayoría de los hombres le tiene tanto miedo.
>
> GEORGE BERNARD SHAW

Tomamos miles de elecciones al día. La taza del desayuno, café o té, el tipo de café o de té, la ropa, manga corta o larga, coger la llamada o no, en qué tono responder al WhatsApp, qué música pones en el coche, qué volumen, si te lanzas a las redes sociales nada más sonar el despertador o no... Elección, elección, elección. Y elección tras elección va configurándose el día, la semana y el fin de semana. Y así el mes y el año. Y así la vida. Así tu vida. Las elecciones en automático suponen ahorro energético a nuestro cerebro como el desayuno de cada mañana o la ruta para ir al trabajo. Elecciones pequeñas y cotidianas que, sostenidas en el tiempo, cambian la trayectoria de una vida. Elecciones de cada día que marcan un estilo de vida. Hay elecciones grandes que marcan un antes y un después. Irse a vivir a otra ciudad, tener un hijo, cambiar de trabajo, romper con una pareja... Sea como sea, hemos de tener en cuenta que vivimos a base de elecciones. La clave está en ser coherente. La elección es una de las bases de nuestro bienestar o malestar. ¿Y cómo sabes que estás tomando la elección correcta? Porque te da paz. No comodidad. Paz. La paz de saber que, aunque cueste o duela, estás en coherencia contigo. Y eso da paz. Quien ha sentido esa sensación lo sabe.

Por eso, elegir con responsabilidad es un *upgrade* de conciencia que ayudará a vivir alineados y conectados al bienestar. Cuando esto lo tienes claro, la vida se vuelve más fácil. Hablar de responsabilidad no significa culpa. Hablar de responsabilidad es ampliar la conciencia hacia la libertad.

Elegir nos enfoca hacia una determinada dirección y hace que tomemos las riendas de nuestra vida. Parece obvio decir que al elegir algo, también estamos eligiendo decir no a otras múltiples posibilidades. Elegir con responsabilidad ayuda a no rompernos y a no partir a otros por la mitad.

Una trampa frecuente es confundir elección con acierto. No se trata de que cada decisión que tomemos conlleve el resultado esperado. Eso sería aferrarse al deseo. Y quien se aferra a un deseo es muy probable que también se acabe rompiendo porque deja de ver el camino con perspectiva y solo ve un resultado como única posibilidad. Eso no es elegir. Eso es limitarse a aferrarse a una opción como una única posibilidad.

Si no se cumple lo esperado, parece que nada ha valido la pena. Elegir esperando un resultado determinado es no ser realista. Uno tiene que emprender los caminos tomando elecciones y decisiones que estén alineadas con quien eres, con tus posibilidades y con lo que quieres. Eso es lo que da la fuerza y el sentido. Se trata de elegir el camino, que es lo que depende de ti, sabiendo que el resultado no siempre estará bajo tu control. El resultado no siempre depende de ti. Con la responsabilidad gestionamos lo que depende de nosotros, con la actitud lo que no.

La brújula de nuestras elecciones debe ser la responsabilidad porque implica conciencia, seguridad, coherencia, honestidad y cuidado. Con nosotros mismos y con los demás. Eso es lo que, a largo plazo, sostiene el bienestar. Ninguna vida puede sostenerse de manera permanente a base del malestar propio ni ajeno. Tarde o temprano, eso pasa factura. Elegir con responsabilidad es un *upgrade* de conciencia que marca el camino correcto. La responsabilidad abre el camino de la paz y la libertad.

JORGE Y PILAR VIVÍAN ELIGIENDO «NO ELEGIR»

> Acepta, luego actúa. Lo que sea que el momento presente contenga, acéptalo como si lo hubieras elegido…
>
> ECKHART TOLLE

Hay situaciones en la vida en las que no es posible no elegir. Elegir o elegir no elegir se convierten en las únicas opciones posibles.

Y basándonos en eso nuestra vida va tomando un rumbo u otro. Esto es lo que les pasó a Jorge y a Pilar (y a todos los demás que se vieron implicados).

Jorge lleva cuarenta años casado. Han tenido tres hijos que ya son adultos. Hace ocho meses conoció a una mujer, Pilar, también casada y con un hijo de veinte años. Se enamoraron y empezaron a verse a escondidas. Lo que comenzó con unos encuentros puntuales con deseos irrefrenables se ha convertido en una doble vida. ¿El resultado? Una forma de vida insostenible para todos. Dos casas en tensión permanente. Discusiones constantes. Silencios llenos de dolor. Esa sensación de saber que «algo pasa», pero que nadie nombra.

Jorge y Pilar vivían su historia a la par que sostenían el mismo miedo: seguir en sus relaciones de toda la vida por miedo a hacer daño a sus familias. Así que entre ellos hablaban, dudaban, lloraban, pero no hacían nada con eso que sentían y que estaban viviendo.

Elegían cada día *no elegir*. O mejor dicho sí elegían. Ciertamente, en esta situación no es posible no elegir. Aunque ellos vivían convencidos de que estaban eligiendo lo que menos daño les hacía a todos, resultaba ser todo lo contrario. A veces, con la noble intención de no hacer daño, hacemos más daño.

Porque ¿qué hace más daño? ¿Una separación honesta? ¿O una convivencia marcada por la mentira, el miedo y la evitación? ¿Estaban protegiendo del dolor a sus familias o se estaban protegiendo a ellos mismos del dolor de tomar una decisión? ¿Y no se rompían ellos mismos cada noche al meterse en una cama en la que ya verbalizaban que no querían estar? ¿No estaría eso rompiendo también a sus parejas?

Cada uno hace lo que puede lo mejor que sabe. Y justamente por eso no se trata de juzgar a nadie. No hemos venido a eso. Solo te cuento este caso porque a veces todos nos metemos en bucles de los que no sabemos salir, que nos hacen sufrir y por los que hacemos sufrir. Y esto pasa porque todos somos personas con más o menos conciencia. A mayor conciencia, mayor responsabilidad. La responsabilidad es clave en situaciones difíciles. Elegir con responsabilidad significa aceptar la realidad que vives y ser coherente.

Cada uno ha de responsabilizarse de sus elecciones y de su propia vida. La realidad no desaparece por evitarla ni por enmascararla ni por obviarla. De hecho, cuando la afrontas desde el miedo o la evasión, el dolor que generas suele ser mayor. Todo lo importante dejado a cargo de la inconsciencia rompe. En este caso lo que rompe no es una separación, sino el dolor del juego de los rodeos, las mentiras, los recovecos y el escondite. Eso sí hiere a todos. Eso sí parte a cualquiera por la mitad. Al primero a uno mismo.

La responsabilidad marca la dirección de la elección: terminar la relación y elegir vivir en libertad lo que estás sintiendo con la otra persona, o continuar en tu matrimonio desde la verdad, no desde la evasión. En ambos caminos habrán de afrontarse realidades, posibilidades: por ejemplo, si Pilar y Jorge apostasen por la nueva relación, la incertidumbre de no saber si se equivocarán, si dolerá, si merecerá la pena. Si siguen en sus respectivos matrimonios, el reto será mirar de frente las emociones que quizá llevaban años anestesiadas y las heridas no resueltas. Pero todo eso viene después. El primer paso que abre una vida auténtica es elegir desde la conciencia con responsabilidad. Con cada elección tienes la oportunidad de reinterpretar tu pasado, construir tu presente y escribir el guion de tu película del futuro.

O ELIGES TÚ O ELIGEN POR TI

Puedes comprobar como un ejercicio de lógica que la vida que tienes ahora es el resultado de todas tus elecciones. También puede ser que sea de tus no-elecciones. Pero si esto es así, estarás de acuerdo conmigo con que si no eliges tú, estarán eligiendo por ti: las circunstancias, la vida, otra persona... Si tú no eliges, eligen por ti.

Fíjate en un ejemplo muy simple. Quieres unas zapatillas blancas concretas. Llevas tiempo viéndolas, te convence el precio y ya te has imaginado cómo te quedarían con ese vaquero o esa falda. Por fin vas a comprarlas, pero tu número está agotado. El vendedor, que es encantador y muy persuasivo, te propone otro modelo que acaba de llegar. Te cuenta que es el más vendido, el que está de moda. Ahí aparece la elección: ¿esperas a las zapatillas que querías o te llevas las que el vendedor te sugiere?

Si tienes claro lo que quieres, buscarás tu modelo en otra tienda, mirarás por internet o pedirás que te avisen cuando llegue tu talla. Y si después de intentarlo resulta imposible encontrarlas, quizá decidas que prefieres no comprarte otras, porque tú querías esas. No necesitabas unas zapatillas, querías esas zapatillas. O quizá vuelvas a por las que te propuso el vendedor, o encuentras otras que te convencen aún más. Sea como sea, eres tú quien elige. Si por el contrario te llevas las que el vendedor te sugiere porque tienes prisa, porque te da apuro decir que no, porque «es lo que hay» o porque no soportas la espera, entonces no estás eligiendo tú: están eligiendo las circunstancias por ti: la prisa, la indecisión, el miedo a incomodar o la impaciencia. En definitiva, el vendedor es quien está eligiendo por ti.

Y esto, que parece una tontería con unas zapatillas, es exactamente lo que nos pasa en la vida cuando no sostenemos lo que de verdad queremos.

Hay decisiones que no importan, pero hay otras que sí..., y aun así las dejamos en manos del azar, de la prisa, de la comodidad, de las circunstancias o de lo que otros quieran, en lugar de mantenernos en coherencia y sostener la incomodidad que conlleva elegir con claridad. Y así es como, sin darnos cuenta, poco a poco, elección tras elección, puede ser que estemos viviendo una vida que ni siquiera seamos conscientes de haber elegido.

Quizá pueda resultar complicado todo esto al leerlo así de primeras, pero te aseguro que cuando lo llevas a la práctica diariamente te das cuenta del superpoder que tenemos. Otra cosa es que lo usemos o no, pero tener lo tenemos. No siempre porque hay veces que por mucho que te empeñes la vida es como es y no eliges nada. Simplemente, la vida sucede y toca afrontar. Pero no estoy hablando de esas situaciones. Me estoy refiriendo a que pareciera que vivimos ajenos a la posibilidad de elegir en un montón de situaciones diarias. Le entregamos nuestro propio poder a otras personas o a miles de circunstancias externas que parece que nos abducen. En realidad, muchas veces esas no son más que las cadenas que nos impiden la libertad.

Mira, esta mañana temprano iba caminando por una de las estrechitas calles de Malasaña (un barrio de Madrid). Los comerciantes se estaban preparando para abrir sus negocios. Se notaba ese murmullo de las mañanas por las calles del barrio. El caso es que tres de esos comerciantes (una mujer y dos hombres) estaban hablando, y la verdad es que me quedé enganchada a lo que decían. Comentaban que alguien se había casado el fin de semana, y la mujer dijo que le había dicho al nuevo matrimonio: «Pues ya sabéis lo que os espera: la doble h». Uno de los hombres le preguntó qué era «eso de la doble h», y ella respondió: «La hipoteca y los hijos». Entre los tres se abrió un debate. Mientras uno de los hombres comentaba que eso no tenía por qué ser lo normal, la mujer y el otro estaban convencidos de que sí. No sé qué pensarás tú. Yo creo que para la mujer «la doble h» es su realidad, lo natural, pero no significa que sea una realidad universal por mucho que sea «lo normal» (lo frecuente). Por cierto, ¿sería la «doble h» el plan de los recién casados? Nos quedaremos con la duda.

Esto de que las circunstancias externas parecen ser imposiciones y no elecciones también lo veo a menudo en consulta. Personas que se han anulado a sí mismas cualquier mínimo poder de elegir. Atribuyen el cien por cien de lo que viven a las circunstancias. Su pasado y su presente parecen configurados exclusivamente por las circunstancias, y su única opción posible, la resignación. Se justifican, se autoengañan y se rompen por dentro. Pero el problema no es que no puedan elegir, es que están aferradas a la vida que tienen porque «más vale malo conocido que bueno por conocer» o por miedo a perder lo que ya se tiene. La mayoría de las veces nos cuesta cambiar no porque le tengamos miedo al futuro, sino porque no nos atrevemos a soltar la realidad en la que vivimos. Lo cierto es que ahí muchas veces se da un intercambio de limitación de posibilidades o crecimiento por *confort*, algo totalmente lícito. Sin embargo, es muy importante que esto se habite con conciencia. Es lícito elegir quedarse en el *confort* de la vida que tienes. Sin más explicaciones. No hay que justificar elecciones ni encontrar *porqués*. No todo es salir de la zona de confort. No todo el mundo quiere hacerlo ni tiene por qué hacerlo por mucho que nos bombardeen con mensajes que insisten en que siempre hay que ir a más, superarse o reinventarse. Hay personas que se sienten a gusto con sus vidas y no desean vivir desde su máximo potencial. Esto forma parte de la libertad de cada uno.

Pero sí es importante para uno mismo ser consciente de que elegir la seguridad del *confort* es en sí misma una elección. Ciertamente, lo conocido es una certeza, y lo desconocido, tan solo una promesa. Esto podría parecer una obviedad, pero la verdad es que no es así para todo el mundo.

Hay personas que viven en conflicto permanente con sus propias elecciones y eso las mantiene viviendo la vida a medias. Se quedan en un punto intermedio: no están donde quieren estar, pero tampoco se atreven a moverse de donde están. Ni habitan con plenitud su presente ni construyen con verdad su futuro. Solo lo sueñan. Pero la realidad es que se quedan viviendo entre atajos y autoengaños. El resultado es la insatisfacción. La queja permanente, la comparación constante, la frustración y, a veces, la depresión. Esta es una de las formas de vida más dolorosas que me encuentro en terapia. Y es que no se puede vivir una vida plena a la mitad.

EL CASO DE ROSA

Ahora te presento a Rosa, una mujer de cincuenta años. Sueña con vivir del yoga y entregarse a ello como modo de vida. Sin embargo, no acaba de ponerse de acuerdo con su marido en asuntos económicos de vital trascendencia. Él cree que ella tiene que trabajar para aportar dinero a casa. Ella siente que necesita un tiempo y un espacio para dar forma a su sueño y poder vivir de él. Además sostiene que en casa se lo pueden permitir económicamente.

Lo cierto es que Rosa lo tiene claro desde hace años. Y no es menos cierto que, sin embargo, lo que hace cada día es trabajar en la empresa de su marido. Este trabajo no solo no la llena, sino que además le causa un gran malestar. Rosa ha entrado en el bucle de frustración, dolor, amargura, queja constante, reproches a su marido, insatisfacción permanente, idas y venidas a urgencias por subidas de tensión, periodos de depresión con medicación. Sin embargo, se niega a aceptar que seguir viviendo en el pueblo en el que no quiere vivir y trabajar cada día donde no quiere trabajar también es una elección. Prefiere pensar que nada de eso tiene que ver con ella.

Y mientras la vida va y viene, Rosa no se detiene en hacer cursos, ir a retiros y hacer pequeñas escapadas a la playa. Siente que esa es su vía de escape. Y sí es eso. Un escape. Ilusión, ganas, sensación de haber descubierto, en cada curso al que va, la manera de salir del bucle, pero la realidad es que siempre vuelve al mismo punto: una vida insatisfecha. Y es que nadie puede vivir en paz ni con bienestar sin afrontar su realidad. La aceptación de la realidad, la honestidad, la responsabilidad, la coherencia y el compromiso con uno mismo son claves en el bienestar.

CINCO MANERAS DE ENTRENAR EL PODER
DE ELEGIR

1. **Toma conciencia de tus elecciones conscientes e inconscientes a diario**

   Observa estos ejemplos y añade los que reconozcas en tu propia vida diaria. Observa qué sientes en cada momento para tomar una elección u otra.

   - Levantarte con la primera alarma o posponerla.
   - Elegir revisar el móvil nada más despertar o darte cinco minutos para ti.
   - Elegir responder un mensaje en caliente o esperar a regularte.
   - Elegir poner límites a una conversación que te hace daño o seguir escuchando para no incomodar.
   - Elegir decir no o decir sí automáticamente para no quedar mal.
   - Elegir comer lo que te sienta bien o lo primero que tengas a mano.
   - Elegir hablar desde la calma o desde la tensión acumulada del día.
   - Elegir salir a tomar el aire cinco minutos o quedarte atrapada en la pantalla.
   - Elegir pedir ayuda o seguir cargando sola con todo.
   - Elegir parar cuando notas señales de agotamiento o ignorarlas.
   - Elegir expresar lo que necesitas o esperar a que el otro lo adivine.
   - Elegir organizar tu día o dejar que el día te arrastre.

2. **Entrena en el arte de observar distinto**

   Si solo eliges entre lo que ves en tu entorno o lo que siempre has hecho, estás eligiendo lo de siempre. Eso puede

resultar de gran utilidad para tu vida. Sin embargo, si algo te
está incomodando y sientes que no quieres «más de lo mismo», observa otras posibilidades. Conéctate con lo que de
verdad sientes y mira otras opciones. Si sientes que necesitas ayuda, fíjate en otras personas que puedan ser referentes en eso, meditar o ir a terapia. Lo que creas que mejor
puede ayudarte.

3. **Nombra lo que deseas con honestidad**
   Pregúntate qué quieres de verdad y qué te frena. Muchas
   veces lo que lo impide no es una creencia, sino el miedo
   a perder algo.

4. **Toma decisiones coherentes y olvídate de los «y si…».**
   Una elección se valida con la acción. No es decir «quiero»,
   sino dar el paso a la acción que lo acompaña por pequeño
   que sea. Deseo sin acción se queda en ilusión y frustración.
   Deja de poner lo que de verdad quieres en condicional.
   No es «y si…», «y si yo tuviera…», «y si yo fuera…», «y si no
   lo hubiese hecho así». Esta manera de pensar solo pone
   trabas a la acción. Si ves que lo que quieres es algo muy
   grande para tus posibilidades de este momento, fracciona-
   na lo que quieres en pequeños pasos. Tu yo de hoy no
   podrá hacer lo que sueñas para mañana. Pero tu yo de
   hoy puede dar el paso que te toca dar hoy para tu sueño
   de mañana. Di basta a los «y si…». Da la bienvenida a lo
   que hay y sus posibilidades.

5. **Enfócate en el camino**
   Acepta desde ya que habrá cosas que no saldrán como
   esperabas. Eso no debe detenerte. El movimiento es lo
   que abre posibilidades. Solo al caminar podrás ajustar,
   corregir, aprender y hasta sorprenderte con lo que no ha-
   bías previsto. La vida no se predice, se vive. Y solo puede
   vivirse viviéndola. Y por supuesto, si crees que lo necesitas,
   elige pedir ayuda.

Propósito: la expresión de ser

24

El propósito de vida como expresión de la identidad

¿EN LA ERA DEL PROPÓSITO?

> Para quien no sabe a qué puerto se dirige, ningún viento es favorable.
>
> SÉNECA

Hace ya años que los millennials pusieron sobre la mesa la cuestión del propósito al incorporarse al mundo laboral. Muchos de ellos no solo buscaban trabajo, sino que buscaban un trabajo con propósito. De hecho, algunos autores en Estados Unidos empezaron a hablar de la «era del propósito» a mediados de la década de 2010, anticipando un cambio cultural en la forma de entender el trabajo y la misma vida.

Sin embargo, es desde la pandemia de COVID-19 que vivir una vida con sentido se ha convertido en prioridad para muchas personas. No es de extrañar. Vimos tambalear los pilares de una seguridad que nunca nos planteamos que fuera tan frágil. Nunca nos habíamos enfrentado antes a que algo que ocurría tan lejos pudiera afectarnos tan de cerca. ¿Cómo podía ser que algo que ocurría en China tuviera una repercusión a nivel mundial de esa envergadura? El mundo se paralizó. Muerte. Enfermedad. Miedo. Incertidumbre. Vivimos un trauma colectivo aún sin resolver.

Entendimos de verdad lo que era eso de la globalización a través de un virus. Nos dimos cuenta de que podríamos no estar a salvo en ninguna parte. Confinamiento. Mascarilla. Gel hidroalcohólico. Cualquier parte se convertía en potencial lugar de inseguridad. Mientras tanto un sentimiento de comunidad surgió alrededor del aplauso de las ocho de la tarde, una sensación fuerte de agradecimiento con aquellos que literalmente se jugaban la vida a cada instante. Algunos incluso la perdieron. Y la vida se iba dando a fuerza de vivir en un mundo tan nuevo como desconocido para todos los que lo habitábamos.

El mundo se hizo, a la vez, tan grande que nos bastaba lo más pequeño. Lo más pequeño resultó ser lo más grande. Nos dimos cuenta de que la vida era más fácil. Y más difícil. Muchas imágenes guardadas en nuestra memoria colectiva, todavía sin procesar. Recuerdos. Impacto. Emoción. Miedo. Barbarie. Sin sentido. ¿Y ahora qué?

El vacío de una vida de costumbre nos llenó de preguntas. Un parón prolongado que pellizcaba a muchos en el sentido de sus vidas. Preguntas en cascada para muchas personas que se planteaban: ¿para qué esta vida?, ¿para qué este trabajo?, ¿para qué seguir en esta relación caducada?, ¿para qué el dinero?, ¿para qué el éxito?, ¿para qué en esta ciudad que me llena de estrés? En definitiva, ¿para qué yo en esta vida?

Se produjo un reajuste de prioridades. Hubo gente que se mudó al pueblo; otros dieron el salto a la gran ciudad hartos de vivir en un contexto que sentían como limitante; otros se reinventaron personal y profesionalmente. El sentido de la vida y la coherencia con los valores cobraron protagonismo. Pasó de ser un deseo lejano a convertirse en prioridad.

Y esto no quedó allí. Cada vez son más las personas que tienen especial interés en vivir desde su propósito.

Esta tendencia se hace especialmente visible en las generaciones más jóvenes. De hecho, la Encuesta Global 2025 de la generación Z y los millennials de Deloitte en la que se entrevistaron a más de 23.482 jóvenes en 44 países reveló que aproximadamente nueve de cada diez de la generación Z (89 %) y de los millennials (92 %) consideran que tener un sentido de propósito es importante para su satisfacción laboral y su bienestar. España no es una excepción. En nuestro país casi nueve de cada diez expresan que el propósito de su empresa es un factor clave para su satisfacción laboral. Además tienen claro que están dispuestos a rechazar trabajos o jefes que no se alineen con sus valores.

Cada vez más el propósito se está integrando en distintos ámbitos. Universidades en Estados Unidos lo incorporan en programas formativos para que los estudiantes se dirijan hacia una vida con sentido. Incluso hay algunas universidades que incorporan ya departamentos específicos para el estudio del propósito. También en el ámbito empresarial, el propósito está cobrando cada vez más fuerza y seriedad. Ya se ha visto que no vale el «propósito de escaparate». Hay estudios que afirman que las empresas que lo trabajan en profundidad son capaces de generar, sostener y escalar sus iniciativas en el tiempo.

No cabe duda de que el interés creciente por el propósito de vida ha hecho que, de repente, proliferen los supuestos expertos del propósito de vida que aseguran tener las respuestas definitivas. En momentos así, conviene recordar que el propósito no es una revelación externa ni una verdad oculta. El propósito no es algo grandioso ni etéreo. El propósito es la expresión de tu identidad manifestándose en la vida.

A lo largo de mi carrera como psicoterapeuta he podido ver cómo muchos problemas de salud mental están profundamente vinculados con una sensación de falta de dirección o de vacío del sentido de la vida. Por eso quiero compartir contigo algunas claves que utilizamos tanto en terapia como en la investigación psicológica contemporánea sobre el propósito de vida.

¿QUÉ ES EL PROPÓSITO DE VIDA?

¡Qué hermoso es ver el día
coronado de fuego levantarse,
y a su beso de lumbre
brillar las olas y encenderse el aire!
¡Qué hermoso es tras la lluvia
del triste otoño, en la azulada tarde,
de las húmedas flores
el perfume aspirar hasta saciarse!
¡Qué hermoso es, cuando en copos
la blanca nieve silenciosa cae,
de las inquietas llamas
ver las rojizas lenguas agitarse!
¡Qué hermoso es cuando hay sueño
dormir bien… y roncar como un sochantre…
y comer… y engordar… iy qué fortuna
que esto solo no baste!

GUSTAVO ADOLFO BÉCQUER
«¡Qué hermoso es ver el día» (Rima LXVII – 18)

Comencemos por el principio. ¿Qué es eso del propósito de vida? Hay muchas definiciones, pero una de las más utilizadas por la psicología en el ámbito clínico y en la investigación es esta:

El propósito de vida puede entenderse como una meta vital central, capaz de organizar y dar dirección al resto de los objetivos y metas.

Actúa como un marco que estimula la acción, orienta los comportamientos cotidianos y otorga significado a la experiencia de vida.

McKNIGHT y KASHDAN, 2009

El propósito de vida es aquello que colocamos en el centro. Es esa fuerza proactiva que nos impulsa hacia adelante, la motivación que nos conecta con lo que de verdad nos importa y que une todas nuestras aspiraciones en una dirección coherente. Dicho de otro modo, es la rueda que impulsa y mantiene en movimiento nuestra vida con sentido. Hablar de propósito es hablar de motivación, de valores, de intereses, de personalidad y de objetivos. Hablar de propósito es hablar de ti.

Algunos autores sostienen que necesitamos un sentido de propósito para vivir plenamente. Esto significa alinear nuestro día a día con nuestros valores y metas. ¿Recuerdas que los jóvenes de hoy están dispuestos a rechazar trabajos si sus valores no coinciden con los de la empresa? Eso demuestra que las teorías, cuando se llevan a la práctica, no se quedan en los libros. Se convierten en decisiones y en maneras de vivir.

Además, investigaciones recientes muestran que el propósito no es algo fijo que se tiene o no se tiene. La conexión al propósito puede fluctuar, al igual que lo hacen las emociones. Hay días en los que nos sentiremos más conectados con él y otros en los que no. Como señalan los autores, «empíricamente, no estamos obligados a sentirnos siempre con propósito o a nunca sentirnos con propósito». Lo más importante es actuar en el día a día de manera coherente con nuestras metas y valores.

En resumen, podríamos decir que el propósito es una meta vital amplia, una misión que organiza nuestras acciones y que, aunque con frecuencia trasciende lo personal, no necesariamente tiene que hacerlo, como señalan algunos investigadores. El propósito responde al «¿para qué?», mientras que el sentido de propósito es la conexión que experimentamos con él en nuestro día a día y responde al «¿por qué?». El propósito es la brújula que nos guía hacia el futuro. El sentido nos ancla a cada día.

CARACTERÍSTICAS FUNDAMENTALES DEL PROPÓSITO DE VIDA

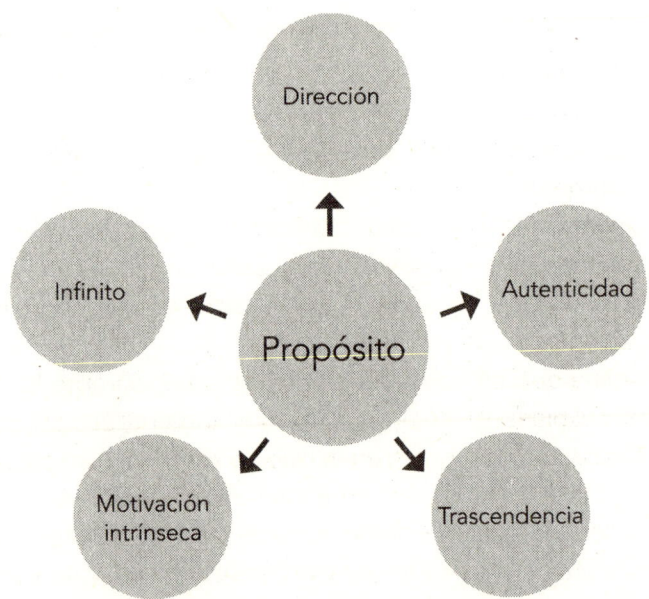

Dirección: el propósito actúa como un marco orientador que da coherencia a la vida y ayuda a organizar metas y acciones. Nos va marcando la dirección. Muchos autores expertos en el tema del propósito lo señalan más como brújula que como estrella polar.

Autenticidad: está conectada con quien eres en esencia, tus valores, talentos y experiencias únicas.

Trascendencia: la capacidad de abrir la mirada más allá del yo físico y de las necesidades o deseos inmediatos. Conecta con algo superior. Puede ser un proyecto que da sentido a la vida, una pasión creativa, el vínculo profundo con otra persona, la búsqueda de lo espiritual o la experiencia de lo bello en la naturaleza o en el arte.

Motivación intrínseca: cuando vivimos con un sentido de propósito, aparece una dirección interna que guía nuestras decisiones.

Ese propósito nos da intención en el presente y nos ayuda a organizar el futuro de manera coherente con lo que es importante para nosotros.

Varios autores señalan que la motivación intrínseca favorece la resiliencia y la persistencia ante los obstáculos, porque ofrece un «para qué» que sostiene el esfuerzo. Cuando sabemos para qué hacemos algo, es más fácil mantener el compromiso, incluso en los momentos difíciles.

Es infinito: el propósito de vida no tiene fecha de caducidad. Es exponencial. No es estático, sino que se va desarrollando, en función de experiencias, aprendizajes y contextos. El propósito es la expresión de la identidad.

Imagina que el propósito de una persona siempre ha sido contribuir al bienestar de otros a través de la salud. Ese propósito permanece, pero la forma en la que se expresa (los roles, los caminos, las decisiones) cambiará a lo largo de su vida. Por ejemplo, puede que desde la infancia ya estuviese interesada en temas de salud, que leyese, ayudase a sus compañeros o que participase en un voluntariado. Puede que luego estudiara Medicina y ejerciera como médico durante años. Quizá más adelante decidiera dejar la consulta para compartir el conocimiento de salud como conferenciante o a través de libros. Como ves, el propósito es el mismo, pero se expone de otra forma según los deseos, las necesidades y la evolución de la persona.

¿ES LO MISMO EL PROPÓSITO DE VIDA QUE LAS METAS?

Esta es una cuestión que nos planteamos con frecuencia. El propósito y las metas son cosas diferentes.

Los diferentes objetivos o metas que una persona se marca para la vida suelen tener fecha de inicio y fecha de fin. Imagina que quieres estudiar una carrera o conseguir un trabajo determinado o mudarte de ciudad. Todo eso constituyen experiencias que empiezan y se terminan.

El propósito de vida, digamos, es el director de orquesta. Es el que va organizando las metas en función de nuestras necesidades y valores. El propósito, a diferencia de las metas, tiende al infinito. Se va renovando a lo largo de la vida, pero no tiene fecha de fin. Por eso, en clínica y en investigación se habla más bien de cultivar el propósito o de vivir con propósito.

De una manera más amplia puede decirse que el propósito recoge la esencia de quiénes somos y de qué necesidad es estructural para nuestra vida. Voy a ponerme como ejemplo, aunque no sea lo que más me gusta, porque creo que puede ayudarte a entender mejor esta idea. Desde niña he sentido una profunda curiosidad por entender a las personas y desde siempre me ha encantado ayudar en lo que podía a quienes me contaban algo. Cuando se acercaba el momento de elegir carrera, siempre tuve claro que quería estudiar Psicología. Allá por el año 2000 muchos me decían que esa carrera no tendría salidas profesionales. Era algo habitual en aquellos tiempos cuando decías que querías estudiar Psicología. Yo, sin saber nada de esto del propósito, pensaba: «Si hago lo que quiero, encontraré salidas; si hago algo que no me gusta, seguro que no las encontraré». Como esa carrera no la había en Badajoz, de donde soy, hice las maletas y me fui a vivir a Salamanca. A los cuatro años, cuando me tocó elegir la modalidad educativa, de Recursos Humanos o de clínica, yo tenía muy claro que quería clínica. Después, como lo que en realidad me encantaba era la psicoterapia, elegí hacer un máster en Psicoterapia. Podría seguir trazando la línea de elecciones en torno a mi propósito de vida, pero creo que hasta aquí se ve bien que lo que fue dando sentido a cada una de estas metas fue el propósito de vida, que era lo que estaba en el centro.

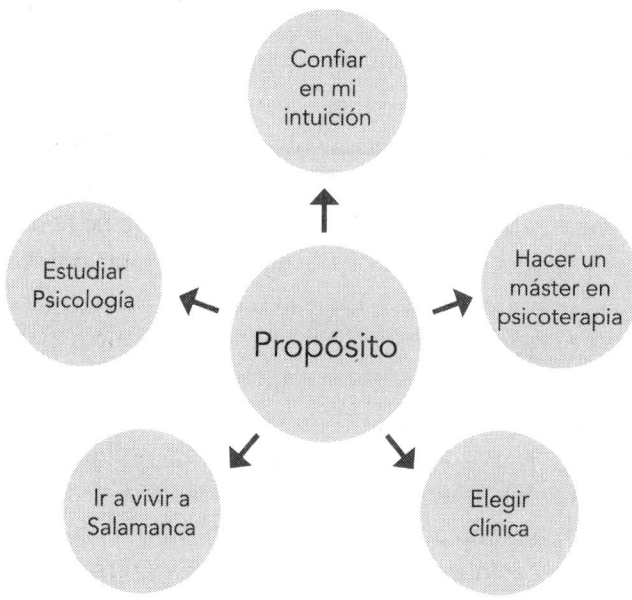

LA HISTORIA DEL PROPÓSITO

Esto del propósito no es nada nuevo. Disciplinas como la psicología, la filosofía o la sociología vienen desarrollando este tema desde hace décadas. No es mi intención aturdirte con la historia del propósito, pero creo importante destacar algunos nombres y reflexiones con la intención de que veas que todo esto ya está escrito.

Aldous Huxley ya reflexionó sobre el riesgo de una sociedad deshumanizada y la necesidad de ampliar la conciencia de sus habitantes más allá del consumo. Erich Fromm señaló que una vida plena no depende de lo que acumulamos (tener), sino de lo que desarrollamos como personas (ser). Y Abraham Maslow, en 1943, situó la autorrealización en el nivel más elevado de su pirámide de necesidades. Para Maslow la autorrealización era un proceso dinámico en el que la persona se desarrolla expresando plenamente sus capacidades y potencialidades. Algo parecido a lo que hoy llamamos desarrollar el máximo potencial. Nada nuevo bajo el sol. Además, en los últimos años de su trayectoria, Maslow dio un paso más y habló de la trascendencia. Es decir, la capacidad de ir más allá de uno mismo para conectarse con valores, causas o experiencias que superan a la persona.

Como ves, estos autores y otros muchos ya reflexionaban y plasmaban en sus teorías la importancia de vivir con sentido. Sin embargo, fue Viktor Frankl, neurólogo y psiquiatra, en 1959, el primero en convertir el sentido en el eje central de una teoría psicológica y de una práctica clínica: la logoterapia. Integró el propósito como una motivación interna. A diferencia de Maslow, que hablaba de la autorrealización una vez que todas las demás necesidades estuviesen satisfechas, Frankl sostenía que precisamente es el propósito el que te da la sensación de que vale la pena vivir, incluso en situaciones de estrés extremo o dificultades inevitables.

Posteriormente, marcos más modernos de la psicología han incorporado explícitamente el sentido en sus modelos. Carol Ryff en 1989 incluye el propósito como un componente central en su modelo de bienestar psicológico. También Martin Seligman, en 2011, estableció el sentido como uno de los pilares maestros dentro de su modelo de bienestar PERMA (por sus siglas en inglés), que significa: Emociones Positivas. Compromiso. Relaciones. Sentido. Logro.

¿QUÉ NOS DICE LA INVESTIGACIÓN SOBRE EL PROPÓSITO?

En los últimos años ha aumentado de manera considerable la investigación sobre el propósito. Esto nos ayuda a comprender mejor qué significa vivir con propósito y cuáles son sus efectos sobre la salud y el bienestar. Se ha encontrado una evidencia clara de que las personas que viven con sentido de propósito tienen una mejor salud física, psicológica y social. Te resumo los principales hallazgos de los estudios:

- **Mayor longevidad:** las personas con un sentido claro de propósito viven más años.
- **Mejor salud física:** tienen un mejor funcionamiento fisiológico. También presentan menores riesgos de padecer ictus o infartos.
- **Protección cognitiva:** presentan menor riesgo de padecer enfermedades crónicas como deterioro cognitivo o demencia tipo alzhéimer.
- **Bienestar psicológico y social:** las personas con propósito presentan menos síntomas depresivos y ansiosos, mayor resiliencia y más satisfacción vital.
- **Estrés:** se ha encontrado que el propósito es un factor protector del estrés. Al mismo tiempo se ha observado que las personas con propósito, contrariamente a lo que muchos puedan pensar, tienen más factores estresantes en su vida cada día. Sin embargo, es el propósito lo que les permite no solo no rendirse ante las dificultades, sino afrontarlas de manera activa convirtiéndolas en oportunidades de crecimiento.
- **Hábitos:** las personas que viven con propósito se cuidan más, tienen mejores hábitos y hacen las cosas que realmente quieren hacer en la vida. No es hacer por hacer, sino hacerlo con sentido.
- **Motivación y logro:** el propósito actúa como brújula que orienta la conducta, favorece la persistencia frente a obstáculos y ayuda a transformar la adversidad en aprendizaje.
- **Conexión social:** quienes viven con propósito tienden a ser más atractivos para los demás, lo que favorece la conexión social.
- **Atención, conciencia, impulsividad:** también se han visto

efectos beneficiosos del propósito sobre la atención consciente. Tener un sentido de propósito hace que se ponga el foco sobre objetivos a largo plazo, lo que hace que se reduzca la perturbación del bienestar que pueda ser causada por eventos inmediatos, ya sean estresantes o estimulantes.

En este momento, cada vez son más los estudios especializados que están incluyendo más matices para profundizar en todo lo relacionado con el propósito. A pesar de esto, aún nos queda mucho por saber y avanzar en este sentido.

EL PROPÓSITO HABLA EL LENGUAJE DE LOS SUEÑOS

> No te despiertes, corazón, tú sigue soñando.
> Siempre que me levanto, me doy cuenta de lo bendecida
> Voy por el mundo haciendo lo mío
> Abriendo camino y cerrando heridas
> Dejando semillas en las orillas
> De cada corazón que me está escuchando
> Sigo caminando en la dirección
> Que está diciéndome el corazón
> Llevo como brújula mi intuición
> Cada vez tengo más clara mi misión
> A veces visita la confusión
> Pero no falta la motivación
> De querer lograrlo.

KAROL G, «Milagros», 2025

Durante mucho tiempo, el propósito quedó relegado a lo filosófico. Ahora empieza a ocupar su lugar en la vida diaria, convirtiéndose en el centro desde el que muchas personas viven. Hemos aprendido a vivir bajo un modelo de vida convencional, donde hablar de sueños parecía ingenuo, casi infantil, poco serio. Por eso, a muchos todavía les sigue chirriando asistir a la realidad de que, muchas veces, los sueños se cumplen.

Todas esas personas que viven desde su propósito saben más que todas las teorías y los resultados de los estudios más sofisticados. Son propósito en acción. Conocen la responsabilidad que implica vivir de un sueño. El esfuerzo y la constancia que exige. Las renuncias que conlleva. Pero también saben que ese mismo sueño es el que, curiosamente, te ancla fuerte a la tierra, a la vida. El propósito se convierte en motor para crecer y en fuerza para rugir más alto que las adversidades.

Vivir desde el propósito es simplemente un estilo de vida. Las personas que viven desde ahí no negocian sus sueños para adaptarlos a las circunstancias. Más bien al revés: si lo necesitan, se adaptan a las circunstancias para luchar por sus sueños. Por eso hablan de soñar en grande. Ellos se estiran hasta la altura de sus sueños. No bajan el sueño.

Que soñar siga siendo una película de ciencia ficción inalcanzable para muchos es la realidad para otros muchos que encuentran en el sueño el sentido de cada día. Elegir no conformarse con lo que parece estar escrito es un ejercicio de rebeldía y coraje. El propósito requiere arriesgarse a vivir siendo quién eres. Es la expresión de tu identidad. Es lo contrario a la homogeneidad que requiere el algoritmo de las redes y el modelo social predominante. El propósito es ser único. Es esfuerzo combinado con talento. Implica que vivas mucho tiempo en oscuridad porque nadie más lo ve. Y sigues y sigues. Muchos no lo entienden hasta que se hace visible que el sueño se ha convertido en realidad. Cuando eso sucede, todos lo ven fácil. Incluso los que nunca lo vieron dicen que desde siempre lo supieron...

MrBeast, un famoso influencer, decía: «Estás loco hasta que tienes éxito. Entonces eres un genio. Y creo que para mucha gente cuando estás esforzándote, la gente piensa que estás demasiado obsesionado, que eres un raro... Deja de hacer solo vídeos, haz algo con tu vida, sé realista. La gente intenta convencerte de que estás perdiendo el tiempo solo por querer hacer esto. Pero cuando al final lo consigues: "Bro, tu empeño, tu tenacidad fueron geniales". Y pienso: bueno sí, pero dónde estaba tu apoyo cuando estaba en un canal pequeño. Estás loco hasta que tienes éxito y entonces eres un genio».

En fin, realidades de los sueños... Los sueños requieren de ilusión, coraje, creer en uno mismo con todas las fuerzas, talento y mucho esfuerzo. Mucha responsabilidad. Muchas renuncias. No basta con el talento. El talento se queda en nada si no lo trabajas. Puedes acudir a cualquier ejemplo, que verás que todo esto se repite una y otra vez. Sea como sea, como canta Manuel Carrasco, «no dejes de soñar».

EL PROPÓSITO NO SE BUSCA, EL PROPÓSITO SE VIVE

> La misión de mi alma es brindar luz al mundo en cada cosa que hago. Lo quiero todo, pero con el propósito de compartir, no de quedármelo solo para mí.
>
> MADONNA

Se suele hablar de buscar el propósito en la calle, en cafés y en las redes. Encontrarlo como si fuera cualquier cosa que se nos hubiera caído de un bolsillo o una revelación que nos cambiase la vida de golpe. Sin embargo, el propósito no es un destino grandioso al que llegar, sino una forma de vida.

Es habitar tu propia existencia en coherencia con tu esencia. Es moverte desde tu centro de gravedad. Por eso, el propósito no se busca fuera, se revela cuando decides conectar con quien eres y expresarlo al mundo. Es la expresión de la identidad. Aunque suene profundo, en realidad es algo muy instintivo. Muchas personas ya viven desde su propósito sin saberlo y sin tanto análisis.

El propósito es eso que sientes en las tripas, como si hubiera algo dentro de ti que te dijera a qué has venido a este mundo. Como si tu paso por la vida tuviera sentido al hacer eso que es tan único, tan tuyo, que solo te pertenece a ti.

La mayoría de las personas que viven alineadas con su propósito son proactivas, es decir, tienen un compromiso sostenido con aquello que quieren y no lo sueltan fácilmente. Suelen hacer afirmaciones como estas: «tengo el lujo de dedicarme a lo que realmente amo», «para mí el trabajo es lo que antes era mi pasatiempo», «he nacido para eso», «no me imagino un plan B para mi vida». Esto se observa con frecuencia en artistas o deportistas. También en profesiones muy vocacionales relacionadas con la salud (médicas, enfermeros, TCAE, psicólogos...), la educación (profesores), con los oficios (panadero, zapatero, camarero...) y con la prestación de servicios de ayuda (bombero, policía, trabajadores sociales...), entre otras.

Hay quienes entran en contacto con el propósito a raíz de un acontecimiento vital que les transforma: un viaje, un divorcio, una enfermedad, una pérdida, la pandemia. Son experiencias que rompen los automatismos y despiertan preguntas profundas sobre el sentido de la vida. En ese quiebre aparece, a menudo, una claridad nueva: lo que antes parecía secundario se convierte en lo esencial, y lo esencial se vuelve brújula. Lo vemos en quienes, después de años en un empleo que es estable pero que se siente vacío, deciden dejarlo todo para emprender un proyecto que refleje de verdad quiénes son. En quienes se replantean su forma de vivir y regresan a su pueblo para construir una vida más coherente con los valores que realmente les importan. Abundan los ejemplos entre jóvenes que antes residían en grandes ciudades como Madrid y que ahora, de vuelta a sus lugares de origen, han abierto una librería, un restaurante o un pequeño negocio creado a su manera, como una expresión de lo que son y en coherencia con los valores en los que creen. También quienes a partir de esa experiencia deciden involucrarse en labores de ayuda en ONG, hospitales o incluso crear fundaciones. Y están, además, quienes descubren su propósito al observar cómo otros viven desde él. Miran la forma en que se entregan, se esfuerzan y construyen una vida coherente con lo que aman, y en ese reflejo sienten el deseo de hacer lo mismo. No es que les copien, sino que se inspiran en cómo estructuran su vida para dedicarse a lo que en realidad ellos son.

Ahora bien, es importante subrayar que el propósito no es un trabajo ni se limita a un rol profesional. El propósito es estructural, está íntimamente ligado a la identidad. Vivir alineado con el propósito es una forma de vivir con autenticidad. Los roles profesionales que desempeñan quienes viven desde su propósito son una materialización de su identidad. En función del grado con el que expreses tu identidad, así se van a manifestar el resto de las elecciones de tu vida: pareja, amistades, trabajo, ocio... El propósito es el centro de gravedad que marca tu estilo de vida. Cuanto más alineado estés con tu propósito, más alineado estará tu entorno. Y a la inversa. Ya sabes que a medida que evolucionas, que tu identidad se actualiza, el propósito cambia de forma. Por eso habrá cosas que dejen de tener sentido; otras, por mucho que cambies, nunca dejarán de tenerlo.

Cultivar el propósito

Cuando trabajamos con el propósito en terapia o en la investigación, no hablamos tanto de encontrar el propósito como de cultivarlo. Para ello se requiere el hábito de la observación, la escucha y la reflexión. Desde luego que la conexión con el propósito y el sentido de la vida no está en la hiperestimulación, en el *scroll* ni en TikTok. El propósito requiere un camino más profundo que nunca va a estar en la superficialidad ni en el ritmo vertiginoso de la vida vivida en automático.

Cultivar el propósito requiere hacerse preguntas que no tienen respuesta fácil ni inmediata: ¿Quién soy? ¿Qué es para mí la vida? ¿Cómo la estoy viviendo? ¿A quién quiero de verdad? ¿Cómo es el amor que expreso y cómo dejo que me lo expresen? ¿Cuáles son los proyectos de mi vida? ¿Qué sentido tiene mi vida? ¿Por qué estoy aquí? ¿Qué se quedará en este mundo de mí cuando yo deje de habitarlo? ¿Habrá merecido la pena? Preguntas que solo tú puedes responder con honestidad, reflexión y, sobre todo, conexión contigo. Todas las respuestas están dentro de ti.

EL ENTORNO PUEDE AYUDAR A ASFIXIAR O A FLORECER TU PROPÓSITO DE VIDA

El contexto es decisivo en el desarrollo de tu propósito de vida. Por mucho empeño que pongas, hay lugares donde simplemente no podrá respirar; otros, en cambio, lo favorecen y lo expanden. A veces no es que vivas sin propósito, es que a tu propósito le falta oxígeno en el entorno que habitas.

El entorno puede ser la ciudad, el pueblo, la casa, la pareja, la familia, el trabajo, el colegio, los amigos... Cuando existe coherencia entre quién eres, lo que quieres y tu mundo externo, tu propósito encuentra oxígeno. Cuando hay interferencias, le puede costar respirar e incluso se puede asfixiar.

Lo mismo ocurre en el transcurrir de la vida diaria. Vivir alineados con el propósito no significa hacerlo todo perfecto, sino tomar decisiones y sostener acciones que estén, en la medida de lo posible, en sintonía con quien eres.

La literatura científica señala que hay condiciones del entorno que pueden estrangular o impulsar el propósito. Lo veo con mucha frecuencia en terapia. Hay cuatro condiciones del entorno que resultan necesarias para que el propósito pueda florecer:

1. Que pueda desplegarse

Parece bastante obvio, pero no siempre es tan evidente que la acción principal ligada a tu propósito debe poder desarrollarse en la práctica de la vida diaria. No es lo mismo querer ser surfista profesional y vivir en Madrid que querer serlo viviendo en Mundaka, Tarifa o Nazaré. El lugar no garantiza hacer realidad el sueño, pero sí estructura los hábitos y el día a día en el que la vida transcurre. El contexto no determina quién eres, pero sí condiciona cuánto de ti puedes desplegar.

2. Control y autonomía

El propósito es tuyo. Por eso requiere de tu criterio, tu imaginación y, sobre todo, tu presencia para que pueda ser desarrollado. Necesitas poder tomar decisiones sobre cómo lo materializas en la vida. Cuando te pierdes o te adaptas en exceso a expectativas externas, modas o presiones, tú acabas por no existir y el propósito se vuelve tan desconocido que ya es ajeno a ti. No olvides que el propósito está dentro de ti. Por tanto, no puede existir sin ti.

3. Expresión de identidad (y su actualización)

Si el propósito es expresión de identidad, el contexto debe reflejarte y permitir que te renueves. La ciudad, la familia, la pareja, la casa, el trabajo, los amigos, el ocio…, todo suma o resta. Nadie te garantiza que lo que elegiste hace veinte años siga encajando con quien eres hoy. Lo de hace veinte años seguirá vibrando con quien eres hoy si tú sientes la sensación de elegirlo cada día, si te conecta con lo que de verdad quieres hoy.

No debemos olvidar que la identidad se va actualizando. Si el entorno no admite esa actualización, te quedas atrapada en una versión antigua de ti. Por mucho que avances, aparecerá esa sensación de ir más despacio de lo que podrías, como si siguieras usando un *software* que se ha quedado obsoleto. Por eso conviene preguntarse: ¿Puedo ser quien soy ahora aquí? ¿Con esta persona? ¿Están aquí mis motivaciones de hoy? ¿Esto tiene sentido para mí ahora? ¿Se ven reflejados mis valores?

Cuando las respuestas empiezan a chocar con la realidad, suele aparecer un vacío difícil de nombrar: «No sé qué me pasa, pero ya nada me llena». Y no es que pase nada, sino que el mundo interno y el contexto que habitas han dejado de vibrar en la misma frecuencia. La disincronía entre tu versión actual y lo que vives es tan grande que ya no puedes seguir funcionando como antes. Lo cotidiano se vuelve pesado. Las rutinas resultan ya agotadoras. Las decisiones se vuelven confusas. Y todo parece que sabe a nada. Ante señales como estas toca frenar, conectarte contigo, poner nombre a lo que ocurre y decidir qué hacer con honestidad.

Ser realista (mirar lo que hay sin filtros) es el primer paso del cambio.

Aceptar que hay partes que podrías perder no necesariamente te lleva a la pérdida. Sin embargo, el inmovilismo por el miedo a no perder es el camino que te lleva directo a perderte a ti. Cuando una persona lleva demasiado tiempo viviendo lejos de sí misma, pueden aparecer problemas como ansiedad, agotamiento emocional, apatía, síntomas depresivos, desconexión, insatisfacción crónica, irritabilidad o confusión vital. De ahí la importancia de reconocer las señales de desajuste entre tu yo actual y tu contexto, y reflexionar sobre qué pasos necesitas dar.

4. Entorno desafiante

El propósito necesita un desafío óptimo. Eso significa afrontar retos que no sean abrumadores ni tan estresantes que no puedas con ellos y tampoco puedes estar en un lugar que no te estimule. Si no tienes nada que hacer ni ser ahí, ¿qué sentido tiene estar?

Cuando estás conectado fuerte al propósito y las piezas del contexto encajan, el propósito se vuelve el centro de la vida. Dicho de otro modo, diseño vital consciente.

25

«Más, más, más…».
La dopamina siempre quiere más

UNA SOCIEDAD QUE SE LLENA DE PLACER Y SE VACÍA DE SENTIDO

> ¿Qué quiere decir civilización del espectáculo? La de un mundo donde el primer lugar de la escala de valores vigente lo ocupa el entretenimiento y donde divertirse, escapar del aburrimiento, es la pasión universal.
>
> MARIO VARGAS LLOSA

Vivimos en una época en la que la felicidad se ha convertido en un producto. La industria del bienestar nos bombardea con fórmulas instantáneas: el viaje perfecto, la crema milagrosa, el reto de veintiún días para transformar tu vida. Detrás de cada producto o experiencia hay una promesa de felicidad. Pero la realidad es que estamos comprando píldoras de placer al instante. Chute de dopamina que cae tan pronto como llega.

Pasear por la Gran Vía de Madrid, como tantas otras calles del mundo, es un dispensador automático de dopamina. Luces de neón, pantallas en movimiento, estímulos infinitos, escaparates, comida rápida… La dopamina a borbotones en el subidón de azúcar de un Starbucks, pico de euforia al conseguir las Nike de temporada y fantasía disparada con los últimos jeans de Zara. ¿Qué problema podría haber en ese instante? El que sea, que espere. Es el momento de estar distraído. ¿Qué vacío? Ninguno. Las grandes avenidas de la anestesia pueden distraerte de problemas y llenarte los vacíos. Eso sí, solo de manera instantánea.

Consumir rápidamente, de un lugar en otro, sin pensar en qué ni por qué. Da igual lo que sea, el caso es consumir. La industria del consumo diseña cada producto y cada experiencia para disparar por las nubes dopamina de una sociedad convertida en «yonqui del placer». La realidad es que el producto somos nosotros y que se pretende captar nuestra atención.

¿Por qué vivimos enganchados al placer inmediato? Elegimos lo instantáneo, eso que por momentos nos tapa los vacíos y que nos desconecta de una realidad que no nos gusta. De ahí viene el consumo descontrolado (comida ultraprocesada, compras compulsivas, azúcares, redes sociales…).

Seguir poniendo el foco en la dopamina como algo que nos absorbe y nos abduce es confundir la causa con la consecuencia. Es quitarnos toda la responsabilidad de nuestros actos y del consumo. Es arrebatarnos todo el poder para cambiar nuestra vida.

El desafío no está en vencer a una molécula indispensable para la vida. Tampoco en adoptar conductas rígidas y negarnos a una realidad que, en equilibrio, puede ser útil para regularnos y disfrutar de manera saludable. Ciertamente, la dopamina no es el enemigo. El binomio todo o nada, bueno o malo, no suele funcionar. Criticar o satanizar a la industria del consumo tampoco nos ayuda a estar mejor. El reto está en mirar de frente la realidad en la que vivimos y comprender por qué necesitamos, y en qué medida, llenar un vacío que no es químico, sino emocional y existencial.

Solo con conciencia podremos enfocarnos de verdad en lo que nos pasa para dejar de vivir anestesiados. Porque el sentido de la vida nunca viene de un estímulo externo, sino de un lugar interno mucho más profundo al que solo se accede con conexión.

HAZ UN CONSUMO RESPONSABLE

La libertad no es un regalo que se nos dé, sino
una conquista que debemos hacer cada día.

KHALIL GIBRAN

La dopamina es un neurotransmisor. No cumple una única función,
sino que tiene varias. Participa en el movimiento, la regulación del
dolor, la lactancia, la toma de decisiones, la atención o la memoria. También es importante en situaciones de aprendizaje, incertidumbre o estrés. Pero su papel fundamental está en el sistema
de recompensa. El sistema de recompensa del cerebro, mediado
por la dopamina, refuerza conductas placenteras al crear una
sensación de bienestar que motiva a repetirlas. La dopamina, co-
nocida como la hormona de la felicidad, está presente a la hora
de comer nuestro plato favorito, en los momentos en los que
estamos con quienes más queremos y en las relaciones. Es la
encargada de transmitir a nuestro cerebro que esa acción es importante para que se interiorice dicha sensación placentera para
repetirla y crear un hábito.

La dopamina es el gran motor de nuestra motivación. Estudios
en neurociencia muestran que se activa ante el deseo de conseguir una gratificación, no solo cuando la recibimos. Esa anticipación
es la que nos empuja a movernos, a actuar, a perseguir lo que
deseamos. La dopamina siempre tiene la mirada puesta en el futuro (la siguiente recompensa) y se alimenta de la ilusión del deseo. Una vez alcanzada la recompensa, aparece un pico breve de
dopamina, que se siente como un chute de alegría y de placer, y
que desciende rápidamente. Una vez conseguido el objetivo, ya
estaría preparada para el siguiente. Más, más, más. Este es el lema
de la dopamina. La dopamina siempre quiere más. Su función no
es hacernos sentir bien por lo que conseguimos, sino anticipar la
recompensa e impulsarnos a ella.

Así que sí, la dopamina es la que te pide «más, más, más» azúcar cuando muerdes un *roll* de canela. Sí. Pero también es la del «más, más, más» para llevarte a conseguir ese sueño que tanto deseas. El *joystick* de tus elecciones lo manejas tú.

Chutes de dopamina disparada en el consumo de redes sociales, comida procesada, pornografía, compras compulsivas... Pero ¿quién decide? ¿Quién decide cuánto tiempo? ¿Quién opta por el *scroll* para no pensar? ¿Quién prefiere pegarse un atracón de series de Netflix? ¿Quién elige ir al centro comercial para distraerse de sus problemas? ¿Quién no soporta su trabajo y ahoga las penas los viernes entre cañas? ¿Será que nos han abducido y nos han quitado la capacidad de elección? ¿Tenemos anulada la responsabilidad? ¿Se nos han evaporado los sueños? ¿Y si utilizáramos la dopamina para perseguir la vida que queremos?

A pesar del fácil acceso a tantos estímulos, hay quienes eligen vivir desde la conciencia y no convertir el placer inmediato en un refugio cotidiano. Sí, hay quienes, en lugar de perder horas en el *scroll* infinito, le ganan horas a su propia vida. Otros que, en vez de atragantarse de series, deciden acabar con tragar y se van a terapia. Algunos que, en lugar de distraerse sin más, se enfocan en lo que de verdad quieren. Y otros que agradecen el avance porque gracias a las redes sociales pueden llegar más lejos. Sea como sea, hay personas que deciden vivir su vida en equilibrio. Que no necesitan satanizar nada porque creen más en la regulación que en la prohibición, en asumir la responsabilidad de su propia vida que en dejarla en manos de lo externo.

Personas convencidas de que el poder está en ellas mismas, pero sin caer en la trampa de pensar que todo depende exclusivamente de lo individual. Eso sería ser poco realista: ni todo es externo ni todo es interno. Una vez más, no es el binomio de todo o nada. El contexto importa, el entorno en el que habitas es fundamental, la cultura influye y los sistemas ejercen poder sobre nosotros. Pero aun así podemos encontrar un equilibrio que nos permita vivir alineados con lo que somos. Vencer las trampas del mundo que habitamos cuesta, pero se puede. Sin embargo, si creemos que la culpa de todo está fuera, seguiremos anulando nuestro propio poder de cambio y mejora, de satisfacción vital, en definitiva. Solo la responsabilidad nos conduce a la libertad. El cambio siempre es de dentro a fuera.

DOPAMINA A DIARIO

La dopamina no solo aparece en los grandes momentos de euforia ni cuando usamos las redes o tomamos azúcar. También se activa en lo cotidiano, en experiencias saludables. Algunas de las principales son:

- **Una comida** que disfrutas mucho que puede no tener azúcares ni grasas.
- **Dormir y descansar bien** regula el sistema dopaminérgico.
- **El ejercicio físico**, sobre todo actividades aeróbicas y también deportes con componente competitivo.
- **La intimidad física**, incluido el afecto y las caricias.
- **Escuchar música**, especialmente aquella que nos encanta.
- **Aprender algo nuevo**. La novedad es una potente aliada de la dopamina.
- **El juego y la exploración**, tanto en niños como en adultos.
- **La naturaleza**, el contacto con paisajes abiertos, con agua.
- **La anticipación de una recompensa**, incluso antes de recibirla (abrir un regalo, ese mensaje que esperas con ilusión, planear un viaje).
- **Lograr metas pequeñas del día a día**, como tachar algo de la lista de tareas porque por fin lo has hecho.

Sabiendo todo esto, en este proceso de encontrar esa coherencia contigo y con lo que quieres ser, dosifica tu dopamina, come

rico, baila, ríe con otros, aprende y da un buen paseo por el par-
que o el bosque. Porque el camino que te lleve a aquello que
deseas debe estar acompañado de esas pequeñas inyecciones de
placer.

26
La felicidad

¿QUÉ ES LA FELICIDAD?

> Todos nacemos felices. Por el camino se nos ensucia la vida, pero podemos limpiarla. La felicidad no es exuberante ni bulliciosa, como el placer o la alegría. Es silenciosa, tranquila, suave, es un estado interno de satisfacción que empieza por amarse a uno mismo.
>
> ISABEL ALLENDE

La felicidad se ha convertido en tendencia. Sin embargo, el interés por la búsqueda de la felicidad es tan antiguo como humano. Aristóteles ya reflexionaba sobre ella y sobre qué hacer para alcanzarla.

La psicología y la neurociencia llevan décadas investigando sobre este tema. Sin embargo, a la hora de la verdad, que no es otra que la de vivir, reina la confusión. En consulta veo cada día cómo las personas no acaban de tener claro qué es la felicidad ni cuál es el camino para ser más felices. A veces hacemos cosas o tomamos decisiones que creemos que nos conducirán a la felicidad y más bien el resultado es el contrario. Cabría preguntarnos entonces: ¿y si la felicidad no fuera un resultado ni el destino? ¿Y si la felicidad no fuera exclusivamente una cuestión de hormonas? ¿Y si para ser feliz no bastara con reír mucho? ¿Y si la felicidad no fuera ir de pico en pico de dopamina?

De entre todas las certezas que tenemos, una es que nuestro cerebro ha sido diseñado para la supervivencia, no para la felicidad. La otra es que todos tenemos ganas de superar la barrera de nuestro propio diseño cerebral para vivir felices. Entonces ¿qué te parece si empezamos por responder a qué es la felicidad? Partiendo de la base de que tiene un significado para ti y otro muy distinto para otra persona, vamos a ponerle un poco de ciencia que te sirva de brújula por si algún día la pierdes. Vamos con ello.

Cuando los científicos sociales se refieren a la felicidad, resaltan dos componentes esenciales:

1. **Componente emocional.** Se refiere a experimentar emociones positivas (alegría, risa...) de manera frecuente y a la ausencia o poca frecuencia de emociones negativas (ira...).
2. **Componente cognitivo.** Qué piensas sobre tu vida y cómo la valoras. Se trata de responder a la pregunta «¿cómo de satisfecho te sientes con tu vida?». Sentirse satisfecho con la propia vida es sinónimo de felicidad. A más satisfacción, más feliz te sentirás.

Dicho así la fórmula de la felicidad parece simple: aumentar los momentos de emociones positivas, disminuir las negativas y elevar la satisfacción con la vida. Sí, pero no.

Una cosa es sentirse feliz en un momento concreto (cuando viajas, cuando ríes con amigos, cuando disfrutas de un logro) y otra muy distinta es sentirse feliz en la vida. Lo primero son momentos de felicidad; lo segundo es una evaluación más sostenida de la felicidad, que responde a cómo de satisfecho te sientes con tu vida.

Experimentar un cúmulo de emociones positivas no garantiza que te sientas feliz con tu vida. Eso es lo que explica que puedas tener muchos momentos placenteros, hacer viajes de ensueño o reírte mucho, y, aun así, no sentirte feliz.

La felicidad viene de vivir una vida con sentido. En ese proceso de satisfacción con la vida es normal sentir emociones negativas y positivas. Se ve muy claro en el ejemplo de unos padres que acaban de tener a su bebé. Están agotados, no duermen por la noche, pueden estar irritables. Sin embargo, si les preguntas si son felices, muy probablemente te dirán que sí. Sí, porque están satisfechos con su vida a pesar de no tener demasiados momentos de risas o tiempo libre. Su felicidad va ligada al sentido de sus vidas, que en ese momento está centrado en ser padres.

Esto se ve también muy bien en un artista que compone o pinta: puede pasar horas de soledad, bloqueos creativos, renuncias, esfuerzo, frustración cuando las cosas no salen. No siempre son emociones positivas. Pero se sienten felices al vivir una vida con sentido en la que expresan su verdad a través de su arte.

Y al contrario, por muchas risas, tiempo libre y viajes de ensueño, puede ser que no seas feliz. Puede ser que te sientas realmente infeliz, a pesar de tener muchos momentos de emociones positivas y de brutales cócteles de dopamina.

> Ser feliz es amarte a ti mismo y estar satisfecho con tu vida.
> Ser feliz es vivir la vida que para ti tenga sentido.

Y tú, ¿eres feliz?

DEJA DE BUSCAR LA FELICIDAD EN EL LUGAR EQUIVOCADO

Para ser felices, necesitamos revisar las creencias equivocadas que tenemos sobre la felicidad. Muchas veces, aunque suene paradójico, terminamos haciendo justo lo contrario de lo que realmente nos acercaría a la felicidad. Si nuestro GPS interno está mal programado, es difícil que encuentre el camino. Por eso es tan importante identificar los errores más frecuentes en la búsqueda de la felicidad:

1. Creer que es un asunto individual

Pensamos que la felicidad depende solo de uno mismo, de lo que hacemos o conseguimos. Pero la investigación es clara: lo que más predice la felicidad a lo largo de la vida no son los logros individuales, sino la calidad de nuestras relaciones.

2. Vivir en comparación constante

Nos comparamos todo el tiempo y casi siempre salimos perdiendo. Nos comparamos con referentes inalcanzables que, más que ejercer de figuras inspiradoras, hacen que nos rindamos ante el más de lo mismo. Incluso existe un sesgo demostrado en la comparación con los otros y es que creemos que a los demás les pasan más cosas buenas y que a nosotros nos pasan cosas negativas que les pasan a muy pocos. No es verdad. A todos nos pasa de todo. Y, aun así, seguimos haciendo comparaciones que no tienen sentido. Cuando te identifiques en esa mala costumbre, no dudes en plantarle un semáforo rojo a tu mente.

3. Asociar la felicidad al resultado

Reducir la felicidad al resultado es un error que nos aleja de ella. En los resultados aumenta la dopamina. La sensación de bienestar es increíble. El momento es de felicidad máxima, sin dudarlo. Pero eso no es todo. La felicidad es un estado más sostenido que no se agota en una meta alcanzada.

4. Confundirla con positivismo permanente

No se trata de estar bien todo el tiempo, sonriendo sin parar. La investigación muestra que obligarnos a pensar en positivo puede incluso alejarnos de nuestras metas. Pretender estar siempre bien solo genera frustración y distancia con la realidad. La felicidad es un camino en el que conviven todo tipo de emociones, como ya hemos visto.

5. Buscar la euforia constante

Otro de los errores frecuentes es pensar que la felicidad es un estado de excitación permanente. La felicidad real es más estable, más regulada, más vinculada al propósito que a los estímulos intensos.

LA FELICIDAD SE PUEDE ENTRENAR CADA DÍA

La felicidad no es una meta lejana ni un catálogo de logros. Tampoco el cúmulo de bienes materiales. La investigación señala que la felicidad está en los vínculos, en el cuidado mutuo, en agradecer lo que ya tenemos, en respetar nuestro cuerpo y en aprender a habitar el presente. Y todo esto se concreta en cinco prácticas que quizá puedas incorporar a tu rutina diaria.

1. Socializar

Las personas más felices no son las que más logran ni las más famosas, sino las que cuidan la calidad de sus relaciones. Pasar tiempo con quienes de verdad importan es un predictor directo de felicidad. Robert Waldinger, psiquiatra y profesor de la Universidad de Harvard, es el director del estudio longitudinal más extenso del mundo sobre la felicidad. Su conclusión es contundente: «Las buenas relaciones nos hacen más felices y más saludables. Punto».

⇨ Puedes quedar con alguien que te apetezca a quien hace tiempo que no ves.

2. Altruismo

Los estudios también demuestran que la felicidad no está solo ligada a cuidarse, sino que nos hace muy felices hacer algo por los demás. No es solo autocuidado, es cuidar. El otro día Lamine

Yamal declaraba: «Veo a mi madre feliz, a mi hermano que tiene la infancia que yo hubiera querido, y eso es lo que más feliz me pone». La conducta prosocial se asocia de manera consistente con mayores niveles de satisfacción vital, mayor bienestar subjetivo y una percepción más positiva de la vida.

En el ámbito laboral, las profesiones centradas en servir o acompañar a otras personas suelen aportar un mayor sentido y compromiso. Esa sensación de propósito hace que, a pesar de la carga de trabajo, la satisfacción laboral sea mayor.

⇨ Puedes hacer cada día un pequeño gesto por alguien: enviar un mensaje sincero, ayudar en algo concreto, escuchar de verdad, ofrecer tu tiempo o tu presencia. No hace falta nada grandioso. El bienestar que genera el altruismo nace de la intención, no de la magnitud del acto. Observa cómo te sientes después y qué cambia en tu manera de mirar el día.

3. Gratitud

Deberíamos pararnos un tiempo al día a agradecer lo que tenemos. Este debería ser un hábito. Pero no hacerlo de manera automática. Eso no funciona. Me refiero a practicar una gratitud sensorial y concreta. Más abajo sugiero un ejercicio de gratitud integrando un pequeño *body scan*.

Tendemos a pensar que la felicidad viene de conseguir más. Pero no es cierto.

Ya vimos que la dopamina dura poco y que siempre quiere más: es un sistema orientado a la búsqueda, no a la satisfacción.

Los estudios muestran que la felicidad está más relacionada con apreciar lo que ya tenemos. De hecho, se ha visto que las personas más felices son las que espontáneamente piensan en lo que les va bien y no tienen tanto el foco puesto en lo que les falta. El poder de la gratitud puede devolvernos la percepción de lo que realmente importa.

Además, ciertas prácticas específicas potencian este efecto.

Una de ellas son las cartas de agradecimiento, incluso cuando no se envían. Son eficaces porque permiten reflexionar, dan significado emocional y, al ser voluntarias e íntimas, generan un impacto profundo.

Otra práctica muy poderosa es expresar gratitud directamente a alguien. Esto fortalece la conexión, aumenta el apoyo social y nutre los vínculos.

⇨ Gratitud al empezar el día (integrando *body scan*): «Agradezco el silencio de la mañana. Ese momento en el que todavía nadie me necesita. Mientras hago un pequeño recorrido por mi cuerpo, siento la vida despertándose en mí: la presión suave de mis pies tocando el suelo frío, el estiramiento lento de mis hombros, el aire fresco entrando por la ventana y moviendo mi respiración. Agradezco esa pausa que me recuerda quién soy antes de empezar a hacer».

4. Hábitos saludables

El ejercicio, el sueño y la comida son hábitos que deberían entrar en la categoría de sagrados si alguien quiere ser feliz. Normalmente estos hábitos quedan relegados a un segundo plano cuando estamos estresados, o es posible que en el día a día no se le dé la suficiente importancia.

Sin embargo, está comprobado que simplemente hacer media hora de cardio al día puede ser tan efectivo como un antidepresivo en algunos casos.

El sueño es uno de los hábitos que más se ha relacionado con la salud mental. Por eso, algunos estudios han demostrado que solo con incrementar las horas de sueño en personas que duermen poco (4-5 horas) ya ayudaría a mejorar su salud mental. Y comer de manera equilibrada impacta en la energía y el estado de ánimo de manera directa.

⇨ Puedes priorizar un buen descanso, una alimentación equilibrada y algo de ejercicio cada día hasta que se conviertan en hábitos.

5. Conciencia

Vivir corriendo en piloto automático es una de las grandes trampas modernas. La verdadera felicidad se encuentra en el presente, y la ciencia lo confirma: cuando estamos anclados en el aquí y el ahora, somos más felices; cuando la mente salta entre el pasado y el futuro, nuestro bienestar disminuye.

⇨ Puedes dedicar cinco minutos a meditar. Cuando tu mente se vaya, porque se irá, simplemente tráela de vuelta. Esa repetición es la que fortalece tu capacidad de estar presente.

⇨ También puedes practicarlo en el día a día. Cada vez que te sorprendas atrapada en un pensamiento, detente un segundo y obsérvalo como si fueras un testigo externo. Ese gesto, en apariencia pequeño, entrena tu atención y te enseña a volver a ti.

¿Y SI LA PAZ FUERA LA NUEVA FELICIDAD?

La verdadera felicidad está basada en la paz.

THÍCH NHẤT HẠNH

¿No te ha pasado que, después de tanta risa y tantos planes, la verdadera felicidad para ti ha sido cerrar la puerta de casa y sentir paz? ¿O un domingo sin compromisos, con el móvil en silencio? ¿Y qué me dices de ese paseo por la sierra?, ¿o por la dehesa extremeña? ¡Gloria! Esa comida a fuego lento de mamá, de la abuela... ¿Cómo es ese momento? Se nos graba en los sentidos para siempre, ¿verdad? ¿Y esos ratitos a solas, perdiendo el tiempo porque simplemente el tiempo no existe? ¿Y ese momento con tu pareja o con tu mejor amiga hablando de la vida? ¿Cómo es? ¿Y las tardes en las que después de todo el estrés del día se para el mundo adulto y te derrites con tus hijos? Esa brisa rozándote la piel y ese sonido de las olas del mar. Ufff. Se siente alivio solo de imaginar. Y el sábado a mediodía en el bar del pueblo sin artificios, alejado de cualquier evento de postureo... ¿Cómo se siente eso? En fin, ¿y si vivir en paz fuera la nueva felicidad?

La paz no es la ausencia de conflicto, es mucho más que eso. Es un estado de equilibrio interior que, en muchas culturas, se ha entendido como la base misma de la felicidad. En el budismo vietnamita, por ejemplo, encontramos el término *an lạc* (formado por *an*, que significa paz, y *lạc*, felicidad) que une ambos conceptos en una sola idea: la felicidad auténtica no puede existir sin paz interior. En los textos en pali ya se afirmaba: «*Natthi santi paraṃ sukhaṃ*» («No hay mayor felicidad que la paz»). Algo parecido ocurre en otras tradiciones.

Por tanto, no se trata de un lujo moderno ni de una moda espiritual, sino de una búsqueda universal que ha acompañado a la humanidad desde siempre. Esa búsqueda atraviesa religiones, filosofías y culturas, pero también está presente en nuestros días. La paz no se mide en likes de Instagram ni en carcajadas a todo volumen. Tampoco en eventos con entrada VIP ni en los botellones de las ciudades que aún los permiten. La paz es otra cosa. La paz se caracteriza por ser silenciosa y cálida. Suele asociarse a una cierta sensación de alivio y bienestar. La serenidad, la calma o la gratitud son anclajes que nos permiten disfrutar de la vida sin que todo dependa de luces de neón.

El *flow* es otro ejemplo. Ese estado en el que te olvidas del tiempo porque estás tan dentro de lo que haces que nada más importa. Cocinar, pintar, escribir, tocar un instrumento, ver una película, escuchar una canción, perderte en una conversación... Son momentos de paz.

También es clave la aceptación, que no es rendirse, sino dejar de luchar contra lo inevitable. Aceptar lo que no puedes cambiar. Eso también da una paz indescriptible.

Nuestro sistema nervioso no necesita una montaña rusa constante, sino regulación. Hablar de paz es hablar de equilibrio entre mente y cuerpo. Por mucho que lo intentes, no vas a poder sentirte en paz cuando tu sistema nervioso sabe que tus acciones no coinciden con tus valores.

Investigaciones recientes muestran que la capacidad de regular las respuestas corporales al estrés se vincula directamente con la satisfacción con la vida. Si ya hemos visto antes que la felicidad está asociada con la satisfacción vital, es fácil deducir que, a mayor regulación en el cuerpo, mayor felicidad. Por eso no es de extrañar que cada vez más estudios vinculen la paz interior con la felicidad. Las conclusiones que se repiten una y otra vez son que quienes reportan más paz mental, equilibrio y calma, también muestran mayores niveles de satisfacción vital, afecto positivo y resiliencia.

¿Será que esta es la felicidad que cada vez buscan más quienes deciden irse a vivir al pueblo a montar su negocio o trabajar desde allí? ¿Será la felicidad dormir en paz como me ha comentado mi amigo Pepe esta mañana, cuando me decía que eso era para él la felicidad? ¿Será no tener razón, sino tener paz? ¿Será respirar profundo y tomarse una pausa para responder en lugar de reaccionar? ¿Será sentir que no tienes que demostrar nada a nadie? ¿Será no tener que llegar a todo? ¿Será tomar decisiones que nos hagan estar en paz? ¿Será una conversación interna pausada desde el amor? ¿Será dejar de compararte o habitarte con seguridad? ¿Será la coherencia entre tus valores y tu propia vida? ¿Será la felicidad pòder vivir en paz?

Cada uno tiene su manera de experimentar la paz. Lo que está claro, y parece evidente, es que encontrarla se ha convertido en una necesidad de nuestro tiempo.

¿Y tu paz dónde está? ¿Y si la paz fuera la nueva felicidad?

Para finalizar, solo puedo desearte de corazón que la paz sea contigo.

Transformación

27

Todo cambia si tú cambias

MORIR PARA VIVIR

> A lo largo de toda la vida uno debe seguir apren-
> diendo a vivir y, lo que te sorprenderá aún más,
> a lo largo de la vida uno debe aprender a morir.

SÉNECA

Estamos atrapados en la espiral de la idea del cambio. Por una parte, lo deseamos, pero por otra nos da demasiado miedo. Lo vemos como un salto al vacío, y ahí comienzan los bloqueos con sus pará-lisis. Los conocidos *overthinking*: los dolores de estómago, las noches sin dormir, las ganas de aferrarse a lo conocido. Y hay casos en los que nos decimos eso de «más vale malo conocido...». Pues eso. El kínder sorpresa del acomodo por fuera con la revolución por dentro.

Y sí, cierto, muchas veces sucede que los cambios son un salto al vacío. Al vacío de la incertidumbre de no saber qué pasa-rá. A la aventura de vivir. Un salto de nosotros mismos a unos nosotros mismos distintos. Del de antes al de ahora.

Pero ¿qué pasaría si mirásemos los cambios que sabemos que necesitamos de otra manera? Ese momento en el que estás muer-to en vida. Cuando te sientes atrapado viviendo en una vida ya caducada. Ese trabajo al que vas cada mañana apagado. Ese que sientes como si te echaran kilos de tierra encima. Esa relación en la que la frustración ha ganado el terreno a la ilusión. Esa ciudad que ya no te inspira. Esa vida que ya no te representa, tan solo manteni- da por la inercia de la costumbre. Una vida que se vive igual con la diferencia sutil de que tú ya no eres la misma. Una vida que se man- tiene quieta justo cuando la vida (tu vida) te está pidiendo moverte.

Después de tanto pensar, quizá no esté mal hacernos algunas preguntas como: ¿Y no sería más fácil seguir la senda del instin- to, sentirnos alineados con lo que el cuerpo nos pide a gritos? ¿No sería más estimulante poner la mirada en ese nuevo yo y recrear una vida acorde? ¿No sería más honesto abordar con docilidad el dolor de atravesar algo que duele, o atravesarnos a nosotros mis- mos? Ese caos que nos pone del revés y la vida patas arriba. Ese caos que viene, muchas veces, solo a poner orden. Morir mil veces para poder vivir sin vivir muertos en vida.

Aceptar el cambio es aceptar la contradicción de que lo que un día fue sagrado para ti hoy ya no lo es. En la aventura de este juego que es vivir, si hay algo que permanece es el cambio.

SI ALGUIEN NO QUIERE CAMBIAR, NO VA A CAMBIAR

> Cuando otros exigen que nos convirtamos en las personas que otros quieren que seamos, nos obligan a destruir a la persona que realmente somos. Es una forma sutil de asesinato... La ma- yoría de los padres y parientes cometen ese ase- sinato con una sonrisa en el rostro.
>
> JIM MORRISON

Cuando alguien te dice que es así, créelo. No le pongas un «ya cambiará» al final de la frase. No te montes películas en las que tú le acabarás cambiando. No. Eso no va a pasar si el otro no quiere que eso pase. De hecho, no le cambiarás tú, cambiará él o ella. Cuando te niegas a aceptar la realidad de que alguien es como es, muy probablemente acabes sufriendo. Más aún si te mantienes en la lucha para que el otro llegue a una mejor versión que solo está en tu cabeza y no en sus deseos. Nadie que no quiera puede salvarse. Y no, tú tampoco puedes salvar a nadie. Acompañar no es salvar. No podemos salvar a nadie de sí mismo. Decía Bert Hellinger que «a veces hay que aceptar el destino de otros, incluso cuando nos duele, para poder vivir plenamente el propio camino; la vida de cada uno tiene su propio ritmo y propósito y forzarla solo trae conflictos».

Insistir en el cambio de otro, por noble que sea la intención, es contraproducente. Para el otro, porque puede sentirse invadido, rechazado, no respetado y no querido. Para ti, porque puedes llegar a sentir frustración, tristeza y agotamiento. Insistir en que alguien cambie es desgastarte tú. Si el otro no quiere cambiar, no lo hará. Y en realidad, ni quiere ni tiene por qué hacerlo.

Quizá esté bien así.. Quizá no necesite lo que tú crees que necesita. Y entonces el trabajo no es que el otro cambie, sino que tú aprendas a respetar su forma de estar en el mundo. Porque ¿quiénes somos nosotros para exigir un cambio en otra persona?

El amor no consiste en moldear al otro. Es natural preocuparte, desear que quien amas esté bien, que crezca, que se cuide. Cuidarlo. Ayudarlo. Pero amor no es forzar a nadie a ser lo que no está dispuesto a ser. Ni empujarlo a vivir algo que no quiere vivir.

Amar es mirar al otro tal y como es. Elegirlo cada día desde esa verdad, sin disfraces ni expectativas. Y también es legítimo reconocer que no puedes, o no quieres, compartir esa forma de estar en la vida con alguien que está a tu lado. Entonces la mirada debería girarse hacia dentro. Porque si estás en el jaque mate de no soportar cómo es el otro y él no quiere cambiar, el siguiente movimiento no le pertenece a él. Te pertenece a ti.

Y esto no tiene que ver solo con las relaciones de pareja. También ocurre con las amistades que ya no encajan, con los trabajos en los que te hicieron promesas nunca cumplidas o con vínculos familiares donde solo hay reproche y desgaste. Hay momentos en los que seguir esperando el cambio del otro es una forma de posponer tu propia vida.

Quien se queda esperando el cambio del otro seguramente tiene miedo a aceptar que algo se ha terminado (una situación, una etapa, una relación). Que alguien le ha decepcionado, que nunca va a tener de esa persona lo que nunca ha tenido. Sea como sea, ahora te toca mover ficha a ti, y eso puede ser lo que más miedo da. Hay que pasar a la acción. Ese paso que te toca a ti. Quedarse esperando a que el otro cambie es una forma lenta de morir con vida.

El cambio no se logra hablando ni repitiendo lo mismo una y otra vez. Quienes trabajamos a diario en el arte del cambio sabemos bien que no se trata de convencer ni de presionar a nadie. El cambio ocurre cuando hay conciencia, elección y compromiso, y eso no puede hacerse desde fuera. El cambio es siempre de dentro a fuera. Cambiar no es magia, es un proceso. Y no hay proceso sin voluntad.

Si estás empeñado en cambiar a alguien, puedes seguir en esa noble intención, aunque las mejores intenciones a veces traigan las peores consecuencias. O también puedes girar la mirada hacia dentro. Despertar y cambiar tú. Porque cuando tú cambias, ya nada fuera de ti puede seguir igual.

SI QUIERES DEJAR IR, PRIMERO ACEPTA DEJARTE IR

> Solo hay una pequeña parte del universo de la que sabrás con certeza que puede ser mejorada, y esa parte eres tú.
>
> Aldous Huxley

Últimamente se lleva mucho eso de soltar, dejar ir... Pero lo cierto es que, dicho así, a veces asusta más de lo que ayuda. Cuando escuchamos o nos decimos eso de «tienes que soltar», suena a una orden, a mandato. A algo más mental que real. Es como si fuese algo que tienes que hacer. Otra tarea más en la *checklist* del bienestar.

Quizá no nos hemos parado a pensar que primero es aceptar. Si aceptas, sueltas porque te sueltas. Sueltas porque te rindes. Rendirse al dolor que duele. A que la realidad es. Es como es. Ni buena ni mala. Es.

Aceptar es aceptar que todo lo que puedes hacer es no hacer nada. No hacer nada por resistir. Por mantener a base de lucha. Todo lo que puedes hacer es atravesar la experiencia. Ya sea de dolor, de dificultad, de desesperanza... De realidad. Atravesar.

Atravesar es quedarte ahí, sin huir, sin distraerte, sintiendo lo que haya que sentir. Rendirte a tus propias emociones. A tu propia vulnerabilidad. Y, curiosamente, cuando aceptas, cuando te has rendido, el *dejar ir* llega solo. Y es que no es que dejes ir, es que tan solo se va porque tú ya te has ido. Eres tú quien se ha dejado ir en el proceso de aceptación. En el proceso de atravesar. En eso de rendirse.

La aceptación de la realidad es esencial para poder sanar. Aprender a aceptar lo que es, tal y como es, nos ayuda a regular nuestras emociones y a generar cambios de manera realista en nuestra vida. Aceptar no es resignarse. Es un proceso de sanación. En definitiva, aceptar lo que es y rendirnos a ello nos ayuda a vivir en la paz de la libertad.

28

Cuando buscarte se convierte en perderte

EN LA BÚSQUEDA DEL CUENTO DE NUNCA ACABAR

El cambio no debería convertirse en una obsesión. El bienestar es un campo infinito. Por ende, no tiene fin. Por bien que estemos, siempre podríamos estar mejor. Y peor también. Claro. El bienestar no es una meta, sino una manera de vivir. El camino del bienestar termina cuando termina la vida. Ahí, sí. Fin.

Cuento todo esto porque hay muchas personas que persiguen el bienestar como si fuera un destino al que llegar, una meta que alcanzar. Y veo cada día en consulta cómo esta búsqueda de algo que, a veces, ni se sabe qué es está afectando a muchas personas que caen en la rueda infinita de buscarse para nunca acabar de encontrarse. La trampa es la adicción a la superación personal, por supuesto justificada porque parece que detrás hay una noble causa.

Veo, a menudo, cómo hay personas corriendo detrás del cambio, haciendo todo curso que sale, toda formación que están seguros de que necesitan, todo libro de autoayuda que parece que tiene, esta vez sí, la fórmula milagrosa. Y cuanto más se buscan, más se pierden. Muchas veces acaban desconectándose de su entorno y, lo que es peor, de sí mismos.

Más cursos, más libros, más certificaciones… El cuento de nunca acabar. Formarse, mirar hacia adentro, querer mejorar, ser más consciente, sanar heridas... Libros, cursos, retiros, maestros... Sí, todo esto contribuye a sanar, a crecer, al bienestar... Sí, pero tan dañina es la inconsciencia de quien no está dispuesto a mirarse pase lo que pase como la imposibilidad de aceptar que la vida, con sus luces y sus sombras, siempre será imperfecta. Y que cada uno de nosotros, desde la cuna hasta la tumba, somos imperfectos. Siempre habrá algo que mejorar, algo que sanar, algo que ajustar.

Meterse en el camino de la búsqueda eterna se ha convertido en una excusa que lleva a muchas personas a huir. Huir de sí mismas y de sus propias vidas. Huir del dolor real, de lo que de verdad duele: la vida, el día a día. Hay quienes, en realidad, lo que están haciendo es evitar mirar lo que tienen justo delante: una pérdida no asumida, una relación que no funciona, un vacío que no se llena... Hay gente a la que por miedo a vivir se le olvida vivir.

La adicción, la obsesión, la compulsión o la creencia de que «nunca es suficiente» o «no soy suficiente» no pueden ser en ningún caso la medida de la sanación ni del crecimiento personal. Todo cambio necesita ser trabajado desde la aceptación y el amor a uno mismo. Y, a veces, la falta de amor a uno mismo y esa mirada hostil es lo primero en lo que se debería poner el foco.

Hay veces que el verdadero crecimiento personal no está en seguir buscando sin parar. Al contrario, está en parar y en quedarte contigo. Acompañarte con verdad. Mirarte con autenticidad y sin disfraces. Conectarte. A veces, el crecimiento no está en los cursos, está en la vida. Cuando vives tu propia vida.

Si sientes que, pese al tiempo, hay algo profundo que sigue sin resolverse, puede que la terapia sea el espacio que te ayude a encontrarte.

ELIGE BIEN QUIÉN TE ACOMPAÑA EN UN PROCESO DE CAMBIO

Ser agente del cambio no solo es una labor fascinante, sino una manera de entender el mundo, una manera de ser y de vivir. También conlleva una gran responsabilidad eso de descifrar los algoritmos de cada cual y ajustar las cuerdas rotas del corazón. Trabajar con alguien para afinar la melodía de su alma requiere suma precisión.

Ser especialista en el cambio precisa saber de muchos temas diferentes, hacer conexiones muy rápidas, entender muy bien la historia, su contexto. Saber de emociones, sensaciones y pensamientos que ocurren en el cerebro... Conocer qué te está comunicando cada quien a través del lenguaje no verbal. Tener muy claro dónde te metes y dónde no, y en qué momento. Necesitas entender cuál es tu margen de maniobra y la ventana de tolerancia del otro. No todo vale. No es decir por decir. No es entregar un manual de instrucciones ni de herramientas. Es entender de manera integral la singularidad de cada persona, un terreno donde las recetas mágicas simplemente no sirven.

El cambio ocurre en el cerebro. No es metafórico, es literal. Cada vez que trabajamos en un proceso de cambio, ya sea en temas de salud mental o de crecimiento personal, estamos operando a nivel cerebral: regulación, circuitos emocionales, capacidad de procesamiento. Por eso insisto en la importancia de acudir a profesionales éticos bien formados.

Es importante recordar que el bienestar también exige responsabilidad. Cualquiera no puede liderar o acompañar un proceso de transformación. Un profesional de verdad tiene como misión acompañarte en tu propio camino, sabiendo que el protagonista eres tú, no él. Cualquier método o profesional vinculado a la salud mental o al crecimiento personal no debería alejarte de ti, sino devolverte a ti con más claridad, más ganas y más conexión contigo mismo. Su labor es ayudarte a estar mejor dentro de ti, no confundirte ni desconectarte.

Sin embargo, en más ocasiones de las que me gustaría, veo a personas con su vida completamente del revés. Llegan desesperadas después de haber confiado el asunto sagrado del cambio a alguien que las ha llevado por terrenos pantanosos. Te cuento el caso de Marta.

LA ELECCIÓN DE MARTA

Marta tiene cuarenta y un años. Es médico. Siempre ha trabajado en el negocio familiar, un centro de estética que abrieron sus padres hace años. Durante mucho tiempo sintió que ese no era el lugar en el que quería estar, pero tampoco había encontrado el modo de cerrar ese ciclo. Tras la muerte de sus padres, creyó que había llegado el momento de empezar de cero. Entonces recurrió a un coach motivacional con quien ya había trabajado en el ámbito empresarial. Él, convencido de que debía «vivir de su propósito» y alcanzar su «máximo potencial», la animó a apostar por sus sueños. En sus sesiones, la impulsó a cerrar el negocio familiar y abrir su propia consulta de homeopatía. Cuando ella se mostraba temerosa de si eso sería lo correcto, él le daba la certeza de que ahí encontraría su verdadera realización. La animaba, claro, con el famoso lema del «si quieres, puedes».

Ella, confiando en que más tarde llegaría lo que aún no veía, decidió vender su parte de la empresa, invertir en un nuevo local y comenzar como médico homeópata con su propia consulta. Pero seis meses después, el sueño se había convertido en una verdadera pesadilla. La consulta no funcionaba, el dinero se agotaba y Marta se derrumbaba. Había cerrado una etapa, sí, aunque también había perdido por completo su estabilidad emocional y se había deteriorado gravemente su salud mental. Pasó de sentirse atrapada a sentirse perdida. De la promesa del sueño cumplido a la pesadilla real de «no sé quién soy», «no sé qué hago aquí», «no sé qué estoy haciendo con mi vida». Cuando llegó a mí, lo primero que dijo fue: «Si esto era mi pasión y tampoco me hace feliz, entonces la que no vale soy yo, soy yo la que no tengo solución».

Sentirse perdida y no saber quién era tenía que ver con haberse saltado a ella misma. Con no haber estado conectada con sus emociones, con su miedo, con sus valores. Estar desconectada de sí misma le hacía admirar a otros, compararse, y ahí entró la promesa del eslogan vacío: «si quieres, puedes». Y ella se lo creyó.

El coach no tuvo en cuenta su historia, su necesidad de seguridad, su falta de apoyos, su miedo a emprender. No tuvo en cuenta sus experiencias traumáticas relacionadas directamente con el problema presentado. Ni vio su disociación. No tenía por qué verlo. No era psicólogo. Era coach. Pero tampoco derivó. Se saltó quién era ella y trató de que encajara en su propio manual. El suyo. No en el de ella.

Este es solo un ejemplo del peligro de caer en manos de cualquiera para hacer un proceso de transformación. Todo esto debería estar mejor regularizado. Sí. Pero la realidad es que no lo está. El vacío legal es clamoroso. Por eso, lo único que puedo decirte es que elijas muy bien en quién confías para trabajar en aspectos de tu mente y tu cuerpo.

Hay profesionales maravillosos en todos los ámbitos, personas que no buscan seguidores, sino que ayudan a seres humanos a amarse más y a ser más libres. A vivir mejor. Son figuras reparadoras, sanadoras, que nos enseñan que el bienestar no se alcanza desconectándose, sino conectándose a uno mismo, a la vida y a las relaciones. Tengo la suerte y el honor de conocer a muchos de cerca. El mundo gracias a ellos es un lugar mejor. Mucho mejor. Si quieres hacer un proceso de transformación, no lo dejes en manos de cualquiera. Elige bien.

29

El arte del cambio

PSICOTERAPIA

> He ido a psicólogos, coaches... Pero ningún tera-
> peuta como el mar. Me gusta salir cuando hay
> olas, desafiar al mar.
>
> ALEJANDRO SANZ

Vanesa Martín en un concierto en Madrid pronunciaba el comienzo de una de sus canciones: «el oficio más bonito del mundo es saber vivir». Al compás eran muchos a los que se oía entre el público decir «sí, pero qué difícil es». Y sí, ya lo decía Séneca: «No existe un arte más difícil que el de vivir. Para las demás artes y ciencias se encuentran por todas partes numerosos maestros».

Una de esas artes y ciencias es la psicoterapia. Proviene del griego antiguo y está formada por las palabras:

- Psique ($\psi\upsilon\chi$): alma o espíritu.
- Terapia ($\theta\varepsilon\rho\alpha\pi\varepsilon\alpha$): curación, tratamiento, cuidado o atención médica.

Así que podríamos decir que la psicoterapia es el tratamiento o cuidado del alma.

Dice Alejandro Sanz que ningún terapeuta como el mar. Y yo siempre le digo a las personas con las que trabajo en terapia que ninguna psicoterapia como la vida. Una tarde de risas con tus amigas, cuando te permites ser sin filtros. Ese paseo por la orilla del mar. Hacer ejercicio a diario. Respirar profundo. Comer de manera saludable. Permitirte algún capricho. El abrazo que te reconforta. La comida de tu abuela. Tu perro esperando tu llegada después de un día complicado. Hacer una escapada de fin de semana. Experiencias y aventuras vividas. Cantar tu canción favorita. La cena en familia. La ilusión de tu hija... La vida es curativa.

Y si el oficio más bonito del mundo es saber vivir, y la vida muchas veces es terapéutica, también es cierto que, en ocasiones, nos rompemos en el camino de la vida. Relaciones que se terminan, traiciones inesperadas, trabajos que nos agotan, un diagnóstico que nos paraliza, una pérdida irreparable... Y, a veces, el tsunami es interno: algo no termina de encajar, una sensación de vacío, de confusión, de no saber exactamente qué pasa, pero sí saber que no estás bien.

Hay momentos en la vida en los que puede plantearse la necesidad de crecer: expandirnos, estar más presentes, vivir con más sentido. De ser mejores compañeros, mejores padres. Está el deseo lícito de vivir alineados con quién se es en el momento presente, no con quién se fue. Porque sí, la gente sí cambia. Consciente o inconscientemente, cambiar es inevitable. Cambian el cuerpo, los pensamientos, las emociones, las creencias, los vínculos. Lo único que permanece estable es el cambio. Y es que vivir ya es transformarse.

En terapia se trabaja eso: la vida y el cambio. La terapia es el arte del cambio. Cambio en la dirección de tus valores, identidad y propósito. Cambio con dirección y sentido. Y si Vanesa Martín dice que el oficio más bonito del mundo es saber vivir, nada que decir. Bueno sí, otro de los más bonitos es, sin duda, la psicoterapia.

Como todo arte, la terapia no se explica, se vive. Es un baile entre terapeuta y consultante. Sigue un ritmo, un compás, una música de fondo que siempre es la misma: seguridad, empatía y aceptación incondicional. La terapia no es un conjunto de técnicas ni de *tips*; es una experiencia relacional de seguridad. Poder abrirte sin miedo al juicio, ser confrontado desde la seguridad y no desde el reproche, sentirte visto y comprendido en tu totalidad. Esto es lo curativo.

Se trata de revisar contigo los puntos ciegos que ni tú mismo ves. Ir por delante muchas veces desde la seguridad de estar co-construyendo en el camino de la sanación, de la conciencia, del crecimiento. Es sentirte seguro, sabiendo que todo está bien, todo va a tu ritmo. Es estar presente en las emociones, en las abreacciones, en los silencios. Es redefinir, volver a mirar, psicoeducar, integrar. Es un ser humano frente a otro. Ambos están y son.

La terapia es ese lugar donde las piezas del puzle empiezan a ordenarse y a encajar. Donde entiendes muchas cosas de tu vida en retrospectiva.

Donde revisas y acompañas lo que cargas, lo que temes perder, lo que ya no necesitas. Se crea un espacio en el que estar presente en el cuerpo y en la mente, un espacio de regulación. Un lugar seguro donde te encuentras contigo y te sorprendes de tus propios avances. Donde se procesan experiencias adversas. Donde se cierran asuntos que estaban sin cerrar: relaciones, emociones, personas, sensaciones e incluso versiones tuyas anteriores. Es el momento también de acompañar al yo del presente. De darle la bienvenida. Aquí y ahora. A quien tiene el valor de estar ahí para ver y mirarse con conciencia.

Ahí comprendes que el cambio no viene de estrategias artificiales ni de fuerza de voluntad. Entiendes que la suerte no existe, pero la buena suerte sí.

La terapia es un espacio seguro en el que se establece un vínculo terapéutico de seguridad.

¿TODO EL MUNDO NECESITA IR A TERAPIA?

> El proceso de transformación y sanación requiere prácticas continuas.
>
> THÍCH NHÁT HANH

La desestigmatización de la salud mental es, sin duda, uno de los mayores avances de nuestra época. Hemos aprendido a poner palabras donde antes había silencio, a pedir ayuda donde antes había vergüenza. Pero, como ocurre con cualquier cambio profundo, también han surgido consecuencias inesperadas. Cada vez con más frecuencia asistimos a la patologización de formas leves de malestar. Se llama «trastorno» al malestar que simplemente forma parte de la vida. Sentir cierta incomodidad, pasar por momentos de incertidumbre o tener ratos malos no es un problema de salud mental. Es la vida.

Ante una mayor sensibilización de la importancia de la salud mental, la terapia se ha convertido para muchos en algo parecido a ir al gimnasio o a clases de yoga. Y ante esto la pregunta es ¿todo el mundo necesita ir a terapia? La respuesta no es automática. No es un sí porque lo diga la influencer que está encantada con ir todas las semanas ni un no porque te dé pereza.

Ir a terapia no debería ser una moda. Tiene un sentido y es necesario cuando hay problemas de salud mental que están interfiriendo en tu día a día. Y no es lo mismo ir a terapia que tomarte un café con una amiga y desahogarte un rato. La función fundamental de la terapia no es servir de desahogo. La función principal es el cambio. La terapia requiere una evaluación, marcar unos objetivos y un tratamiento específico para ayudar a vivir con bienestar.

Por otro lado, ir a terapia no es exclusivo de personas que están atravesando problemas de salud mental. Nuestra época se caracteriza por una autoexigencia constante. Nos evaluamos todo el tiempo, nos comparamos con todos y terminamos agotados. Ese nivel de presión genera malestar, nos bloquea y nos hace sentir que nunca es suficiente. Y ahí es donde la terapia también puede resultar útil para entender qué está pasando, por qué nos afecta y qué podemos hacer para salir de ese bucle. Proporciona herramientas para ver con más claridad y poder habitar la vida de una forma más consciente y coherente.

Además hay personas que acuden a terapia porque quieren crecer, mejorar, entenderse mejor, tomar decisiones más conscientes o darle una dirección diferente a su vida. Utilizan la terapia como herramienta de autoconocimiento y crecimiento personal. Muchos terapeutas, además de ser psicólogos, también estamos especializados en terapia breve centrada en soluciones o en terapia breve estratégica (resolución de problemas). Estos enfoques están orientados a dar pasos hacia la acción para promover cambios en la vida diaria de las personas.

Por tanto, la terapia es necesaria cuando existen problemas o síntomas de salud mental. Igual que acudimos al médico cuando algo físico no va bien, la terapia trata los problemas de salud mental. Constituye asimismo una herramienta valiosa de crecimiento personal para quienes sienten curiosidad por conocerse mejor, revisar aspectos de su historia, entender sus patrones o vivir más alineados con sus necesidades y valores.

Ahora bien, la terapia no debe convertirse en una dependencia del proceso o del terapeuta. El objetivo no es necesitar terapia para vivir, sino aprender a vivir mejor con terapia. Una cosa es que, en un momento determinado de la vida, la terapia te ayude a mejorar tu salud mental, te dé herramientas para afrontar una situación o te permita profundizar en tu autoconocimiento, y otra muy distinta es convertirla en el lugar desde el que intentas resolverlo todo para vivir tu vida. La vida no se vive en una sala de terapia.

Los terapeutas estamos para acompañar, para ofrecer herramientas, para señalar caminos posibles. Pero también sabemos que la terapia debe garantizar que la persona pueda emanciparse del proceso terapéutico y vivir su propia vida desde su propio criterio.

Y por último, claro que todo el mundo no tiene que ir a terapia. No es un mandato universal ni una obligación. De hecho, no a todo el mundo le funciona la terapia por motivos muy distintos. Ir a terapia debería ser una decisión íntima y personal.

LA PSICOLOGÍA TAMBIÉN CAMBIA

Hasta hace no tanto en psicología se creía que cambiar era cuestión de entender. Si comprendías el origen de tu miedo, si analizabas tus pensamientos o si razonabas tus decisiones, el cambio llegaría. Pensamiento y acción, en definitiva, entender, eran las grandes protagonistas del cambio. Por ejemplo:

- Si alguien tenía una fobia a montar en el ascensor, bastaría con que entendiera que hay poca probabilidad de caídas.
- Si tenía miedo a hablar en público, lo que tendría que hacer es pensar que es inevitable que hablen mal de ti y que eso no se puede controlar.

Pero si antes lo puntero era todo aquello que pasaba por el pensamiento, hoy en día no podemos concebir el cambio en psicoterapia sin la regulación emocional. Si alguien tiene miedo al ascensor por supuesto que se va a tener en cuenta al pensamiento, pero también se va a poner el foco en la activación psicofisiológica que produce dicho miedo. Y si el miedo es a hablar en público, el foco se pone en la activación psicofisiológica que produce dicha vergüenza.

En resumen, en los últimos años la psicología ha ido girando la mirada hacia el cuerpo. La regulación entre pensamientos, emociones y sensaciones es clave para nuestro bienestar.

No se trata solo de cambiar pensamientos, sino de cómo nuestro sistema nervioso aprende a volver a la calma tras el estrés o adquiere hábitos para mantenerse en calma. Desde las terapias de tercera generación como el *mindfulness* o ACT hasta modelos transdiagnósticos como EMDR o *Somatic Experiencing*, todos apuntan a lo mismo: la regulación. La psicoterapia actual entiende que no hay cambio sin regulación.

LA DIMENSIÓN ESPIRITUAL DE LA PSICOLOGÍA

Me temo que hay un gran peligro en el movimiento de salud mental hoy. Me temo que el papel de la salud mental, psicólogos y psiquiatras, es ayudar a la gente a adaptarse un poco más para que funcione más suavemente. Se podría decir que la psicología y la salud mental hoy están en peligro para convertirse en los sacerdotes del sistema industrial. Es decir, para ayudar a las personas a adaptarse a un sistema donde se supone que deben producir y consumir en masas, en grupos dirigidos por la organización central y *slogans*. Y, sin embargo, al mismo tiempo no ser conscientes de que están insatisfechos con que sufren lo que los franceses ya llamaban en el siglo XVIII «la enfermedad del siglo del aburrimiento del sinsentido de la vida». Ahora existe el peligro de que se enfermen, que puedan manifestar síntomas, que puedan protestar, que podrían querer hacer la vida más significativa, y luego vienen muchos psicólogos y dicen que no deberías estar insatisfecho. Si estás insatisfecho, eres neurótico y se trabajará para que aceptes una vida sin sentido, sin rebelarse contra ella, sin síntomas y, de todos modos, tendrás un bonito funeral.

ERICH FROMM

La psicología es una ciencia relativamente joven que, sin embargo, está envejeciendo a pasos agigantados. Esto no es de extrañar, ya que depende en gran medida del contexto cultural en el que se asienta. La psicología tradicional se nos está quedando pequeña para responder a los desafíos actuales. Hoy en día muchas personas se están haciendo la pregunta del para qué porque quieren vivir una vida con sentido y en coherencia con quienes son. Para estas demandas ya no nos sirve una psicología que ponga el enfoque exclusivamente en la reducción de la sintomatología, el cambio de creencias o la modificación de la conducta.

Muchas personas no tienen problemas de salud mental, pero están pidiendo ayuda para vivir con certeza en un mundo tan confuso, y a la par tan lleno de oportunidades. Están buscando respuestas desde su propia verdad. Otras presentan problemas de salud mental por vivir en un sistema que nos impulsa al automático y que nos vacía de sentido.

Ante esta realidad, el reto que ha de asumir la psicología es dar respuesta a un cambio de era. Estamos atravesando por una etapa de transición. Algo está queriendo nacer. Conciencia. Identidad. Propósito. Libertad. Algo se está resistiendo a morir. Inconciencia. Hacer. Tener. Supervivencia. Nos hallamos ante un cambio de ciclo. ¿Cómo podría entonces la psicología dar respuesta a esta realidad que estamos viviendo?

La respuesta no parece complicada: seguir construyendo sobre todos los avances sobre los que hoy se sostiene la psicología. Distintas teorías, modelos, autores y estudios han llevado a la psicología a ser una ciencia que da respuesta a los complejos y crecientes problemas de salud mental de millones de individuos. También a las inquietudes que tienen que ver con el crecimiento personal. Gracias a esta potente y sólida infraestructura, hoy podemos dar un paso más e incorporar una dimensión espiritual a la psicología.

Cabe aclarar en este punto que espiritualidad y religiosidad no son sinónimos. Y si bien es cierto que religión y espiritualidad pueden coexistir, también es cierto que no tiene por qué. Mientras que la religión se asocia a las prácticas y creencias de una religión específica, la espiritualidad tiene que ver con algo más personal. No conlleva seguir mandatos y puede manifestarse a través de la meditación, la introspección, el contacto con la naturaleza, el arte, la música o el propósito. Se trata de una experiencia íntima y personal.

La espiritualidad habla de una conexión con algo más grande que nosotros: el sentido de la trascendencia, que no se refiere a milagros ni a divinidades, sino al sentir profundo de que nosotros y nuestra vida forman parte de algo que se expande más allá de una experiencia terrenal. Es sentir que estamos conectados con algo más profundo y significativo.

El mundo necesita verdad, paz, libertad. Por eso se necesita incorporar a la psicología una dimensión espiritual que acompañe a quien lo demande en procesos de conciencia para vivir desde la autenticidad, los valores y el propósito. ¿Qué es la terapia sino un proceso de conciencia y transformación? Se busca una dimensión que trabaje desde la aceptación, la compasión, la coherencia y el compromiso con los valores. Una dimensión más trascendental para aquel que busca trascendencia. Una dimensión que acompañe a quienes se sienten perdidos porque han perdido la conexión consigo mismos. Una dimensión que ayude a darse respuestas a aquellos que se preguntan: «¿Quién soy?, ¿para qué?».

La dimensión espiritual de la psicología tiene como misión acompañar a las personas a volver a casa, a su centro, al yo auténtico, y vivir más despiertos, con más conciencia. De ese modo resolverán la tarea que ya desveló Rumi: «Tu tarea no es buscar el amor; tu tarea es buscar y encontrar dentro de ti todas las barreras que has construido contra él».

LA PSICOLOGÍA QUE INCORPORA LA DIMENSIÓN ESPIRITUAL YA ESTÁ AQUÍ

La psicología moderna ha empezado a reconocer un enfoque de salud integral que contempla el bienestar físico, mental, emocional y espiritual. Las terapias de tercera generación, que surgieron a finales del siglo XX como una evolución de las terapias conductuales tradicionales, supusieron una revolución. Frente a los modelos anteriores, centrados en modificar pensamientos y conductas, estas terapias ponen el acento en la relación que la persona mantiene con su experiencia interna: sus pensamientos y emociones.

Es precisamente en este giro, donde la relación con la experiencia interna pasa a ser el centro, donde surge ACT como uno de los modelos más representativos. ACT puede entenderse como la terapia de la flexibilidad psicológica. Esto significa que enseña a las personas a abrirse y a tomar conciencia de sus pensamientos, emociones, sensaciones y recuerdos sin entrar en lucha con ellos. No se trata de controlar lo que pensamos ni de reprimir lo que sentimos. ACT propone algo diferente: mirar de frente aquello que aparece dentro de nosotros, comprender la historia personal que lo está originando y responder con más apertura y menos resistencia. En lugar de quedarnos atrapados en la rumiación o la preocupación, ACT nos invita a atender lo que ocurre en el presente y a observar cómo nuestro propio contexto e historia influyen en lo que sentimos.

A ACT se suman otros modelos fundamentales de esta ola terapéutica. El *mindfulness* que introdujo el entrenamiento de la atención plena como una forma de relacionarnos con la experiencia desde la presencia o la terapia focalizada en la compasión (CFT) que aportó la comprensión de la autocrítica y la vergüenza para fomentar la respuesta compasiva hacia uno mismo y así aliviar el sufrimiento humano. En este sentido, la neurociencia ha demostrado que tanto el *mindfulness* como las prácticas de compasión producen cambios estructurales y funcionales en el cerebro, aumentando la plasticidad, fortaleciendo la regulación emocional y favoreciendo redes vinculadas a la empatía, la resiliencia y el bienestar.

En definitiva, las terapias de tercera generación introdujeron conceptos como la aceptación, la compasión, los valores y la presencia como vías para aliviar el malestar y vivir con mayor coherencia. Conceptos que nacieron en el ámbito espiritual, pero que hoy la psicología ha integrado en distintos modelos basados en principios comunes con la terapia cognitivo conductual y con evidencia científica para dar respuesta tanto al sufrimiento como a la búsqueda del crecimiento y la realización personal.

A las terapias de tercera generación se suman otros enfoques contemporáneos, como el de la psicología positiva, de Martin Seligman, que con su modelo PERMA (por sus siglas en inglés) puede también resultar de ayuda a toda esa parte de la población que está en la búsqueda de su verdad. Seligman considera que todos los factores del modelo PERMA contribuyen al bienestar. Sin embargo, también aclara que no se trata de cultivar todos ellos, sino solo aquellos con los que te identifiques. Este modelo no es una fórmula para ser feliz, sino una descripción de lo que hacen las personas que viven con auténtico bienestar. Incorpora, como vemos, aspectos fundamentales como la coherencia, el propósito o la realización personal.

P	E	R	M	A
Fomentar emociones positivas que ayudan a crecer y favorecen el bienestar.	Alinear quiénes somos con nuestras fortalezas para vivir en coherencia.	Mejorar nuestras relaciones y habilidades personales. Este aspecto está relacionado con la felicidad.	Propósito y significado. Este factor tiene que ver con sentirnos parte de algo más grande que nosotros, con que nuestra vida tenga un sentido que trascienda lo personal.	Este factor se refiere a la realización personal: nos sentimos mejor cuando avanzamos hacia nuestras metas.

Pero precisamente el avance más significativo de la Psicología contemporánea es que ya no pone el foco en los modelos sino en las personas. Esto es lo que propone la Terapia Basada en Procesos (TBP), un enfoque propuesto principalmente por Hayes y Hoffmann que continúa la evolución de las terapias de tercera generación. La TBP parte de la base de que lo importante no es un protocolo ni un modelo ni un conjunto de técnicas que se deban ajustar a la persona con la que se trabaja. Toda esa era de protocolos para síndromes como una manera de hacer terapia basada en la evidencia está desvaneciéndose. Nos dirigimos a una versión diferente donde los procesos están vinculados a procedimientos basados en la evidencia, que ayudan a las personas, a las necesidades específicas que tienen. Tanto en los problemas como en la prosperidad que buscan.

La psicología no funciona como una receta que se aplica igual para todos. Cada persona tiene una historia, unas necesidades y unos procesos internos diferentes. Por eso la pregunta clave no es «¿qué etiqueta diagnóstica tiene esta persona?», sino «¿qué procesos están influyendo en lo que le ocurre a esta persona, en este momento, y qué podemos trabajar para ayudarla a avanzar hacia la vida que quiere vivir?». Este cambio significa que los modelos terapéuticos dejan de ser compartimentos estancos o «capillitas» y se convierten en herramientas al servicio de cada proceso. Por ejemplo:

- Si la persona presenta un trauma no resuelto o tiene mucha activación fisiológica, pueden ser más útiles modelos transdiagnósticos como EMDR o *Somatic Experiencing*.
- Si lo que está en juego es la dificultad para conectar con su propósito, la tendencia a evitar emociones o sentirse atrapada en sus pensamientos, ACT suele ser la opción más adecuada, porque ayuda a desarrollar flexibilidad psicológica: abrirse a lo que uno siente, estar presente y vivir según los valores que realmente importan.

En definitiva, la TBP propone una psicología más precisa, más personalizada y más ajustada a la realidad de cada persona, tanto para aliviar el malestar como para acompañar en el crecimiento personal.

Además de este gran giro en el que se encuentra la psicología actual, cada vez más universidades están interesadas en la investigación especializada sobre el propósito y la identidad. De hecho, algunas, como la Universidad de Cornell, cuentan incluso con departamentos específicos dedicados a este ámbito, como el Laboratorio de Procesos de Identidad y Propósito, que dirige por el doctor Anthony Burrow. Sus investigaciones nos están ayudando a conocer más sobre el propósito. Han demostrado asimismo que vivir con propósito no solo mejora la salud mental, sino que fortalece la resiliencia y favorece una regulación emocional más eficaz.

Y a todo esto hemos de recordar que fue la Organización Mundial de la Salud la que reconoció formalmente la dimensión espiritual como parte esencial del bienestar humano a finales de los años noventa. Lo hizo al desarrollar sus instrumentos de evaluación de la calidad de vida: el WHOQOL-100 y, más tarde, el WHOQOL-SRPB (*Spirituality, Religiousness and Personal Beliefs*). Estos cuestionarios no solo evalúan el bienestar físico, psicológico, social y ambiental, sino que también incorporan la dimensión espiritual, religiosa y de creencias personales, y miden aspectos como el sentido de la vida, la fe, la esperanza, la conexión con uno mismo y con los demás, la trascendencia, la paz interior o la experiencia de plenitud.

Todo apunta en una misma dirección. La psicología del futuro ya está en el presente y hace gala de un enfoque de salud integral. Una psicología que mira al ser humano en su totalidad y en la individualidad de quién es, su historia y su contexto. Una psicología personalizada, que entiende el bienestar desde una perspectiva biopsicosocial e integra la dimensión espiritual con el respaldo de una evidencia científica cada vez más sólida. En definitiva, estamos ante una nueva era de atención basada en la evidencia, que aborda las necesidades y fortalezas de cada persona para ayudarlas y acompañarlas a vivir con más conciencia, autenticidad y propósito.

30

Bendita locura la de los que se atreven a ser

Esto es para los locos, los inadaptados, los rebeldes, los problemáticos. Los que van contracorriente. Los que ven las cosas de manera diferente. Ellos no siguen las reglas. Y no tienen respeto por lo establecido. Puedes citarlos, estar en desacuerdo con ellos, glorificarlos o satanizarlos. Pero lo único que no puedes hacer es ignorarlos. Porque ellos cambian las cosas e impulsan a la humanidad hacia adelante. Y mientras otros los ven como locos, nosotros los vemos como genios. Porque la gente que está tan loca como para pensar que puede cambiar el mundo... Es quien lo logra. Piensa diferente.

Anuncio «Piensa diferente» de Apple de 1997

Albert Einstein, Bob Dylan, Martin Luther King Jr., John Lennon, Yoko Ono, Coco Chanel, Alexander McQueen, David Bowie, Mahatma Gandhi, Amelia Earhart, Alfred Hitchcock, Walt Disney, María Callas, la madre Teresa de Calcuta, Pablo Picasso, Steve Jobs, Martha Graham, Copérnico...

¿Te imaginas a estos personajes que ya forman parte de la

historia adaptados a las opiniones de los demás? Te cuesta, ¿verdad? A mí también. Puede ser que escucharan consejos, que dudaran, pero lo que está claro es que ninguno vivió su vida bajo la premisa de otros. No hicieron otra cosa que ser. Eligieron no ser lo que no eran: normales. Dicho de otro modo, eligieron ser lo que eran: diferentes. Y vivieron alineados con su diferencia. Punto. No puedes esperar ser aceptado por todo el mundo cuando eres excepcional. Ser excepcional, por definición, es ser la excepción. Quizá por eso ellos no fueron representantes de su época, sino que la trascendieron. Eran rebeldes de su tiempo. Expresaron la genialidad de su talento porque se atrevieron a ser. Atreverse a ser es esa combinación del talento con el esfuerzo y una responsabilidad constante que exige sacrificio.

Tener claro quién eres, conocer tu talento y creer en ti, digan lo que digan, te vuelve invencible. Eso es ser bambú: podrás doblarte sin romperte. Cuando nadie cree en ti, toca doblar la fe que tienes en ti mismo. Porque lo que tú ves no tienen por qué verlo los demás.

La vida está llena de voces que te dicen cómo deberías vivir, qué camino es más seguro o más sensato. Los demás a veces aconsejan desde el miedo, otras desde la envidia y otras desde el amor. Y sea como sea, lo cierto es que hasta las mejores intenciones pueden traer las peores consecuencias, como diría Giorgio Nardone. En ocasiones el intento de protegerte es asfixiarte, limitarte y desdibujarte. Ahí es donde te toca a ti poner el límite a tiempo para que las mejores intenciones solo sean eso: las intenciones de otro sin efecto sobre ti.

Unos creen en los sueños, otros en la realidad de lo tangible. Hay personas que hacen ejercicios de visualización y otras que, como mi amigo Amador, piensan que eso es una moda sin sentido. No todo le funciona a todo el mundo ni ha de ser impuesto. Hay muchos tipos de mentes. Unas más analíticas. Otras más emocionales. Personas que dominan una hoja de Excel como si fuera un lenguaje propio y otras que se bloquean solo con ver las celdas vacías. Sea como sea, cada uno tiene la responsabilidad de vivir de acuerdo con su configuración única y su manera de ver el mundo.

Bendita locura la de los que no se conforman. La de quienes no se adaptan a los cuadrados. Quienes no se achican ni se enredan para caber en cajas de zapatos. Los que se atreven. Bendita locura la de los que van a contracorriente y ven las cosas de manera diferente. Vanesa Martín es ejemplo de todo ello. Una mujer que no solo nos regala su música y su talento, sino que nos deja la fuerza de su coraje y su rebeldía. Su sensibilidad. Vanesa Martín traspasa el tiempo por atreverse a cada instante. Bendita su locura. La locura de coger su guitarra e irse para Madrid después de haber terminado sus dos carreras en su Málaga natal. Una mujer ni del norte ni del sur. Que cuando *Operación Triunfo* y los triunfitos estaban en pleno auge, ella decide que su mayor triunfo es el de ser ella misma sin el sello de ningún programa de talentos. Esa locura de atreverse a conectarse con su cordón umbilical que une su coherencia y su arte. Esa bendita locura que le ha permitido culebrear a la industria de la música sin ceñirse a las modas. Esa revolución de ser Vanesa Martín es la que nos ha permitido disfrutar de ella y de su música durante veinte años de crecimiento constante, de evolución, de coherencia y de verdad. Que sigan Vanesa Martín y su música amplificando miradas, conciencias e identidades.

Y si hablamos de artistas que han marcado generaciones con una autenticidad que no se negocia, ese es Alejandro Sanz. Arte e inspiración. El cantante español con más premios Grammy y el artista nacional con más discos vendidos de la historia de nuestro país. Ha cruzado fronteras, idiomas y épocas sin perder nunca su verdad. Alejandro Sanz no se reinventa. Como él mismo dice, «él ya nació *inventao*». Lleva más de tres décadas componiendo desde un lugar que no entiende de modas ni de estrategias, sino de verdad. Y es esa autenticidad la que le hace trascender. Él y su música han acompañado a millones de personas en todas sus etapas vitales. Si algo revela su trayectoria, es que su identidad es un arte que no se negocia. El arte de ser Alejandro Sanz.

Y con todo esto queda reflejado que hay personas que son salvajemente libres, con un talento descomunal y una manera de ver el mundo nada parecida a la convencional. Esas personas han de crear, inventar y fabricar un mundo nuevo. Un mundo que no está inventado. Un mundo a su manera.

Rosalía es una artista contemporánea que no es que pase a la historia, es que ella vive haciendo historia. Lo de su última canción, «Berghain», ha sido directamente pasarse el juego. Una cantante encasillada en ninguna parte que cuando el éxito parece acercarse a lo comercial, ella vuelve a desmarcarse. La Orquesta Sinfónica de Londres, su voz acercándose a lo lírico y tres idiomas en una misma canción, dos colaboraciones…

Su nuevo disco, *LUX*, acumuló en su primer día más de cuarenta y dos millones de reproducciones en *Spotify*, batiendo el récord de habla hispana interpretado por una mujer. Lo de ella no es un single o un disco. Es un concepto. Es una manera de ser y mirar el mundo que traspasa fronteras. ¿Y crees que no hay críticas?, ¿voces que la están denostando?, ¿juicios?, ¿opiniones que intentan encasillarla? Y ¿qué hace ella? Lo acepta como parte del juego y sigue creyendo y creando. Su compromiso con ella misma es más fuerte que el ruido. Continúa cultivando su propósito porque está convencida de que o es la música o no hay plan B.

¿Cuál sería la alternativa? No ser. Vivir apagada para no incomodar a unos pocos. No atreverse a ser. Pero Rosalía es fiel a sí misma sin pedir permiso. Rosalía, con su atrevimiento, su autenticidad y su arte, nos recuerda el poder de ser.

Sirvan estos ejemplos para recordarte algo esencial. No permitas que las limitaciones de otros se conviertan en las tuyas. Deberíamos estar tan conectados a nosotros mismos que no existiera la opción de que nadie decidiera por nosotros.

Hagas lo que hagas, habrá gente que te admire y que te critique, y más si te sales del molde, si te expones. A más exposición, más admiración y más críticas. Pero no constructivas. No. Salvajes, dañinas, ofensivas. Cuanto más te atrevas, tendrás que pagar un precio más alto por no esconderte. Si no haces lo que esperan, te van a señalar, y si decides por ti, te llamarán egoísta.

Pero no hay fuerza más grande que la de vivir desde tu verdad. Tomar tus propias decisiones, aunque te equivoques. La vida no se trata de cumplir con las expectativas ajenas. Se trata de ser fiel a quién eres, aunque incomodes a los demás. Mucha de esa gente que te critica de manera descarnada y feroz no es que tenga nada en contra de ti, en realidad, están reaccionando a lo que ellos no se atreven a hacer o a ser. Los confrontas con ellos mismos, que han seguido el guion que les enseñaron a rajatabla y están insatisfechos con su vida. Sin embargo, ahora llegas tú, te treves a ser, a salirte del molde y lo rompes. Eso les duele porque les recuerda lo que ellos no se permiten ser. La identidad no se negocia y el que lo hace vivirá preso. Conéctate fuerte a tu yo auténtico. Cuanto más conectado estés, más natural será expresar tu identidad a través de tu propósito. Y ahí, en el propósito, en el para qué, es donde está la brújula que te lleva por una vida con sentido. Con propósito. Con felicidad, como hemos visto. Es la que te trae de vuelta a ti cada vez que te pierdes.

Recuerda que aunque el propósito habla el lenguaje de los sueños, quienes viven en plenitud desde su propósito no es porque hayan cumplido el sueño de ser cantante, artista, psicólogo, albañil, madre, médico, panadero, camarero, policía, arquitecto..., sino porque han entendido que el propósito no tiene que ver con ellos ni con sus sueños. Tiene que ver con lo que su música, su ayuda, su pan o su maternidad aportan al otro. A los otros. Aportan a los demás. Aportan al mundo. El propósito no es la huella que tú por ser tú dejas en el mundo. No. El propósito tiene que ver con esa energía con la que a tu paso por este mundo has impregnado a los demás. Es algo así como eso que dijo Maya Angelou: «Las personas olvidarán lo que dijiste y lo que hiciste, pero nunca olvidarán cómo las hiciste sentir». Y es esa energía que desprendes a tu paso por esta vida la que ayuda a los demás a ser más felices, a vivir con más alegría, a que se hagan preguntas que les permitan ser más conscientes para vivir mejor, que les dé esperanzas, reflexión. Que tu paso por aquí pueda abrir puertas y calmar el dolor. En eso se traduce la expresión de la identidad en el propósito. En lo que de ti trasciende al mundo. Y sí, recuerda que en el verbo ser se habla el idioma del amor, que es la energía más transformadora. Así que sí, si tú estás conectado a ti desde el amor profundo a ti mismo, que es el yo auténtico, lo fácil será que canalices tu energía a través de tu vida y la expandas a los demás, ayudándolos también a vibrar en la energía poderosa del amor. Recuerda que el código QR del éxito de verdad del mundo actual es atreverse a ser. Ahí está la libertad.

Bendita locura la de los que se atreven a ser.

Bendita locura esa de atreverse a ser.

Gracias por estar ahí. Nos vemos por el camino del éxito de ser tú.

El éxito de ser tú tan solo pretende ser, para quien así lo considere, una manera de mirarse con más conciencia. Conciencia para ser con autenticidad y vivir en libertad.

El éxito de ser tú no es ni aspira a ser una verdad absoluta. Es tan solo una manera de entender la vida, el éxito, la salud mental, la identidad, el sentido y la autenticidad.

Con este libro he querido compartir todo lo que he aprendido en mi carrera profesional y en mi recorrido por la vida por mí misma. Respeto profundamente a quien no comparte esta mirada del bienestar. Hay tantas maneras como personas. Yo solo he escrito la mía.

Mi éxito es ser quien soy. Mi mayor fracaso sería no serlo.

Gracias.

Bibliografía

AEG Global Partnerships (2025), *The Live Effect 2025* [Informe], Anschutz Entertainment Group, <https://www.iqmagazine.com/2025/09/live-experiences-outweigh-economic-strain-says-aeg-survey>.

Alim, T. N., *et al.* (2008), «Trauma, resilience, and recovery in a high-risk African-American population», *American Journal of Psychiatry*, vol. 165, n.º 12, pp. 1566-1575, <https://doi.org/10.1176/appi.ajp.2008.07121939>.

American Psychological Association (2022), «Resilience», en *APA Dictionary of Psychology*, <https://dictionary.apa.org/resilience>.

Bellis, M. A., *et al.* (2007), «Elvis to Eminem: Quantifying the price of fame through early mortality of European and North American rock and pop stars», *Journal of Epidemiology and Community Health*, vol. 61, n.º 10, pp. 896-901, <https://doi.org/10.1136/jech.2007.059915>.

—, K. Hughes, O. Sharples, T. Hennell, y K. A. Hardcastle (2012), «Dying to be famous: Retrospective cohort study of rock and pop star mortality and its association with adverse childhood experiences», *BMJ Open*, vol. 2, n.º 6, <https://doi.org/10.1136/bmjopen-2012-002089>.

Boreham, *et al.* (2023), «The relationship between purpose in life and depression and anxiety: A meta-analysis», *Journal of Clinical Psychology*, vol. 79, n.º 12, pp. 2736-2767, <https://doi.org/10.1002/jclp.23576>.

Brown, B. (2012), *El poder de ser vulnerable: Cómo la valentía de ser imperfectos transforma la manera en que vivimos, amamos, educamos y lideramos*, Editorial Urano.

Centro de Investigaciones Sociológicas (2024), *Barómetro Sanitario 2024* (Media anual), <https://www.cis.es/documents/d/cis/es8824mar-pdf>.

Cohen, *et al.* (2016), «Purpose in life and its relationship to all-cause mortality and cardiovascular events: A meta-analysis», *Psychosomatic Medicine*, vol. 78, n.º 2, pp. 122-133, <https://doi.org/10.1097/PSY.0000000000000274>.

Csikszentmihalyi, M. (2008), *Fluir (Flow): Una psicología de la felicidad*, Editorial Kairós.

Cyrulnik, B. (2002), *Los patitos feos: La resiliencia. Una infancia infeliz no determina la vida*, Gedisa.

Damasio, A. R. (2011), *El error de Descartes: La emoción, la razón y el cerebro humano*, Ediciones Destino.

Davis, et al. (2025), «Celebrity worship and materialism: A focus on narcissism and perceived similarity with a celebrity», *International Journal of Psychology*, vol. 60, n.º 4, <https://doi.org/10.1002/ijop.70067>.

De la Morena, J. R (2025, 11 de septiembre), #19 | Lamine Yamal - José Ramón de la Morena [Pódcast]. Fundación José Ramón de la Morena, <https://www.youtube.com/watch?v=vtZ_NprYb4M>.

Deloitte (2025), *Deloitte Global 2025 Gen Z and Millennial Survey*, <https://www.deloitte.com/content/dam/assets-shared/docs/campaigns/2025/2025-genz-millennial-survey.pdf>.

Farrell, M., *et al.* (2018), «Purpose and life satisfaction during adolescence», *Journal of Youth Studies*, vol. 21, n.º 9, pp. 1227-1243, <https://doi.org/10.1080/13676261.2018.1551614>.

Fisher, S. F (2014), *Neurofeedback in the treatment of developmental trauma: Calming the fear-driven brain*, Nueva York, W. W. Norton y Company.

Frankl. V. (2001), *El hombre en busca de sentido*, Barcelona, Herder.

Fromm, E. (1960), Erich Fromm on mental health (1960 interview) [Vídeo], *Philosophy Overdose*, <https://www.youtube.com/watch?v=QhbSUeLfoU>.

Fundación FOESSA y Cáritas Española (2025), *IX Informe FOESSA sobre exclusión y desarrollo social en España*, <https://www.caritas.es/main-files/uploads/2025/10/IX-INFORME-FOESSA.pdf>.

Glamour UK (2007, 25 de octubre), «Amy's Issues» [Entrevista con Amy

Winehouse], *Glamour UK*, < https://www.glamourmagazine.co.uk/article/amys-issues>.

Grant y G. B (2017), «Exploring the possibility of peak individualism», humanity's existential crisis,and an emerging age of purpose. Frontiers in Psychology, vol. 8, pp. 1478, <https://doi.org/10.3389/fpsyg.2017.01478>.

Grant, M. (2009), *Pain control with EMDR: Treatment manual* (2.ª ed.), Sidney, Mark Grant.

Harvard Study of Adult Development (s. f.), *Adult Development Study*, Universidad de Harvard, <https://www.adultdevelopmentstudy.org>.

Hayes, S., Hofmann, S. y Stanton, C. (2020), *Process-based therapy: A new paradigm for the field of psychotherapy*, New Harbinger.

Hayes, S., Strosahl, K. y Wilson, K. (2012), *Acceptance and Commitment Therapy: The Process and Practice of Mindful Change* (2nd ed.), New York: Guilford Press.

Helliwell, J. F., *et al.* (2025), *World Happiness Report 2025*, Wellbeing Research Centre, Universidad de Oxford, <https://worldhappiness.report>.

Hirooka, N., *et al.* (2021), «Association between healthy lifestyle practices and life purpose: A cross-sectional study. BMC Public Health», vol. 21, 1599, <https://doi.org/10.1186/s12889-021-10905-7>.

Howard, N. C., *et al.* (2025), «Life purpose lowers risk for cognitive impairment in a United States population-based cohort», *American Journal of Geriatric Psychiatry*, vol. 33, n.º 10, pp. 1021-1031.

Hughes, K., *et al.* (2017), «Does consistent and caring support from an adult in childhood confer resilience against adverse childhood experiences in relation to lifetime mental illness and harmful behaviours?», *BMC Psychiatry*, vol. 18, n.º 1, p. 110, doi: 10.1186/s12888-017-126 0-z.

Hurst, A. (2014), *The Purpose Economy: How Your Desire for Impact, Personal Growth and Community Is Changing the World*, Elevate Publishing.

Jung, C. G. (1973), *Cartas. Volumen 1 (1906-1950)*, Madrid, Trotta.

Kashdan, T. B., *et al.* (2024), «Purpose in life: A resolution on the definition», conceptual model,and optimal measurement», *American Psychologist*, vol. 79, n.º 6, pp. 838-853, <https://doi.org/10.1037/amp0001223>.

Kaufman, S. B. (2020), *Transcend: The new science of self-actualization*, TarcherPerigee.

Kenny, D. T., *et al.* (2016), «Life expectancy and cause of death in popular musicians: Is the popular musician lifestyle the road to ruin?», *Medical Problems of Performing Artists*, vol. 31, n.º 1, pp. 37-44, <https://doi.org/10.21091/mppa.2016.1007>.

Kok, B. E., *et al.* (2013), «How positive emotions build physical health: Perceived positive social connections account for the upward spiral between positive emotions and vagal tone», *Psychological Science*, vol. 24, n.º 7, pp. 1123-1132, <https://doi.org/10.1177/0956797612470827>.

Kumar, S. A., *et al.* (2025), «Propósito de vida y síntomas de estrés postraumático en veteranos militares: Un análisis de redes», *Psicología Militar*, 1-13, <https://doi.org/10.1080/08995605.2024.2447650>.

Liotti, G. (2004), «Trauma, dissociation, and disorganized attachment: Three strands of a single braid», *Psychotherapy: Theory, Research, Practice, Training*, vol. 41, n.º 4, pp. 472-486, <https://doi.org/10.1037/0033-3204.41.4.472>.

Liu, X. y X. Zheng (2024), «The persuasive power of social media influencers in brand credibility and purchase intention», *Humanities and Social Sciences Communications*, < https://www.nature.com/articles/s41599-023-02512-1>.

Lyons-Ruth, K. y D. Jacobvitz (2016), «Attachment disorganization from infancy to adulthood: Genetic factors, parenting contexts, and developmental transformations», en J. Cassidy y P. R. Shaver (eds.), *Handbook of Attachment: Theory, Research, and Clinical Applications* (3.ª ed.), pp. 667-695, Nueva York, Guilford.

Maté, G. (2019), *Mentes dispersas: Cómo superar el trastorno por déficit de atención (TDA) en niños y adultos*, Barcelona, Paidós.

— (2022), *El mito de la normalidad: Trauma, enfermedad y sanación en una cultura tóxica*, Barcelona, Urano.

McKnight, P. E. y T. B. Kashdan (2009), «Purpose in life as a system that creates and sustains health and well-being», *Review of General Psychology*, vol. 13, n.º 3, pp. 242-251, <https://doi.org/10.1037/a0017152>

Ministerio de Sanidad, Servicios Sociales e Igualdad y Instituto Nacional de Estadística (2018), *Encuesta Nacional de Salud de España 2017. Notas metodológicas*, <https://www.sanidad.gob.es/estadEstudios/estadisticas/encuestaNacional/encuestaNac2017/ENSE2017_notatecnica.pdf>.

Ministerio de Sanidad (2025), *Informe anual del Sistema Nacional de Salud 2023*, <https://www.sanidad.gob.es/estadEstudios/estadisticas/sisInfSanSNS/tablasEstadisticas/InfAnualSNS2023/INFORME_ANUAL_2023.pdf>.

Misra, N. y S. Srivastana (2021), «The fallacy of happiness: A psychological investigation of suicide among successful people», en B. Sharma y S. R. Singh (eds.), *Suicide prevention: A handbook for community gate keepers*, pp. 1-18, IntechOpen, <https://doi.org/10.5772/intechopen.99425>.

Mulkerrin, E. y H. Dogru Dastan (2024, 1-4 de julio), *Marketing de influencers en TikTok: Cómo la credibilidad del contenido, la similitud percibida y la autenticidad influyen en las actitudes del consumidor* [Ponencia], Conferencia de la Academia de Marketing 2024, Cardiff, Reino Unido.

Nadal, T. (2015), *Todo se puede entrenar*, Barcelona, Espasa.

Newman, C., *et al.* (2022), «Mental health issues among international touring professionals in the music industry», *Journal of Psychiatric Research*, vol. 145, pp. 243-249, <https://doi.org/10.1016/j.jpsychires.2021.12.031>.

Organisation for Economic Co-operation and Development (2025), «OECD Economic Outlook», Volume 2025 Issue 1: Tackling Uncertainty,Reviving Growth» (No. 117), OECD Publishing, <https://doi.org/10.1787/83363382-en> oecd.org+1.

Organización Mundial de la Salud (2022), *Salud mental y COVID-19: datos iniciales sobre las repercusiones de la pandemia*, <https://www.who.int/es/publications/i/item/WHO-2019-nCoV-Sci_Brief-Mental_health-2022.1>.

Pfund, A. N., *et al.* (2024), «Purpose in daily life: Considering within-person sense of purpose», *Journal of Research in Personality*, vol. 109, 104613, <https://doi.org/10.1016/j.jrp.2024.104473>.

Porges, S. (2017), *La Teoría polivagal: Fundamentos neurofisiológicos de las emociones, el apego, la comunicación y la autorregulación*, Pléyades.

Ratner y M. D (Director) (2020, 17 de julio), The dark season (Temporada 1, Episodio 5) [Serie documental]. En Justin Bieber: Seasons. Premium.

Ryff, C. D. y B. Singer (1998), «The contours of positive human health», *Psychological Inquiry*, vol. 9, n.º 1, pp. 1-28.

Seligman, M. E. P. (2018), PERMA and the building blocks of well-being. *The Journal of Positive Psychology*, <https://doi.org/10.1080/174397 60.2018.1437466>.

Shapiro F. (1995), *Eye movement desensitization and reprocessing: basic principles, protocols, and procedures*, Nueva York, Guilford.

— (2019), *EMDR: Principios básicos, protocolos y procedimientos* (3.ª ed.; trad. de *Eye Movement Desensitization and Reprocessing (EMDR) Therapy: Basic Principles, Protocols, and Procedures*, 3.ª ed.), Asociación EMDR España.

Sheahan, P. (2005), *Generación Y: Prosperar y sobrevivir con la Generación Y en el trabajo*. Prahran: Hardy Grant.

Shiba, K., *et al.* (2022), «Purpose in life and 8-year mortality by gender and race/ethnicity among older adults in the U.S. Preventive Medicine», vol. 164, 107310, <https://doi.org/10.1016/j.ypmed.2022.107310>.

Southwick, S. M. y D. S. Charney (2012), *Resilience: The Science of Mastering Life's Greatest Challenges*, Cambridge University Press.

Sumner, R., *et al.* (2015), «The development of purpose in life among adolescents who experience major life events», *Journal of Adolescence*, vol. 44, pp. 68-75.

Sutin, A. R., *et al.* (2024), «Purpose in life and stress: An individual-partici pant meta-analysis of 16 samples», *Journal of Affective Disorders*, vol. 345, pp. 378-385, <https://doi.org/10.1016/j.jad.2023.10.149>.

Taylor, B. B (2014), *Learning to walk in the dark*, HarperOne.

Van der Kolk, B. A (2015), *El cuerpo lleva la cuenta: Cerebro, mente y cuerpo en la superación del trauma*, Barcelona, Eleftheria.

Vargas Llosa, M. (2012), *La civilización del espectáculo*, Alfaguara.

Vrtička, P., *et al.* (2008), «El estilo de apego individual modula la activación de la amígdala y el cuerpo estriado durante la evaluación social»,

PLoS ONE, vol. 3, n.º 8, e2868, <https://doi.org/10.1371/journal.pone.
0002868>.

Waldinger, Robert J. y Marc Schulz (2023), *The good life: lessons from the
world's longest scientific study of happiness*, Simon y Schuster.

Weaver, N. D., *et al.* (2025), «Global, regional, and national burden of suicide, 1990-2021: a systematic analysis for the Global Burden of Disea-
se Study 2021», *The Lancet Public Health*, vol. 10, n.º 3, pp. e189-202.

Agradecimientos

Me considero una persona muy afortunada. Agradecida a la vida por dejarme formar parte del juego y convocarme en cada amanecer a nuevas oportunidades para ser y crecer. A todas las personas que han formado y forman parte de mi vida. Sin ellas no sería quien soy. De ahí la importancia del contexto...

No alcanzo a expresar el profundo agradecimiento que siento hacia mi familia. Mamá, por ser la fuerza, el coraje y siempre el impulso. Quien cree en mí cuando ni yo misma soy capaz. Mamá que siempre será mamá. Papá, por ser maestro de aprendizajes infinitos. Me has dejado haciendo las prácticas de *El éxito de ser tú*. Mensaje recibido, papá. Gracias. Mi abuela María, mi doctora *honoris causa* en la vida. Abuelo, lo tuyo con la valentía queda en mí para siempre. Abuela, alinearse, ¿sabías qué era? Sabías vivirlo y me lo transmitiste. Siempre serás eterna. Mis tías, las mujeres que me enseñaron lo que era vivir con amor propio. A mi tío, mi maestro de la libertad y la diferencia. Tenerte como ejemplo desde pequeña ha sido luz. Carmen, regulación, inteligencia y observación. Tú sí que sabes... A Flore, por ser un ser demasiado especial. A todos, gracias.

Gracias de corazón a quienes me ayudasteis a ser en las etapas más tempranas de mi vida. Montse Arjona, siempre te llevo conmigo. Más psicóloga que profesora de inglés. Gracias de corazón, Montse. Rosa Rebollo y Fernanda. Dos Maestras de la vida.

Esa claridad en ser de Rosa jamás la olvidaré. Mis iguales que me enseñaron lo que era la seguridad, la igualdad, el liderazgo, los valores, la paciencia, el amor y la amistad. Mario, Bea, Javi, Vane, Lourdes, Marimí, Fran, Fátima, Carolina, Inma…

A toda mi gente de Badajoz y Salvaleón. De quienes sigo aprendiendo la importancia de las raíces. Familia y amigos de Badajoz y Salvaleón, gracias. A mi primo Juanfra y a Yoli, mi ángel de la guarda.

Gracias a toda mi gente de Salamanca. Todos sabéis quiénes sois. Eva, Fabia, Raquel Luis, Bea Peláez, doctor César Rodríguez, Roge, Inma, Álvaro, Amador, Ana Oliva, Lara, Guille, Maiter, Raquel, doctor Rafael Sánchez, Espe, Emma, Begoña Orgaz, Manolo, Lucía, Henar… A mi doctora y amiga Carmen Pablos, que siempre está. Elena y Maribel Ingelmo, por lo que aprendí de vosotras. A otro de mis ángeles de la guarda: Encarni. Parte de todo esto es también tuyo, querida, por estar sin parar de hacerlo. Gracias. A mi familia charra. A mis guardianas. Siempre presentes. Refugio seguro. Rosa, Almudena y… ¿Ana? Ana, sí, Ana Mateos. Gracias, rebelde sin causa. Gracias a mis maestros Mark Beyebach y Marga Herrero, que supusieron un antes y un después en mi manera de ver la psicología, la terapia y la misma vida.

Gracias a la familia zamorana. Simón, Matilde, Mateo, Miguel, Inma, Estela, María, Marta, Leticia, Ivana, Lorena, Juan Carlos, David y Sandra. A todos por haberme cuidado en este proceso cada día, gracias.

A mi tropa de Madrid. No me imagino la vida sin vosotros. A una mujer que no sé bien si es humana o marciana, pero sí que fue llegar a Madrid y me abrió la puerta de Alcalá. Raquel Perera, te estaré eternamente agradecida. Olga Marset, gracias por contagiarme las ganas y el amor al arte de la comunicación. Mabel Redondo, gracias infinitas por tu generosidad y porque contigo la vida es más bonita por tu alegría, tu risa y tu ser. Eli Morales, la clase se nace. Gracias. A una de mis incondicionales: mi amiga Ana Piccini, por ser siempre tan el éxito de ser ella. Mi Patri de mi corazón, por tu mirada cómplice desde el minuto cero. A ti, Sandrita, por ser. A Ari, por ser siempre la chica perfecta. A mi amiga Yolanda, a quien quiero y admiraré por siempre. Contigo aprendí que, a pesar de la crueldad, la vida es un arte que hay que vivir. A Sandra Perera, gracias amiga por hacer la vida más bella, por vibrar siempre en la energía más alta: el amor. A la doctora Sandra García, por iluminar con su infinita sonrisa. Siempre. A Soledad Rebollar, que me ayuda con la identidad. A mi amiga más traviesa con quien me junto y el mundo se me olvida: mi querida Victoria Nogales. A mi amiga Marta Marina, porque es de esas que se atreve a esa bendita locura... A Gema, por sus sabios consejos de los viernes. A Isabel, por la dulzura con la que sostiene. A Sheila Guerrero y a toda su familia, la de origen y la creada, porque también son mi familia. A la siempre presente Ruth y a la mejor maestra de ceremonias, Leire. A mi querido y más que admirado Alejandro Gándara por ayudarme a pensar desde el Ἔρως. A Nuria Labari por su rapidez, su inteligencia y su brillo único que nunca deja de sorprenderme.

A Pilar Hernán y Mónica Heras, por el respeto y la profesionalidad con la que divulgáis temas de salud mental. Gracias por hacer equipo conmigo. A todos los muchos más que sois y que formáis parte de mi día a día en Madrid. Gracias.

A todos los que no están ni aquí ni allí, pero están. Gracias a Nieves Acha, mi compañera de EMDR más fiel y comprometida. A quien está al otro lado del mundo y parece que está aquí, gracias a ti, mi Karol Galeano.

A alguien a quien admiro profundamente como artista y como ser humano. A Vanesa Martín. Por ser fuente inagotable de inspiración, aprendizaje y crecimiento. Quien me ha enseñado más de libertad y de ser que todos los libros leídos y por leer. Eternamente agradecida a ti, Vane.

Gracias a Ana Blanco, por enseñarme de cerca lo que es la entrega y ser leal. A esa mujer grande que tenemos la suerte de celebrar en cada instante compartido.

A mi Celia Irigoyen. Lo que nos tenía preparado la vida ¿Cómo no creer en la magia si sucede? Gracias a mi compañera del cohete naranja.

A Matilde García, por ser épica, fuente inagotable de seguridad, amor y sabiduría, un ser mágico. Gracias eternas, Mati, por enseñarme con tu luz a vivir desde otro plano y ayudarme a crecer siempre. Siempre.

A mis terapeutas y maestras: Mila Molero e Isabel Sandoval. A Mila, que me ha enseñado a crecer, me ha ayudado a volver, me ha inspirado a ser… Gracias, Mila, por el prólogo tan especial. Por estar siempre. A Isabel, que hace magia con *Somatic Experiencing*, quien siempre ha creído en mí y me recuerda la importancia de estar alineada. Vivo agradecida a vosotras.

A mi maestro Manuel Márquez quiero dedicarle una mención muy especial. De no haberlo conocido, nada de todo esto hubiese sido posible. Nunca te estaré lo bastante agradecida, Manuel. A Mayte y a Felipe, ellos saben por qué.

Gracias a mis principales maestros, que son todas las personas a las que he acompañado a lo largo de estos veinte años. Ellos que son quienes más me han enseñado sobre psicología y sobre el arte de vivir la vida.

A mi equipo de Tribeca Psicólogos, a quienes admiro por su entrega para ayudar. Gracias especialmente a mi querida Barca Mojarro, por su brillo, su autenticidad, su lealtad y por ser siempre alguien que pase lo que pase está.

A mis compañeros de VIU. Gracias a M.ª Jesús Hernández, por creer en mí desde el primer día. A ti que ya eres mi amiga. A la vicedecana, Arantxa Duque, por enseñarme la importancia del contexto. Gracias por tu flexibilidad y complicidad. Gracias, Sara Puig, por los ratitos compartidos. A Eva M.ª Hita, por ser mucho más que mi compañera. Gracias por estar siempre al otro lado.

Gracias a mi querida editora, Mónica Adán, que no me ha soltado la mano ni un instante. Quien ha hecho de este proceso de escribir uno de los más bonitos y dulces de mi vida. A ti, Mónica, que desde el minuto cero supimos que era y éramos.

Gracias a la editorial Penguin Random House, por darme la oportunidad y la confianza para emprender el viaje más transformador de toda mi vida. Gracias a todo el equipo de la editorial que han sido maravillosos. Ellos encarnan el proverbio africano de: «Si quieres ir rápido, ve solo. Si quieres llegar lejos, ve acompañado». Gracias por acompañarme en este increíble viaje.

Gracias a mis queridos lectores, por haberme acompañado en el viaje del éxito de ser tú. Espero de corazón que haya abierto alguna puerta y en algún momento haya removido conciencias. Me ha hecho mucha ilusión pensar en vosotras a medida que escribía. Esto solo acaba de empezar. Nos seguimos viendo en el viaje del éxito de ser tú.